Koether
Technische Logistik

Reinhard Koether

Technische Logistik

2. Auflage

mit 173 Abbildungen

HANSER

Autor:
Prof. Dr.-Ing. Reinhard Koether
Fachhochschule München

Die Deutsche Bibliothek – CIP-Einheitsaufnahme

Ein Titeldatensatz für diese Publikation
ist bei Der Deutschen Bibliothek erhältlich.

ISBN 3-446-21759-2

© 2001 Carl Hanser Verlag München Wien
www.hanser.de
Herstellung: Der Buchmacher, Arthur Lenner, München
Satz: Gruber, Regensburg
Druck: Grafik und Druck GmbH, München
Bindung: Thomas-Buchbinderei GmbH, Augsburg
Printed in Germany

Vorwort

Der Kampf um Märkte hat die LOGISTIK zu einer wichtigen Funktion im Management eines Industriebetriebes werden lassen. Aufgabe der Logistik innerhalb der Betriebsführung ist, den Materialfluß vom Lieferanten bis zum Kunden zu organisieren, die Transporte abzuwickeln und die begleitenden Informationen zur Verfügung zu stellen und zu verarbeiten. Die Aufgaben der Logistik werden häufig unterteilt in dispositive und technische Aufgaben. Die dispositive Logistik verantwortet die Organisation des Materialflusses, die Material- und Kapazitätsplanung und die Steuerung der Fertigungsabläufe.

Das vorliegende Buch konzentriert sich auf den technischen Teil der Logistik, also auf Materialfluß, Lagertechnik, Fertigungseinrichtungen und ihre logistische Bedeutung. Da Ingenieure diese technischen Systeme gestalten, auswählen und betreiben, wendet sich dieses Buch an Ingenieure.

Logistik hat eine Querschnittsfunktion in der Unternehmensführung. Wichtig für die Gestaltung technischer Logistiksysteme sind deshalb auch die Schnittstellen zu anderen Ingenieurdisziplinen, die sich mit der Leistungserstellung in einem Industriebetrieb beschäftigen. Gerade im Zusammenspiel von Logistik, Konstruktion, Fertigung, Qualitätssicherung und Instandhaltung liegen die Kostenvorteile, die eine internationale Wettbewerbsfähigkeit sichern.

Im vorliegenden Buch werden deshalb neben der Darstellung der aktuellen technischen Lösungen für logistische Probleme auch die Schnittstellen der technischen Logistik zu anderen Fachdisziplinen dargestellt.

Ingenieure formen mit ihren technischen Systemen die Lebenswelt in einer Industriegesellschaft. Sie müssen sich deshalb der Forderung nach einer Technikfolgenabschätzung und -bewertung stellen. Auch Logistik-Systeme müssen kritisch hinterfragt werden. Die aktuellen Probleme z.B. um Verkehr und Verpackungsmüll sind Folgen einer leistungsfähigen Logistik.

Das Buch ist aus Vorlesungen an der Fachhochschule München und aus Seminaren für Berufspraktiker entstanden. Es ist als Lehrbuch für Hochschulen und zur beruflichen Fortbildung konzipiert. Praktikern soll es als Nachschlagewerk dienen, es erlaubt durch die reichhaltigen und anschaulichen Bilder eine schnelle Orientierung.

Den vielen Herstellern von Fördertechnik-Anlagen und Lagereinrichtungen, die Bildmaterial zur Verfügung stellten, herzlichen Dank. Herrn Thomas Schmideder danke ich für die Gestaltung der Zeichnungen. Mein besonderer Dank gilt aber meiner Frau Ingelore, die mit Geduld die Arbeit unterstützt und durch kritisches Korrekturlesen aktiv zum Gelingen beigetragen hat.

Gauting, 1993   *Reinhard Koether*

Vorwort zur zweiten Auflage

Von vielen Seiten erhielt ich Anregungen und Hinweise auf Schreibfehler in der ersten Auflage. Den Rezensenten und Lesern sei an dieser Stelle für diese Rückmeldung herzlich gedankt. Für die vorliegende zweite Auflage wurden Satz- und Druckfehler sowie Ungenauigkeiten in graphischen Darstellungen sorgfältig korrigiert. Der Inhalt ist im Bereich der Fördertechnik und besonders der Technikfolgenabschätzung an die Entwicklungen der letzten Jahre angepasst worden. Ebenso wurde das Literaturverzeichnis aktualisiert.

Gauting, 2001   *Reinhard Koether*

Inhaltsverzeichnis

1 Logistik im Unternehmen

1.1 Lernziele

Der Leser versteht die wichtigsten Ziele des Unternehmens und die daraus abgeleiteten Ziele für die technische Gestaltung von Logistiksystemen. Er erkennt Rahmenbedingungen, Einflußgrößen und wechselseitige Abhängigkeiten zwischen der Logistik und anderen Unternehmensbereichen.

1.2 Grundlagen der Logistik

1.2.1 Aufgaben und Ziele der Logistik

Gegenstandsbereich der Logistik ist die Gestaltung des Materialflußes vom Lieferanten zum Kunden sowie die Gestaltung des Informationsflußes, der zur Steuerung des Materialflußes notwendig ist. Ziel ist, „die sechs R der Logistik" zu realisieren, also

- die richtige Menge,
- der richtigen Objekte,
- am richtigen Ort,
- zum richtigen Zeitpunkt,
- in der richtigen Qualität,
- zu den richtigen Kosten

zur Verfügung zu stellen.

Die Aufgabe, diesen Materialfluß und Informationsfluß zu gestalten, enthält einen

- technischen und
- organisatorischen Teil.

Der Schwerpunkt dieses Buches liegt in der Beschreibung der technischen Systeme der Logistik.

Die Logistik ist damit neben der Produktion Teil der Leistungserstellung eines Unternehmens. Im Gegensatz zur Produktion findet in der Logistik keine Änderung von Form oder Eigenschaft der Güter statt.

Logistik ist deshalb immer eine Dienstleistung.

Die Aufgabe, den Material- und Informationsfluß vom Lieferanten bis zum Kunden zu gestalten, ist durch eine ganzheitliche Betrachtung der logistischen Kette (Bild 1.1) zu lösen, damit Teiloptimierungen einzelner Unternehmensbereiche vermieden werden.

1.2.2 Wirtschaftliche Bedeutung der Logistik

Wichtigstes Ziel privatwirtschaftlich ausgerichteter Unternehmen ist die Maximierung der Kapital-Rendite. Diese Kenngröße beschreibt den Gewinn einer investierten DM und ist die Zielgröße des Kapitalanlegers.

$$Rendite = \frac{Gewinn}{Kapitaleinsatz} = \frac{Umsatz - (fixe\ Kosten + variable\ Kosten)}{Anlagevermögen + Umlaufvermögen}$$

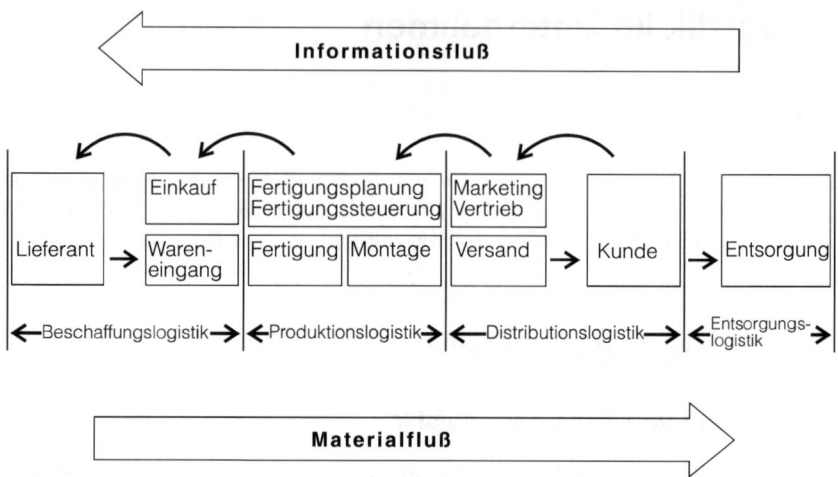

Bild 1.1　Material- und Informationsfluß in der logistischen Kette

Die Logistik ist für Teile aller beteiligten Größen verantwortlich.

Als Teil der Leistungserstellung des Unternehmens beeinflußt die Logistikleistung den Umsatz. Fixe Logistikkosten entstehen z.B. für Abschreibungen auf Lager- und Transportanlagen. Variable Kosten sind für einzelne Transporte zu kalkulieren. Anlagevermögen ist in Lager-, Transport-, und Steuerungssystemen gebunden. Die dispositive Logistik beeinflußt über die Teilfunktion Kapazitätsplanung der Fertigungsplanung und -steuerung weiterhin die Nutzung der Fertigungsanlagen.

Wichtigste Einflußgröße der Logistik auf die Kapital-Rendite ist jedoch die Kapitalbindung im Umlaufvermögen. Das Umlaufvermögen, also die mit Geld bewerteten Materialien, Halbfabrikate und Fertigprodukte ist der eigentliche Verantwortungsbereich der Logistik. Der Fluß der Materialien vom Lieferanten durch das Unternehmen bis zum Kunden wird von der Logistik technisch und organisatorisch gestaltet.

Der Wert der Bestände ist eng korreliert mit den Durchlaufzeiten der Materialien durch die Fertigung. Wird eine lineare Wertschöpfung unterstellt, entspricht die Kapitalbindung zur Herstellung eines Produktes der Trapezfläche (Bild 1.2):

$$Kapitalbindung = Durchlaufzeit * \frac{(Verkaufspreis + Einkaufspreis)}{2}$$

Zusätzlich beeinflußt die Durchlaufzeit über die Lieferfähigkeit die Marktchancen und damit den Umsatz. Da gebundenes Kapital verzinst werden muß, sind Zinsen auf das Umlaufvermögen als fixe Kosten zu kalkulieren.

Die Höhe des Umlaufvermögens hat damit für die Logistik überragende Bedeutung.

Die Kosten für Logistik-Dienstleistungen werden in Industriebetrieben normalerweise als Materialgemeinkosten erfaßt und über Gemeinkostenzuschlagsätze auf die Kostenträger (die Produkte) pauschal verrechnet. Da Gemeinkosten nicht verursacher- und leistungsgerecht verrechnet werden, werden Logistikkosten schlecht transparent und kaum als Führungsgrößen (z.B. für Variantenmanagement) verwendet.

Wertschöpfung

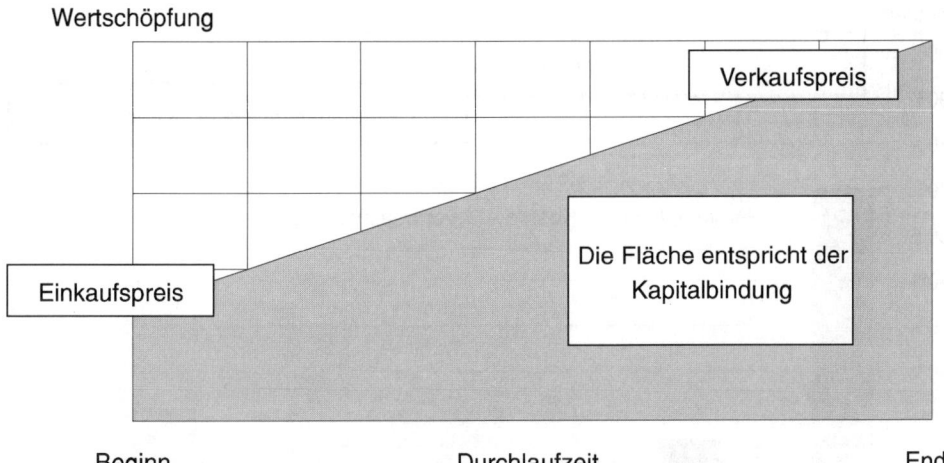

Bild 1.2   Zusammenhang zwischen Durchlaufzeit und Kapitalbindung

Neuere Ansätze der Kostenrechnung und des Controlling versuchen Kosten einzelner Logistik-Dienstleistungen zu ermitteln (activity based costing). Diese Kosten werden als Preise den internen und externen Kunden verrechnet. Solche Kosten können z.B. ausgewiesen werden für

- eine Ein- und Auslagerung,
- eine Lagerung für einen Tag,
- Verladung einer Palette,
- Auflösen einer Stücklistenposition oder
- Auslösen eines Fertigungsauftrags.

1.3   Schnittstellen zu anderen Unternehmensbereichen

Der Wertschöpfungsprozeß im Industrieunternehmen wird funktional von

- der Logistik,
- der Produktion und
- der Qualitätssicherung

bestimmt. Die besonders wichtigen Schnittstellen zur Produktion und zur Qualitätssicherung werden deshalb in den Kapiteln 5 und 8 diskutiert. Der Verfügbarkeit der Produktionsanlagen und ihre Bedeutung für die Logistik ist das Kapitel 9 gewidmet.

1.3.1   Produktgestaltung

Die Produktgestaltung ist im Unternehmen Aufgabe der Entwicklung und Konstruktion. Sie ist wesentlich für den wirtschaftlichen Erfolg des Unternehmens, denn

- Produktpolitik ist das wesentliche Marketinginstrument,
- durch die Konstruktion werden 70 – 80% der Herstellkosten festgelegt (Bild 1.3);
- die Entwicklungszeit entscheidet über die Marktfähigkeit und Marktchancen der Produkte (Bild 1.4).

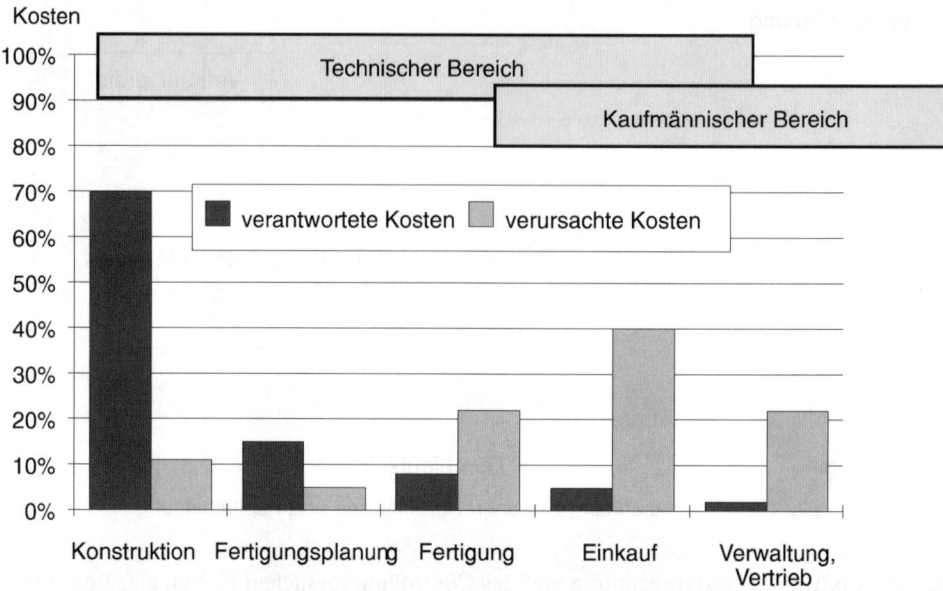

Bild 1.3   Kostenverursachung und Kostenverantwortung

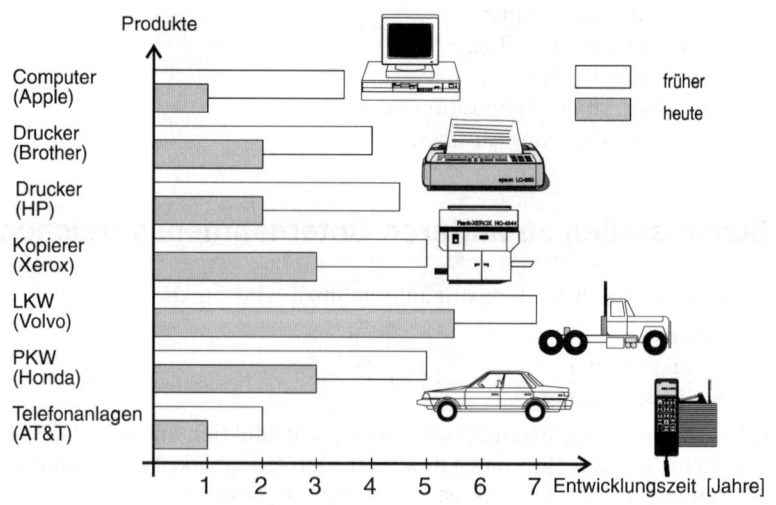

Bild 1.4   Verkürzung der Entwicklungsdurchlaufzeiten *(Quelle: [Pantele, Lacey])*

Die Produktgestaltung beeinflußt auch die möglichen technischen Lösungen für die Gestaltung des Logistiksystems. Von Bedeutung sind insbesondere

- die Produktgliederung in Baugruppen und
- die logistikgerechte Gestaltung von Teilen und Baugruppen (z.B. Normteile, Zulieferteile, Platzbedarf und Verpackungsaufwand, Entsorgung).

1.3.1.1 Produktgliederung

Die Produktgliederung wird in der Stückliste dokumentiert.

Diese Produktgliederung kann

- nach Funktionen oder
- nach Baugruppen

strukturiert werden.

Ist die Konstruktionsstückliste ohne Rücksicht auf eine fertigungsgerechte Erzeugnisstruktur nach Funktionsgruppen gegliedert, so ist sie in den meisten Fällen für die Fertigung nicht brauchbar. Die Fertigung denkt in Baugruppen, so daß von der Arbeitsvorbereitung eine eigenständige Fertigungs-(Struktur-)Stückliste erstellt wird, die diese Gliederung nach Baugruppen dokumentiert.

Nicht nur aus Logistiksicht ist erstrebenswert, aus Funktionsgruppen Baugruppen werden zu lassen. Diese Baukastenkonstruktion bietet folgende Vorteile:

Die Funktionseinheit ist als Baueinheit

- herstellbar,
- prüfbar,
- austauschbar und
- kombinierbar

bei definierten und einheitlichen Schnittstellen. Allerdings ist für die Definition und Gestaltung der Schnittstellen zusätzlicher Aufwand notwendig.

1.3.1.2 Logistikgerechte Gestaltung von Teilen und Baugruppen

Aus Logistiksicht ist eine Baukastenkonstruktion (Funktionsgruppe = Baugruppe) wünschenswert. Die Fertigung kann dann wie das Produkt modularisiert und strukturiert werden. So ist es z.B. möglich, nur geprüfte Baugruppen in ein Endprodukt einzubauen, so daß sich der Aufwand für die Qualitätssicherung des Endproduktes (das bereits eine hohe Wertschöpfung hinter sich hat) verringern läßt. Varianten lassen sich durch Kombination der Baugruppen problemlos erzeugen, so daß es leichter fällt, dem Kunden das gewünschte „maßgeschneiderte" Produkt zu liefern. Technologische Änderungen des Produktes oder des Produktionsprozesses können in einer Baugruppe oder einem Fertigungsbereich (z.B. Vormontage) konzentriert bleiben, ohne die anderen Teile des Produktes und der Produktion zu stören.

Beispiel für solch eine Baukastenkonstruktion sind Nutzfahrzeuge: an einen Rahmen aus Stahlträgern werden die Module Achsen, Antrieb (Motor und Getriebe), Fahrerhaus und Aufbau angebaut. Jede dieser Baugruppen ist in mehreren Varianten lieferbar, so daß der Kunde durch Kombination dieser Varianten den gewünschten LKW spezifisch für die Transportaufgabe zusammenstellen kann.

Weitere wichtige Anforderungen der Logistik an die Produktgestaltung sind:

- Transport- und lagergerechte Gestaltung mit guter Platznutzung, geringer Empfindlichkeit und der Möglichkeit Standardbehälter zu verwenden (z.B.: IKEA).
- Progressiv wachsendes Produktvolumen zur Verringerung des Transportaufwandes in der Fertigung (z.B.: Vergleich einer LKW- und einer PKW-Montage).
- Variantenreduzierung (vgl. Kap. 1.3.1.3).

- Vermeidung von Verschnitt und Abfall, um die Entsorgungslogistik möglichst einfach zu gestalten (z.B.: Verschnittminimierung durch Verschachtelung von Zuschnitten bei der Blechfertigung).
- Recyclingfähige Materialien verwenden, um die Entsorgungslogistik einfach zu gestalten (z.B.: Recycling von Kunststoffspritzgußteilen in der Spritzerei ist problemlos, nach der Montage oder Kaschierung wegen des Materialmixes sehr schwierig).

Die Konstruktion muß bei der Produktgestaltung eine Vielfalt von Anforderungen berücksichtigen. Die Logistik ist dabei ein Partner unter vielen, weitere Anforderungen kommen z.B. von Marketing, Controlling oder Produktion. Das Produkt muß daher von einem Arbeitsteam gestaltet werden. Die Wertanalyse bietet dafür eine geeignete Methode. Wesentliches Kennzeichen der Wertanalyse ist das „Denken in Funktionen"; diese Funktionen werden gestaltet und kostenmäßig bewertet. Auch die Anforderungen zur logistikgerechten Gestaltung von Produkten können als solche Funktionen formuliert werden.

1.3.1.3 Variantenreduzierung

Um Produkte möglichst gut an die individuellen Wünsche der Kunden anzupassen, werden Produktvarianten angeboten. Marketing und Vertrieb haben als übliche Zielvorgabe die Maximierung des Umsatzes. Zusätzliche Varianten bieten die Chance einer Umsatzsteigerung, falls dadurch zusätzliche Kunden gewonnen werden können.

Die Kosten von Varianten, die vor allem in der Konstruktion (z.B. zusätzliche Zusammenbauzeichnungen), Fertigung (z.B. höhere Flexibilität) und in der Logistik (z.B. Verwaltung zusätzlicher Teile) anfallen, werden als Gemeinkosten nur selten transparent. Ein möglicherweise negativer Ergebnisbeitrag der Variante bleibt meist verborgen.

Durch Produktgestaltung können Varianten reduziert werden:

- Gleichteileverwendung und Normung
- Verwendung standardisierter Rohmaterialien, um die Bestände im Rohmateriallager klein halten zu können (z.B.: Begrenzung der Blechstärken und Bandbreiten eines blechverarbeitenden Betriebes).
- Überdimensionierung einzelner Teile oder Baugruppen zur Gleichteileverwendung
- Vermeiden von Folgevarianten
- Baukastenkonstruktion (vgl. Kap. 1.3.1.2).

Wird bei der Konstruktion auf ein bereits vorhandenes Teil zurückgegriffen, entstehen keine zusätzlichen Kosten für Konstruktion und Arbeitsplanung. In der Fertigung können größere Stückzahlen gefertigt werden, die Logistik braucht weniger Fertigungsaufträge auszulösen. Der Konstrukteur wird in der Verwendung von vorhandenen Teilen durch Konstruktionskataloge unterstützt. Einfache, schnelle Zugriffe auf solche Kataloge sind Voraussetzung für ihre Akzeptanz und normalerweise nur EDV-gestützt zu realisieren.

Manchmal kann eine Überdimensionierung einzelner Teile oder Baugruppen Voraussetzung für eine Gleichteileverwendung sein. In Kabelbäumen sind z.B. für einen speziellen Anwendungsfall oft Blindkabel enthalten, um nicht zu viele verschiedene Varianten von Kabelbäumen fertigen, bereitstellen und verwalten zu müssen.

Folgevarianten können aus Kundenvarianten entstehen, wenn Änderungen eines Teiles weitere Änderungen anderer Teile erfordern. So wurde z.B. das Typenschild eines Pkws durch Löcher im Blech eingeklipst. Die Variante „Entfall Typenschild" erforderte eine Variante des Blechteils ohne Löcher. Durch Aufkleben des Typenschildes konnte diese Folgevariante vermieden werden.

Mit der Baukastenkonstruktion wird versucht, Varianten auf eine Baugruppe zu begrenzen und dadurch Folgevarianten in anderen Baugruppen zu vermeiden.

Wenn sich die Variantenvielfalt nicht begrenzen läßt, sollte versucht werden, in Fertigungsprozessen Varianten möglichst spät zu erzeugen. Dadurch kann zumindest die Vielfalt verschiedener Fertigungsfolgen begrenzt werden. Weiterhin besteht dann die Möglichkeit, von standardisierten Halbfabrikaten in wenigen Fertigungsschritten die Variante herzustellen. Am besten ist es, wenn die Variante erst durch Montage eines zusätzlichen Teiles entsteht. Beispiel ist eine elektronische Motorsteuerung, die erst unmittelbar vor dem Einbau programmiert wird und damit die Leistung des Motors definiert. Die verschiedenen nationalen Abgasvorschriften, Steuer- und Versicherungsklassen belasten die Variantenvielfalt in der Fertigung kaum noch.

1.3.2 Fertigungs-Standort

Die Wahl des Fertigungsstandortes ist eine langfristig wirksame Entscheidung in die soziale, strukturpolitische, wirtschaftliche und logistische Faktoren eingehen. Sie betreffen nicht nur die Wahl des Unternehmensstandortes auf nationaler oder internationaler Ebene, sondern können genauso bei der Wahl des Standortes einer Abteilung innerhalb des Werksgeländes angewendet werden.

Nicht logistische Standortfaktoren sind:

- Arbeitskräfte,
- Subventionen und Steuerpräferenzen,
- Ausgaben für Grundstück und Erschließung,
- Umweltauflagen.

Die Verfügbarkeit von qualifiziertem Personal ist einer der wichtigsten Vorteile des Industriestandortes Deutschland.

Für strukturschwache Regionen, z.B. in den neuen Bundesländern, werden Steuerpräferenzen gewährt, um dort neue Betriebe anzusiedeln und zusätzliche Arbeitsplätze bereitzustellen.

Umweltauflagen in der Bundesrepublik führen zu Überlegungen einzelner Industriebetriebe, Produktionserweiterungen nicht mehr in Deutschland, sondern im Ausland zu realisieren.

Aus Logistiksicht sind vor allem Transport und Verkehr wichtige Standortfaktoren:

- Nähe zu Verkehrsströmen,
- Einfache Entsorgung,
- Nähe zum Lieferanten,
- Nähe zum Kunden.

Die verstärkte Ansiedlung von Unternehmen im Raum Freising-Erding sind Beispiele, daß die Nähe zum Flughafen München ein wichtiges Kriterium für eine Industrieansiedlung sein kann.

Die Konzentration schweizerischer und deutscher Chemieunternehmen längs des Rheins wurde möglicherweise durch die einfache Entsorgung erleichtert.

Stahlwerke werden in Kohle- und Erzabbaugebieten angesiedelt, da dort die Rohmaterialien ohne lange Transporte verfügbar sind.

Die Nähe zum Kunden ist besonders für die Zulieferindustrie entscheidend. Just-in-time-Konzepte (vgl. Kap. 5.4) lassen sich nur realisieren, wenn zwischen Kunden und Lieferanten eine kurze Entfernung zu überbrücken ist. So baute z.B. ein Zulieferbetrieb in unmittelbarer Nähe zum Daimler-Benz-Werk in Bremen ein eigenes Werk zur Herstellung von Fahrzeugsitzen. Eine Produktion in der Nähe der Absatzmärkte begrenzt außerdem das Währungsrisiko, weil Kosten und Erlöse in der gleichen Währung fakturiert werden.

Zum Teil können sich die Logistikfaktoren durch Nähe zu Verkehrsströmen und Nähe zu Lieferanten und Kunden gegenseitig ersetzen. Stahlwerke werden z.B. heute an der Küste gebaut, wo billige Importerze oder Importkohle leicht angeliefert werden können. Genauso werden traditionelle Stahlstandorte, durch leistungsfähige Transportsysteme erschlossen und so die vorhandene Infrastruktur weiter genutzt.

1.3.3   Einkauf und Lieferantenbeziehung

1.3.3.1 Fertigungstiefe

Das Festlegen der Fertigungstiefe ist eine ständige Aufgabe der Unternehmensführung. Das Beispiel Recaro und Daimler-Benz verdeutlicht jedoch den Trend, die Fertigungstiefe zu reduzieren. Während früher die Automobilunternehmen eine eigene Sitzherstellung und Polsterei betrieben, werden die meisten Autositze heute zugeliefert. Folge daraus ist, daß die Bedeutung der Logistik gegenüber der Fertigung zunimmt, denn die Fertigungssteuerung zwischen Lieferanten und Kunden muß organisiert werden und die zugelieferten Güter müssen transportiert werden.

Auch Dienstleistungen können nach auswärts vergeben werden, so daß die folgenden Überlegungen für die Fertigungstiefe nicht nur für die Fertigung im engen Sinn, sondern für die gesamte Leistungserstellung des Unternehmens gelten.

Gründe für die Reduzierung der Fertigungstiefe sind:

* Reduzierung des Auslastungsrisikos und
* Reduzierung der Gesamtkosten.

Steigende Produktivität durch verbesserte Mechanisierung und Automatisierung verschiebt die Struktur der Herstellkosten. Die variablen Kosten (vor allem Personalkosten) werden gegenüber den fixen Kosten (Abschreibung, Kapitalbindung im Anlagevermögen) geringer. Fixe Kosten fallen aber unabhängig von der produzierten Menge an, so daß das Auslastungsrisiko wächst. Um das Risiko begrenzt zu halten, die eigenen Fertigungsanlagen auszulasten, werden Teile und Baugruppen zugekauft. Zukaufteile treten als Materialkosten in der Gewinn- und Verlustrechnung auf. Materialkosten sind typische variable Kosten. So strebt z.B. Audi als strategisches Ziel an, daß 70% des Wertes eines Autos in Zukunft zugekauft werden sollen.

Zweites wichtiges Ziel ist die Reduzierung der Gesamtkosten; wenn der Zulieferer billiger produzieren kann als der Kunde, kann er diesen Produktionskostenvorteil im Preis weitergeben. Kostenvorteile können sich ergeben

* durch Produkt- oder Prozeß-Know-how,
* durch die Fertigungskapazität mit einer besseren Kapazitätsauslastung beim Zulieferer,
* durch Flexibilität des Lieferanten,
* durch strukturelle Kostenvorteile, aufgrund eines niedrigeren Lohnniveaus, geringerer Steuerbelastung oder längerer Arbeitszeiten als beim Kunden,
* Nutzung von Stückkostenvorteilen durch große Stückzahlen (Bild 1.5).

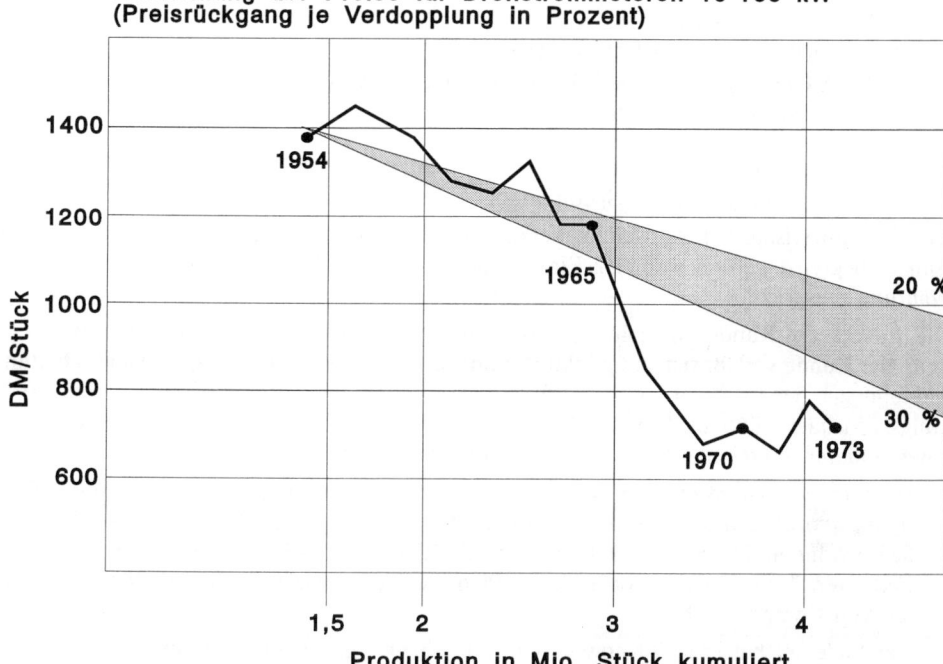

Bild 1.5   Kostendegression bei Drehstrommotoren *(Quelle: [Jung])*

So werden in der Automobilindustrie Produkt- und Prozeß-Know-how für Einspritzanlagen häufig von Bosch oder Siemens gekauft. Dagegen kauft die Automobilindustrie bei Spritzguß- oder Schmiedeteilen meist nur die Kapazität der teuren Anlagen zu; durch eine entsprechende Produktion im eigenen Unternehmen erhält sich auch der Automobilhersteller das Produktions-Know-how.

Flexibilität liefern z.B. kleine Garagenfirmen, die schnelle Sonderaufträge für oftmals schwerfällige Großunternehmen ausführen.

Durch weltweiten Zukauf kann ein Endhersteller Lohnkostenvorteile oder Steuervorteile eines anderen Landes einkaufen. Da in fast allen Produktionen große Stückzahlen kostengünstiger herzustellen sind, können Zulieferer, die auf bestimmte Produkte spezialisiert sind und mit Ihnen einen ganzen Industriezweig versorgen, ihre Produkte zu günstigeren Preisen verkaufen, als die Herstellkosten im eigenen Haus betragen würden (z.B. in Bild 1.5).

1.3.3.2 Lieferanten

Lieferantenauswahl

Strategische Überlegungen zur Reduzierung der Fertigungstiefe und ihre wirtschaftliche Bedeutung müssen durch die Auswahl eines geeigneten Lieferanten konkretisiert werden. Dabei ist zu klären, ob die Teile im Multi- oder Single-Sourcing bezogen werden.

Kriterien zur Auswahl eines Lieferanten sind:

- das gelieferte Produkt,
- die gelieferte Qualität,

- der Preis,
- Schutzrechte (Patente),
- die Sicherung der Lieferbereitschaft,
- Dienstleistung, die zusätzlich zum Produkt erbracht werden und
- Handelsbilanzgleichgewicht.

Dienstleistungen können auch das eigentliche Produkt sein, z.B. Konstruktionsaufträge oder Logistikdienstleistungen durch Speditionen.

Das Währungsrisiko bei weltweitem Verkauf der eigenen Produkte kann durch weltweiten Einkauf begrenzt werden, wenn das Einkaufvolumen in einer Währung dem Umsatz in dieser Währung entspricht.

Die Lieferanten-Kunden-Beziehung beschreibt immer eine wechselseitige Abhängigkeit, denn der Kunde verläßt sich auf pünktliche und sichere Belieferung mit Qualitätsprodukten, während sich der Lieferant auf die Aufträge des Kunden einstellt und entsprechende Fertigungskapazitäten aufbaut. Diese Abhängigkeit und damit die Möglichkeit für den Kunden, einen anderen Lieferanten zu suchen, läßt sich in drei Stufen beschreiben:

1. Der Lieferant hat Produkt-Know-how meist gekoppelt mit Prozeß-Know-how für den Fertigungsprozeß. Für ein Produkt gibt es meistens nur wenige Zulieferer, die dieses Produkt liefern können. Der Kunde kauft damit zu günstigen Produktionskosten und er vermeidet Fixkosten für eine eigene Konstruktion, Planung und Entwicklung. Beispiel sind Lieferanten von Computer-Chips.

2. Der Lieferant hat Prozeß-Know-how und produziert in hohen Stückzahlen. Der Kunde kauft zu günstigeren Stückkosten ein, wäre jedoch in der Lage, die Teile oder Dienstleistungen auch selbst zu erstellen. Beispiele sind Hersteller von Normteilen, wie z.B. Schrauben oder Speditionen, die Logistikdienstleistungen erbringen.

3. Der Lieferant hat weder Produkt noch Prozeß-Know-how; er dient nur als verlängerte Werkbank. Durch Vergabe von Aufträgen an solche Lieferanten wird Fertigungskapazität oder Flexibilität zugekauft. Beispiel sind kleine „Garagenfirmen", die nach Kundenzeichnung schnell Teile erstellen können.

An Lieferanten der ersten Klasse ist der Kunde sehr eng angebunden, wenn das gekaufte Produkt nur für den Kunden gefertigt wird. Solche Lieferanten sind praktisch nur ersetzbar, wenn für die Teile ein Markt existiert und ab Katalog verkauft werden, wie z.B. Standard-Mikroprozessoren.

Dagegen sind Lieferanten der dritten Klasse leicht austauschbar, wenn sie in einem der genannten Auswahlkriterien gegenüber Mitbewerbern zurückfallen.

Multi-Sourcing oder Single-Sourcing

Sollen Teile von einem oder von mehreren Lieferanten bezogen werden?

Für den Bezug von einem Lieferanten (Single-Sourcing) sprechen folgende Vorteile:

- geringere Einkaufskosten,
- einfachere dispositive und physische Logistik,
- enge, dauerhafte Partnerschaft.

Dagegen spricht:

- die Abhängigkeit vom Lieferanten und
- das Ausfallrisiko der gesamten Lieferung, wenn das Produktions- oder Logistiksystem des Lieferanten gestört ist.

Umgekehrt sind die Vor- und Nachteile, wenn ein Teil von mehreren Lieferanten bezogen werden kann (Multi-Sourcing).

Vorteilhaft sind:

- die Streuung des Ausfallrisikos und
- die geringere Abhängigkeit von einem Lieferanten.

Nachteilig sind:

- die höheren Fixkosten, da das Logistiksystem mit jedem einzelnen Lieferanten gestaltet werden muß sowie
- die mehrfachen Entwicklungs- und Planungskosten bei jedem der Lieferanten.

Single-Sourcing wird besonders mit Lieferanten der ersten Kategorie (Produkt-und Prozeß-Know-how) vereinbart. Gründe sind die hohen Fixkosten zur Gewinnung und Erhaltung des Know-hows beim Lieferanten. Lieferanten der dritten Kategorie ohne dieses Know-how stehen in Konkurrenz zu anderen Lieferanten für die gleichen Teile. Bei Lieferanten der zweiten Kategorie ist zunächst die Frage nach Multi- oder Single-Sourcing offen.

Der Trend geht jedoch zum Single-Sourcing. Das Ausfallrisiko besteht beim MultiSourcing mit zwei oder drei Lieferanten genauso, denn auch ein Ausfall von 50% oder 30% der Lieferung ist von den anderen Lieferanten normalerweise nicht auszugleichen.

Die Forderung ist deshalb, die Fertigungsprozesse sicher zu machen anstatt das Ausfallrisiko zu verteilen. Neben den Fertigungsprozessen müssen auch die Logistiksysteme leistungsfähig gestaltet werden, um mit minimalen Beständen produzieren zu können. Eine enge Lieferantenbeziehung im Single-Sourcing erleichtert diese Gestaltung. Der Idealfall der Lieferanten-Kunden-Beziehung ist die Just-in-time-Fertigung. Der Aufwand für diese Art der Fertigung und Belieferung ist jedoch nur mit einem Lieferanten zu rechtfertigen. Single-Sourcing erlaubt dem Lieferanten höhere Stückzahlen zur produzieren, so daß die Stückkostendegression zu günstigeren Einkaufspreisen führen kann.

Bei Baukastenkonstruktion können schließlich ganze Baugruppen nach außen vergeben werden. Damit können auch Fixkosten für das Produkt-Know-how an den Lieferanten übertragen werden. Zu beachten ist dabei jedoch, daß Produkt-Know-how nicht nur einen Kostenfaktor sondern auch einen Marktfaktor darstellt.

Lieferantenbewertung

Traditionelles Kontrollinstrument des Einkaufs ist die Preispolitik des Lieferanten. Die Konkurrenz zwingt den Lieferanten zu preisgünstiger Lieferung.

Je weiter durch Single-Sourcing der Preiswettbewerb begrenzt wird, desto wichtiger werden andere Mechanismen zur Kontrolle der Lieferanten. Mit der Einkaufpreisanalyse wird die Kalkulation des Lieferanten überprüft und ein „angemessener" Preis ermittelt. Weicht der geforderte Preis vom angemessenen Preis zu stark ab, können gemeinsam mit dem Lieferanten Möglichkeiten zur Kosteneinsparung erarbeitet werden.

Die Einkaufspreisanalyse ist Teil einer umfassenden Lieferantenbewertung. Die Bewertungszahlen werden verwendet

- als Motivation und Sanktion für Lieferanten,
- als Kriterium für die Vergabe weiterer Aufträge.

Die Bewertung basiert auf mehreren Größen:

- Leistungsfähigkeit
  - Produkt-Know-how,
  - Prozeß-Know-how,
  - Zusatzdienstleistungen, z.B. Logistik-Dienstleistungen;
- vom Lieferanten verursachte Gesamtkosten für den Kauf des Teils oder der Baugruppe (Total Cost of Ownership):
  - Einkaufspreis,
  - Qualitätskosten (Prüfung, Nacharbeit),
  - Logistikkosten (Transport, Lagerung, Umpacken),
  - Verwaltungskosten für Einkauf und Bestellabwicklung,
  - Preissteigerungen,
  - Kosten für Änderungen an der Konstruktion oder im Fertigungsprozeß;
- Lieferqualität,
- Zuverlässigkeit:
  - Liefertreue,
  - Ersatzteilversorgung;

1.3.3.3 Beschaffungslogistik

Durch die verringerte Fertigungstiefe wird die Logistik zwischen Lieferanten und Kunden im Vergleich zur innerbetrieblichen Logistik immer wichtiger. Beschaffungslogistik beschreibt dabei die organisatorischen und technischen Abläufe zur Zulieferung von Teilen, Distributionslogistik (vgl. Kap. 1.3.4) die Abläufe zur Verteilung der Produkte an die Kunden.

Rationalisierungspotentiale ergeben sich vor allem durch eine verbesserte Organisation der Beschaffungslogistik. Wichtigstes Prinzip ist dabei, die Bestände durch Informationen zu ersetzten, z.B.

- Übermittlung des geplanten Produktionsprogramms an Lieferanten,
- Datenfernübertragung zur Bestellabwicklung,
- kleine Lieferlose sowie
- Abholung der Materialien beim Lieferanten (frei Rampe) und Tourenplanung.

Eine Information des Lieferanten über das geplante Produktionsprogramm und die zu erwartenden Bestellungen und Lieferabrufe erlaubt dem Zulieferer eine zuverlässigere Material- und Kapazitätsplanung, so daß er seine Lieferfähigkeit ohne große Bestände sichern kann. Durch Datenfernübertragung (im einfachsten Fall: eMail) entfällt die Postlaufzeit, so daß die Reaktionszeit verlängert und die Bestände zwischen Lieferant und Kunde verringert werden können.

Durch eine häufige Anlieferung kleiner Lose können die Bestände an Rohmaterialien und Zulieferteilen reduziert werden. Werden die Lieferlose beim Lieferanten abgeholt, kann durch geschickte Routenplanung die Materialien von mehreren Lieferanten „eingesammelt" werden. Der zusätzliche Transportaufwand durch kleine Lieferlose wird weitgehend vermieden. Solche Touren lassen sich am einfachsten in eigener Regie (Lieferung frei Rampe des Lieferanten) oder durch eine beauftragte Spedition organisieren.

1.3.4   Marketing und Distributionslogistik

Der Kunde erwartet vom Lieferanten die Lieferung der bestellten Ware. Im Mittelpunkt der Kaufentscheidung steht dabei das Produkt. Entsprechend ist die Produktgestaltung und Leistungserstellung (Produktion) der Kern des Geschäftes in der Industrie. Allerdings sind die wenigsten Produkte so einzigartig, daß der Kunde einem Angebotsmonopol gegenübersteht. Zusätzliche Leistungen neben dem Verkauf des Gegenstandes können zum entscheidenden Verkaufsargument werden. Solche Möglichkeiten zur Produktdifferenzierung sind beispielsweise:

- zusätzliche Produkte, z.B. Verschleißteile oder Ersatzteile,
- Finanzdienstleistungen (z.B. Finanzierung oder Leasing),
- Anwenderdienstleistungen wie Schulung (z.B. NC-Programmiersystem), Dokumentation (z.B. Software), Wartung und Instandhaltung (z.B. Kopierer), Montage und Inbetriebnahme (z.B. Anlagenbau), Projektmanagement und Generalunternehmer (z.B. Bau eines Hochregallagers),
- Marketingdienstleistungen wie Kompensationsgeschäfte (z.B. Osthandel) oder Unterstützung bei Werbeaktionen (z.B. Prospekte für den Einzelhandel) sowie
- Logistikdienstleistungen.

Logistikdienstleistungen, die zum Verkaufsargument werden können, sind:

- Lieferung,
- Ersatzteilbevorratung,
- Abholung und Entsorgung ausgemusterter Produkte.

Die Lieferung eines Produktes kann z.B. frei Haus vereinbart werden oder, sofern der Kunde die Teile in eigener Regie abholen möchte, ein entsprechender Preisnachlaß gewährt werden. Die Ersatzteile können beim Lieferanten in einem zentralen Ersatzteillager bevorratet werden. Für den Kunden verringert sich damit die Kapitalbindung an Ersatzteilen. Zur Lieferung eines Kühlschrankes gehört heute die Abholung und Entsorgung des ausgemusterten Kühlschrankes und seines Kühlmittels.

Die Organisation und Abwicklung einer kostengünstigen und zuverlässigen Lieferung eines Produktes ist Gegenstand eines eigenständigen Zweigs der Logistik, der Distributionslogistik. Hier finden sich oft erhebliche Rationalisierungspotentiale, z.B.

- Auswahl und Gestaltung von Distributionsstufen,
- Gestaltung von Distributionslägern,
- Verringerung von Fertigwarenbeständen durch kleine Lieferlose,
- Transportoptimierung durch
  - Tourenplanung mit Wegminimierung,
  - gemeinsame Fuhren zur Auslieferung an mehrere Kunden
  - Minimierung von Leerfahrten durch Rückfrachten (unternehmensfremde Rückfrachten sind derzeit nur Speditionen erlaubt)

Durch kleinere Lieferlose sinken die Bestände an Fertigwaren, dafür steigt die Anzahl der Transporte. Werden Transporte für mehrere Kunden zusammengefaßt, kann die Steigerung der Transportkosten begrenzt werden, jedoch ist ein höherer Organisations- und Abstimmaufwand erforderlich. Da nur Speditionen unternehmensfremde Güter transportieren dürfen, erschließen sich viele Rationalisierungspotentiale der Distributionslogistik nur Logistik-Dienstleistern. Wie in der Fertigung, gilt auch für Logistikleistungen die Kostendegression bei großen Stückzahlen (z.B. durch höhere Automatisierung in Lägern). Speziell für die Distribution können deshalb Speditionen oft unter den Kosten einer firmeneigenen Distributionslogistik anbieten.

Auf Fragen der Distributionslogistik und der Beschaffungslogistik wird in diesem Buch nicht näher eingegangen. Beschriebene Planungsmethoden und Lösungsbeispiele können jedoch auf Distributionsprobleme übertragen werden:

- Bedeutung der Losgrößen, auch Lieferlosgrößen, für Bestände in Kap. 5.3;
- Fahrtroutenplanung und -optimierung in Kap. 6.4;
- Distributionsläger in Kap. 3;
- Distributionsstufen: Zentrale und dezentrale Lagerung in Kap. 3.2 und Fertigungsstufen in Kap. 5.3.

1.4   Übungsaufgaben

Aufgabe 1.1

Logistikgerechte Produktgestaltung.

a) Nennen Sie wesentliche Eigenschaften der Baukastenkonstruktion.

b) Welche Vorteile hat die Baukastenkonstruktion allgemein und speziell für die Logistik?

Aufgabe 1.2

Beschreiben Sie anhand der logistischen Kette den Gegenstandsbereich der Logistik und die wichtigsten wirtschaftlichen Ziele.

Aufgabe 1.3

Nennen und vergleichen Sie die wichtigsten Kriterien für die Standortauswahl eines Automobil-Zulieferers mit denen einer Software-Entwicklungsfirma.

Aufgabe 1.4

Einkauf und Logistik.

a) Welche Bedeutung hat der Einkauf bei der Verwirklichung der Logistik-Ziele?

b) Nennen Sie 5 Möglichkeiten für eine logistikgerechte Gestaltung von Lieferantenbeziehungen.

Aufgabe 1.5

Wie kann Logistik den Verkauf fördern?

2 Fördertechnik

2.1 Lernziele

Der Leser kennt die wichtigsten Planungsmethoden und technischen Lösungen für den innerbetrieblichen Materialfluß. Er erkennt die wichtigsten Gestaltungsparameter und Kriterien zur Auswahl geeigneter technischer Lösungen. Die Fördertechnik ist erst durch eine entsprechende Informationsverarbeitung und Steuerung leistungsfähig. Der Leser erkennt die Bedeutung der Steuerungstechnik. Er begreift die Fördertechnik mit ihren Teilsystemen im Gesamtsystem einer industriellen Logistik.

2.2 Planungsvorgehen

Basis für die Auslegung von Förder- und Transportsystemen ist die benötigte Materialflußkapazität. Bei der Ermittlung der Materialflußkapazität ist darauf zu achten, daß auch ein Spitzenbedarf an Materialfluß- und Transportleistungen abzudecken ist. Je nach Transportaufgabe muß dazu festgelegt werden, über welchen Zeitraum (Minuten, Stunden oder Tage) der Spitzenbedarf gilt, d.h., wie reaktionsschnell das Transportsystem reagieren können muß.

Die Transportkapazität errechnet sich aus der

- zu transportierenden Menge und
- der zu überbrückenden Entfernung.

Da normalerweise nicht nur Transporte zwischen 2 Punkten abzuwickeln sind, werden die Transportmenge und die Entfernungen jeweils in einem Matrix-Schema dokumentiert:

- Materialfluß-Matrix und
- Entfernungs-Matrix.

Die Materialfluß-Matrix (Transportdiagramm) zeigt die Anzahl der Transporteinheiten (Behälter), die während einer Zeiteinheit (z.B. während eines Tages) von und nach einer Abteilung oder Maschinengruppe zu transportieren ist. Im Folgenden wird für eine solche Quelle oder Senke eines Materialflusses der Begriff „Abteilung" verwendet. Die Abteilungen im Untersuchungsbereich bilden die Spalten und Zeilen der Materialfluß-Matrix, die Matrixelemente schreiben die Menge der zu transportierenden Behälter (Beispiel im Bild 2.2).

Um eine Materialfluß-Matrix zu erstellen, wird in folgenden Schritten vorgegangen:

1. Auswahl des Untersuchungsbereichs.
   Je nach Planungsaufgabe können Materialfluß-Matrizen für den Verkehr zwischen Werken, zwischen Abteilungen eines Werkes oder zwischen Arbeitsplätzen beschrieben werden (Bild 2.1).
2. Definition einer „Transporteinheit".
   Da die zu transportierenden Güter in Größe, Gewicht und Wert zu unterschiedlich sind, muß beschrieben werden, was eine Transporteinheit enthalten soll. In der Regel wird dafür ein geeigneter Standardbehälter (vgl. Kap. 4) gewählt, im innerbetrieblichen Materialfluß, z.B. eine Gitterbox oder Europalette.

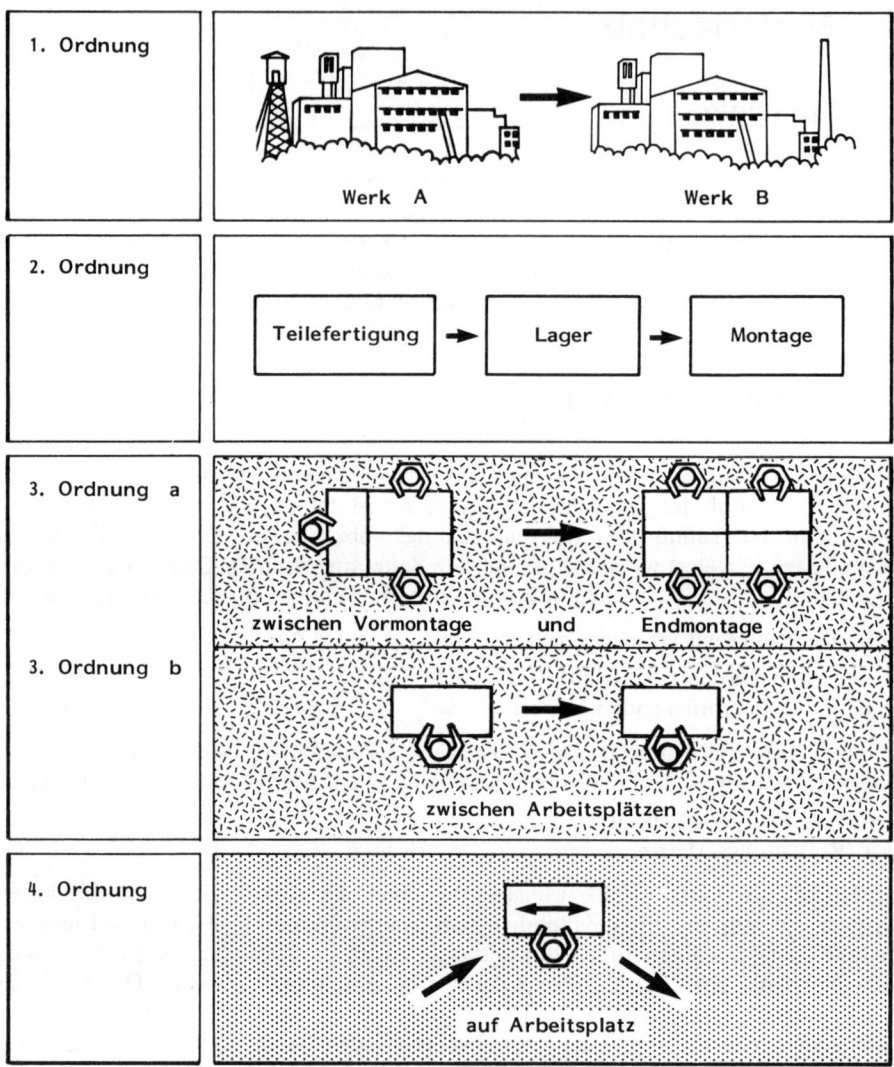

Bild 2.1   Detaillierung des Materialfluß [*Bullinger*]

3. Beschreibung der „Zeiteinheit", für die Materialfluß-Matrix gilt.
   Eine Untersuchung während einer zu kurzen Zeiteinheit, z.B. eine Stunde, kann zufällig auftretende Bedarfsspitzen ausgrenzen; eine Untersuchung während einer zu großen Zeiteinheit, z.B. während eines Monats, kann das Transportaufkommen zu stark glätten, so daß Spitzen in den Monatszahlen untergehen.

4. Darstellung der Materialflüsse im Matrix-Schema (vgl. Bild 2.2).

5. Graphische Darstellung der Materialflüsse (Beispiel in Bild 2.3).
   Da die Materialfluß-Matrix zu unübersichtlich ist, eignet sich eine Graphik besser, um wesentliche Materialflüsse schnell zu erfassen.

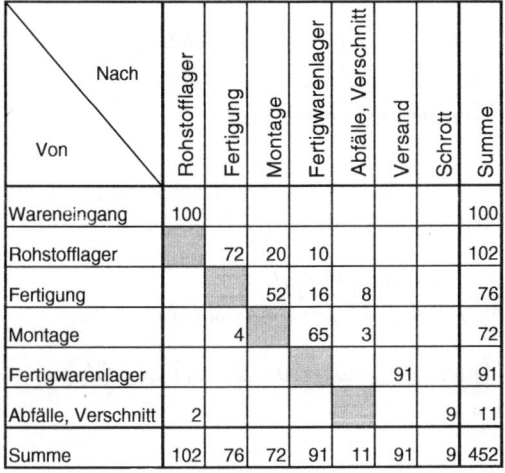

Von \ Nach	Rohstofflager	Fertigung	Montage	Fertigwarenlager	Abfälle, Verschnitt	Versand	Schrott	Summe
Wareneingang	100							100
Rohstofflager		72	20	10				102
Fertigung			52	16	8			76
Montage		4		65	3			72
Fertigwarenlager						91		91
Abfälle, Verschnitt	2						9	11
Summe	102	76	72	91	11	91	9	452

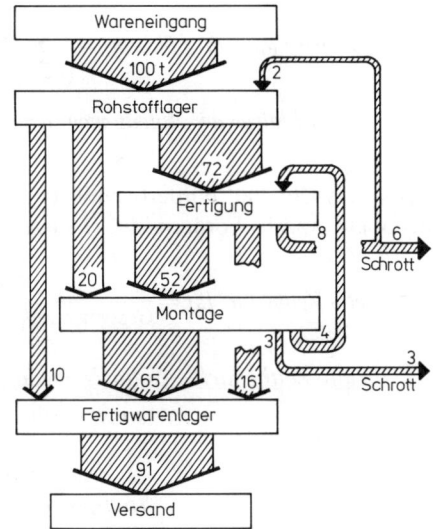

Bild 2.2   Beispiel einer Materialfluß-Matrix
          (Quelle: [Kettner, Schmidt, Greim])

Bild 2.3   Beispiel für eine graphische
          Darstellung der Materialflüsse
          (Quelle: [Kettner, Schmidt, Greim])

In der Materialfluß-Matrix sind nur die zu transportierenden Mengen, nicht jedoch die Entfernungen zwischen den Abteilungen dokumentiert. Diese Information wird in der Entfernungs-Matrix dargestellt: Im gleichen Schema der beteiligten Abteilungen wie in der Materialfluß-Matrix beschreiben die Matrix-Elemente die Entfernungen zwischen den beiden Abteilungen. Dabei kann es vorkommen, daß eine Entfernung von A nach B ungleich einer Entfernung von B nach A ist, z.B. bei Einbahnverkehr.

Die Entfernungen zwischen 2 Abteilungen hängen ab vom

- Layout und
- von der Verkehrsart.

Verkehrsarten können sein (Bild 2.4):

- Direktverkehr; Beispiel Taxi
- Sternverkehr; Beispiel Einsammeln von Zulieferteilen bei mehreren Lieferanten und gemeinsamer Versand aller Teile zum Kunden
- Ringverkehr; Beispiel Briefträger
- Linienverkehr; Beispiel Bundesbahn Güterzüge
- Pendelverkehr; Beispiel Huckepack-Verkehr der Bundesbahn

Die benötigte Kapazität für die Transporte zwischen zwei Abteilungen i und j errechnet sich aus der Multiplikation von Entfernung und zu transportierender Menge zwischen diesen Abteilungen. Bei der Darstellung im Matrix-Schema müssen die Matrix-Elemente der Materialfluß- und Entfernungs-Matrix multipliziert werden. Daraus entsteht die Transport-Matrix [TE * m]. Zur Berechnung der gesamten Transportkapazität werden die Zeilen- oder Spaltensummen der Transportmatrix summiert:

$$Transportkapazität\ [TE*m] = \sum_{i=1}^{n} \sum_{j=1}^{m} Entfernung_{ij}\ [m]\ *\ Anzahl\ Behälter_{ij}\ [TE]$$

i,j Indices der Abteilungen der Transport- und Entfernungsmatrix

Nach Auswahl der Fördertechnik (vgl. Kap. 2.3) können aus der Transport-Matrix die benötigte Anzahl Fördermittel (Fahrzeuge) berechnet werden:

$$Netto\ Zeitbedarf\ [s] = \frac{Transportkapazität\ [TE*m]}{Geschwindigkeit\ [m/s]\ *\ Anz.\ TE\ pro\ Fahrzeug\ [TE]}$$

$$Brutto\ Zeitbedarf = Netto\ Zeitbedarf + Spielzeit + Wartezeit + Zeit\ für\ Leerfahrten + sonst.\ Verlustzeiten$$

$$= \frac{Netto\ Zeitbedarf}{Transportwirkungsgrad}$$

$$Anzahl\ Fördermittel = \frac{Brutto\ Zeitbedarf}{Betriebszeit\ des\ Fördermittels}$$

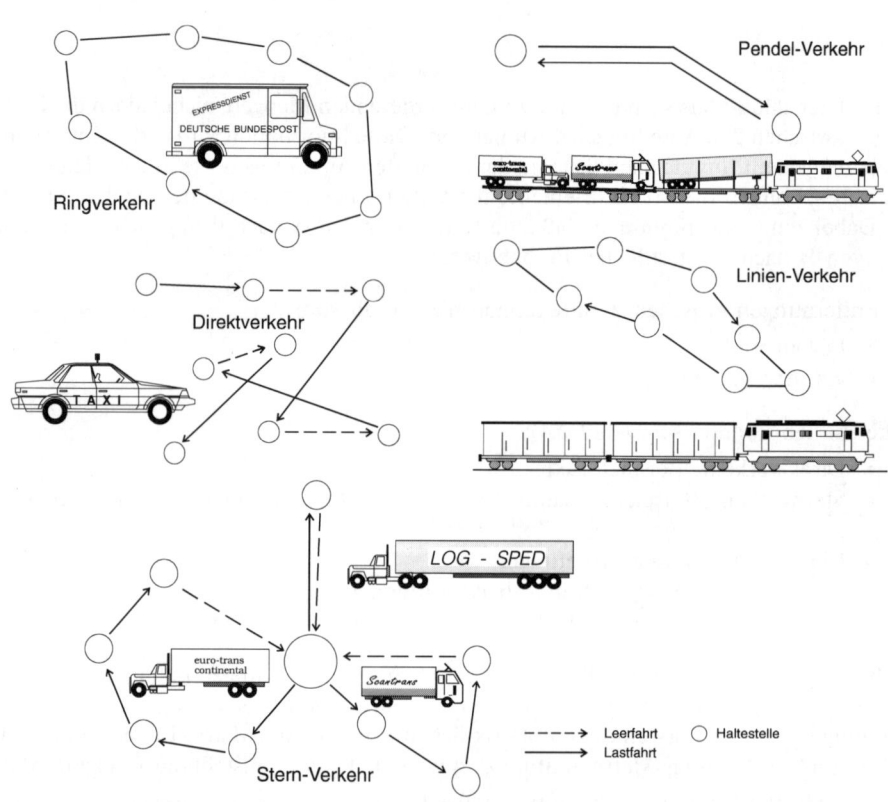

Bild 2.4   Verkehrsarten

Zur Darstellung der Materialfluß- und Entfernungs-Matrizen sowie zur Berechnung der Transport-Matrix und der Anzahl Fördermittel kann eine Tabellenkalkulation (z.B. MS-Excel®) die Arbeit erleichtern.

Weitere Formeln zur analytischen Berechnung von Transportsystemen finden sich bei [Großeschallau]. Da diese Berechnungen auf Durchschnittswerten basieren und außerdem den aktuellen Zustand des Transportsystems (z.B. Stauungen) unberücksichtigt lassen, sind diese Formeln nur für einfache Transportsysteme geeignet. Komplexere Transportsysteme, die eine größere Investition erfordern, sollten in der Planungsphase simuliert werden, um auch das dynamische Verhalten des Systems vor der Realisierung zu erkennen und gestalten zu können (vgl. Kap. 8.4.3).

2.3 Auswahl der Fördertechnik

In diesem Kapitel werden die wesentlichen Systemelemente der einzelnen Fördermittel dargestellt und deren Vor- und Nachteile aufgelistet. Fördertechnik wird oft unterschieden in

- Stetig-Förderung
- Unstetig-Förderung.

Stetigförderung bedeutet, daß ein kontinuierlicher Massenstrom „fließt", im eigentlichen Sinn des Wortes. In der industriellen Fertigung (nicht Verfahrenstechnik) und Distribution ist der Transport von Stückgütern vorherrschend, obwohl auch bei Stückgütern vom Material-„Fluß" gesprochen wird. Die Aussagen in diesem Kapitel konzentrieren sich deshalb nur auf die Stückgut-Fördertechnik.

Wichtige Eigenschaften von Stückgut-Fördersystemen sind:

- Flurfrei oder flurgebunden,
- flächiger oder linienförmiger Materialfluß,
- horizontaler und/oder vertikaler Transport.

Aufzüge können nur senkrecht fördern und werden deshalb meist in Kombination mit anderen Fördermitteln eingesetzt. Sie sollten nach Möglichkeit vermieden werden, weil Sie häufig Wartezeiten verursachen. Sind sie unvermeidbar, sollte ihre Tragkraft großzügig dimensioniert sein, damit z.B. auch Gabelstapler mit Last transportiert werden können.

Flurgebundene Fördersysteme sind nur zum Teil für Vertikaltransporte geeignet. Mit flurfreien Förderern können dagegen im Fördersystem horizontale und vertikale Transporte abgewickelt werden.

2.3.1 Flurfreie Fördersysteme

Flurfreie Fördermittel fördern die Stückgüter hängend. Die wichtigsten Förderer, die im folgenden kurz beschrieben werden, sind:

Flurfreie Förderer mit flächigem Materialfluß:

- Krane

Flurfreie, spurgebundene Förderer:

- Kreiskettenförderer
- Power-and-Free-Förderer
- Elektrohängebahn.

2.3.1.1 Flurfreie Förderer mit flächigem Materialfluß

Ein Kran besteht aus einem Träger, an dem die Krankatze mit dem Hubwerk verfahrbar ist. Der Träger kann an einer Säule drehbar gelagert sein (Säulendrehkran), auf längs verfahrbaren Stützen befestigt sein (Portalkran) oder auf der Kranbahn in der Halle verfahren (Brückenkran).

Vorteile von Krananlagen sind:

- Flexible Förderstrecken
- Transport auch großer Gewichte

Wichtigster Nachteil ist:

- Geringe Umschlagleistung

Ein Kran erlaubt zwar sehr flexible Transporte, weil der Kranhaken jeden Punkt im dreidimensionalen Arbeitsbereich des Krans erreichen kann. Ein Kran hat jedoch nur eine geringe Umschlagleistung, da normalerweise im Arbeitsbereich, z.B. der Fertigungshalle nur eine oder zwei Krankatzen zur Verfügung stehen.

Bild 2.5   Brückenkran mit Kranführer in einer mitfahrenden Kabine zum Transport von Preßwerkzeugen *(Werkfoto: Mannesmann Demag Fördertechnik AG)*

Kräne werden meistens manuell bedient. Häufig hat der Kranführer die Steuerbirne in der Hand und geht mit dem Kran mit. Dadurch ist auch die Kontrolle der Last durch den Kranführer sichergestellt. Kranführer in einer mitfahrenden Kabine haben einen besseren Überblick und können deshalb die Last sicherer bewegen (Bild 2.5). Allerdings kann dieser Kranführer keine anderen Aufgaben übernehmen, so daß sein Einsatz nur sinnvoll ist, wenn der Kran gut ausgelastet ist. Zum An- und Abschlagen der Last ist oft ein weiterer Mitarbeiter am Boden notwendig.

Um Personalkosten für den Kranführer zu sparen, können Kräne automatisiert werden. Automatisierungsstufen sind:

- Rufsteuerung (Heranholen des unbeladenen Krans),
- Zielsteuerung (Verfahren zu einer Koordinaten-Position in der Halle),
- Portalroboter (Automatisches Abarbeiten einer programmierten Bewegungsfolge) (Bild 2.6).

Bild 2.6 Portalroboter zum automatischen Be- und Entladen einer Fräsmaschine
(Werkfoto: Mannesmann Demag Fördertechnik AG)

Zu beachten ist, daß die Arbeitssicherheit nicht gefährdet wird (Aufenthalt unter schwebender Last).

Mit einer drahtlosen Steuerung wird der Kran manuell bedient, die Steuerbirne überträgt die Schaltbefehle aber drahtlos. Da die Last nicht begleitet werden muß, werden drahtlose Steuerungen vor allem als Rufsteuerung verwendet, um den Kran ohne Last anzufordern (Beispiel in Bild 3.25, funkgesteuerter Kran zur Bedienung eines Langgutlagers).

Bei fernbedientem oder automatischem Betrieb mit Last erfordert der Unfallschutz einen zusätzlichen Sicherheitskäfig.

Um das Pendeln der Last zu begrenzen, wird für automatische und manuelle Krane eine Pendelausgleichsregelung angeboten.

Portalroboter arbeiten komplexere Bewegungsfolgen programmgesteuert ab. Da alle Achsen starr sind, können Positioniertoleranzen von einigen Zehntel Millimetern erreicht werden. Gegenüber anderen Robotern bieten Portalroboter eine bessere Zugänglichkeit zu den Arbeitsstationen und Maschinen. Bild 2.6 zeigt einen Portalroboter in einer Fertigungszelle (vgl. Kap. 5.2.2). Bild 2.7 zeigt eine Achsenfertigung für Nutzfahrzeuge; die Werkstücke werden mit Säulendrehkränen manuell in die Maschinen geladen und mit Portalrobotern im weiteren Fertigungsfluß transportiert.

Für innerbetriebliche Transporte werden Krane eingesetzt:

- als Hebezeuge für schwere Lasten
- bei geringer Transportfrequenz
- bei guter Zugänglichkeit von oben für
  - Fördergut
  - Abhol- und Anlieferort

Bild 2.7   Achsenfertigung für Nutzfahrzeuge, Verkettung mit Säulendrehkränen
und Portalrobotern *(Werkfoto: Mannesmann Demag Fördertechnik AG)*

2.3.1.2 Flurfreie Fördersysteme mit linienförmigem Materialfluß

Flurfreie Förderer mit linienförmigem Materialfluß transportieren die Fördergüter an einer von der Decke abgehängten Schiene. Für die Installation ist eine tragfähige Deckenkonstruktion Voraussetzung. Sofern sich unter der schwebenden Last Personen aufhalten können, ist als Schutz vor herabfallenden Teilen ein Sicherheitsgitter notwendig. Bei Steigstrecken muß der Abstand des Fördergutes von der Schiene und von anderen Fördergütern (Schaukelabstand) sichergestellt sein.

Kreisförderer

Bei Kreisförderern mit umlaufendem Kettenantrieb sind Gehänge mit der Kette fest verbunden. Die Kette zieht mit gleichbleibender Geschwindigkeit die Laufwagen, die in einer Schiene geführt sind (Bild 2.8). Weichen sind nicht möglich.

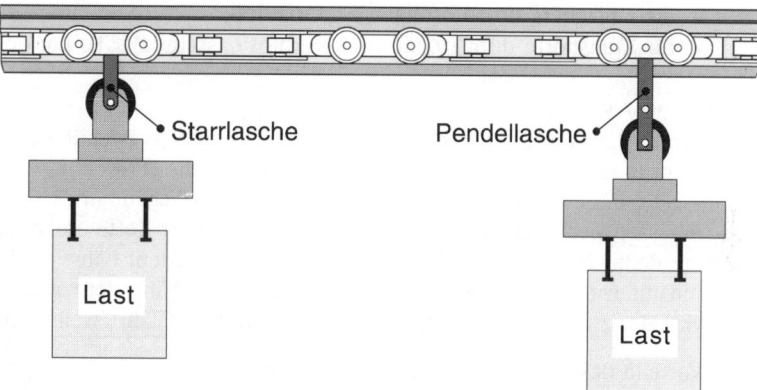

Bild 2.8   Prinzipbild eines Kreisförderers

Bild 2.9   Kreisförderer in einer Landmaschinenfertigung, Umsetzstation vom Kreisförderer auf einen Schleppkettenförderer *(Werkfoto: Mannesmann Demag Fördertechnik AG)*

Die Vorteile von Kreisförderern sind:
- relativ geringe Investitionen,
- relativ freizügige Anpassung an räumliche Verhältnisse.

Die Nachteile sind:
- starre Förderung ohne Staumöglichkeit und Verzweigung,
- Geräuschentwicklung durch Ketten,
- Zwang zu geschlossenen Kreisläufen.

Kreisförderer werden eingesetzt
- zum Transport großer Mengen,
- für einfachen, linienförmigen Materialfluß,
- für Transporte durch Zonen mit Explosionsschutz (z.B. Lackiererei)

Power-and-Free

Die Strecke des Power-and-Free-Fördersystems besteht aus zwei übereinander angeordneten Schienen. In der oberen Schiene läuft kontinuierlich die (Power-)Kette und zieht über Mitnehmer die in der unteren Schiene laufenden (Free-)Wagen, an denen die Last hängt. Die Wagen lassen sich nach Bedarf von der laufenden Power-Kette entkoppeln und wieder einklinken; dadurch können die Fahrwerke aufgestaut werden: Fährt ein Laufwagen auf einen anderen auf, wird der Wagen aus der Kette ausgeklinkt. Fährt der vorne stehende Wagen weiter, wird der zweite Laufwagen wieder eingeklinkt und fährt weiter (Bild 2.10).

Die Vorteile des Power-and-Free-Systems sind:
- Anhalten und Aufstauen möglich,
- Verzweigungen und Zusammenführungen möglich,
- Überwinden von Höhensprüngen durch
  - Hub- und Senkstationen und
  - Steigungen und Gefälle je nach System bis 85°;
- Explosionsschutz (z.B. in Lackiererei).

Diesen Vorteilen stehen folgende Nachteile gegenüber:
- Lärmentwicklung durch Ketten,
- z.T. komplizierte Systeme durch geschlossene Kettenkreisläufe (Bild 2.12).

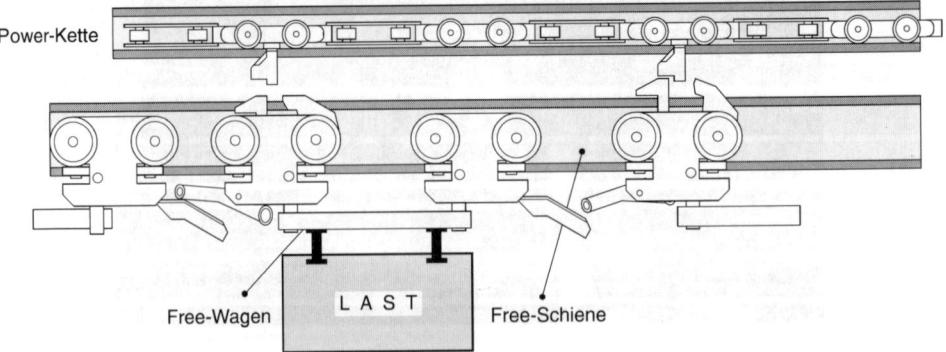

Bild 2.10   Prinzipbild eines Power-and-free Förderers

Bild 2.11   Power-and-Free System in der Vorzone einer Oberflächenbeschichtung
(Werkfoto: Eisenmann KG)

Bild 2.12   Antriebs- und Spannstation eines Power-and-Free Förderers
(Werkfoto: Mannesmann Demag Fördertechnik AG)

Bild 2.13   Schienen einer Elektrohängebahn *(Werkfoto: Eisenmann KG)*

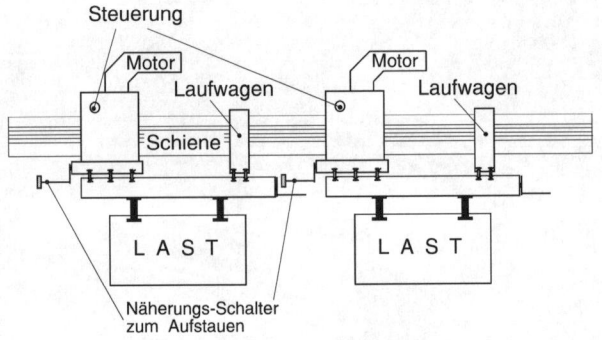

Bild 2.14   Prinzipbild einer Elektrohängebahn

Elektrohängebahn (EHB)

Ein Elektro-Hängebahn-System (EHB) besteht aus einem Schienensystem, auf dem individuell angetriebene EHB-Fahrzeuge fahren (Bild 2.13). In der Schiene sind Schleifleitungen integriert, die als Strom- und Informationsleitungen die Fahrzeuge mit Energie und Steuerinformationen versorgen (Bild 2.14). Die Fahrwerke werden durch einen Elektromotor über ein Reibrad angetrieben. Der Reibschluß begrenzt die Steigfähigkeit des Fahrwerks. Mit speziellen Fahrwerken können Steigungen bis 30° mit einer Nutzlast von 250 kg oder 45° mit 100 kg überwunden werden.

Bild 2.15   Verschiebeweichen in einem EHB-System
(*Werkfoto: Mannesmann Demag Fördertechnik AG*)

Höhensprünge werden sonst mit einem Hubwerk, einem Aufzug mit einem Schienenabschnitt überbrückt. Verschiebeweichen verzweigen Materialflüsse und führen sie wieder zusammen. Dazu wird ein Schienenstück verschoben, so daß entweder der gerade oder der gebogene Schienenabschnitt in den Förderkurs eingeschoben wird (Bild 2.15).

In der Fertigung werden EHB-Systeme für Fließlinien und zur Verkettung von Fertigungsstationen eingesetzt.

Die Vorteile eines Elektro-Hängebahn-Systems sind:

- taktunabhängige Förderung,
- der Einzelantrieb pro Fahrzeug ermöglicht unterschiedliche Geschwindigkeiten auch in kurzen Wechseln,
- geräuscharmer Betrieb,
- Fahrweg und Fahrtziel für jedes Fahrzeug individuell programmierbar,
- durch die Stromzuführung Zusatzfunktionen im Fahrzeug möglich, wie z.B. Heben und Senken (Bild 2.16),
- relativ billige Fahrwege (besonders vorteilhaft bei langen Strecken),
- flexible Linienführung ohne Kettenrücklauf.

Die Nachteile der Elektro-Hängebahn sind:

- Steig- und Gefällstrecken nur mit Zusatzaufwand möglich,
- im Vergleich zu Power-and-Free-Systemen teure Fahrzeuge.

Bild 2.16   EHB-Fahrwerk mit integriertem Kettenzug zum Heben und Senken
des Werkstücks in einer Montage *(Werkfoto: Eisenmann KG)*

Gegenüber Power-and-Free-Systemen sind EHB-Systeme besonders vorteilhaft für Transportaufgaben mit

- langen Förderstrecken,
- vergleichsweise geringer Transportfrequenz,
- integrierten Handlingaufgaben (heben, senken, drehen)
- in personalintensiven Bereichen (Lärm !), z.B. Montage.

Power-and-Freesysteme werden dagegen bevorzugt eingesetzt

- in Zonen mit Explosionsschutz,
- in Fördersystemen mit vielen Höhensprüngen und Steigstrecken und
- in Fördersystemen mit hoher Transportkapazität und vielen Wagen.

2.3.2   Flurgebundene Fördersysteme

Flurgebundene Fördermittel stützen sich auf dem Boden ab. Sie brauchen deshalb keine tragfähige Deckenkonstruktion, belegen aber Hallenfläche.

Die flurgebunden Fördermittel können unterschieden werden in

- Flurgebundene Fördersysteme mit Flächenbedienung:
  - Stapler
  - Schlepper
  - Luftkissenförderer.

- Flurgebundene Fördersysteme mit linienförmigem Materialfluß, spurgebunden:
  - Rollenbahn,
  - Tragketten-Förderer,
  - Gurt-Förderer,
  - Schleppketten-Förderer mit schienengeführten Wagen,
  - spurgeführte einzeln angetriebene Elektrowagen
  - fahrerloses Transportsystem (FTS).

Gurtband, Plattenband und Tragkette können Material auch in vertikaler Richtung über Steigstrecken transportieren, Stapler können Fördergüter auch heben und erschließen sich damit einen dreidimensionalen Arbeitsraum. Die anderen flurgebundenen Fördersysteme sind dagegen schlecht für Vertikaltransporte einsetzbar. Größere Höhensprünge unterbrechen deshalb meist den Materialfluß und können zu Problemstellen werden.

2.3.2.1 Flurgebundene Fördersysteme mit Flächenbedienung

Gabelstapler

Gabelstapler werden in unterschiedlichsten Bauformen eingesetzt, z.B. als:

- Handgabel-Hubwagen,
- Elektro-Gehgabel-Hubwagen,
- Gegengewichts-Gabelstapler mit Fahrersitz,
- Schubmaststapler,
- Seitenstapler,
- Regalbediengeräte (vgl. Kap. 3.4.3).

Bild 2.17   Elektro-Gehgabel-Hubwagen in einem Lager *(Werkfoto: Jungheinrich AG)*

Gabelstapler können Lasten vom Boden aufnehmen, heben, transportieren, senken und abstellen. Sie werden entweder mit Elektromotoren oder mit Verbrennungsmotoren (Benzin, Diesel, Gas) angetrieben. Wegen ihres breiten Einsatzfeldes sind Stapler die am weitesten

Bild 2.18   Gegengewichts-Gabelstapler mit Fahrersitz *(Werkfoto: Jungheinrich AG)*

Bild 2.19   Schubmaststapler *(Werkfoto: STEINBOCK BOSS GmbH)*

verbreiteten Stückgut-Transportsysteme. Als Fördermittel werden sie vor allem zum Transport der Werkstücke bei Einzel- und Kleinserienfertigung und zur Verteilung der Werkstücke und Zulieferteile an die Bearbeitungs- und Montagestationen eingesetzt.

Hubwagen sind Stapler mit radunterstütztem Lastträger (Bild 2.17). Deshalb können nur Behälter und Paletten ohne untere Querleiste aufgenommen werden. Gegengewichts-Stapler dagegen nehmen die Last außerhalb der Radbasis auf (Bild 2.18). Schubmaststapler nehmen die Last außerhalb der Radbasis auf, verschieben dann aber den Hubmast mit der Last und befördern die Last innerhalb der Radbasis (Bild 2.19). Seitenstapler nehmen die Last seitlich auf, oft mit einem Schubmast.

Für den Umschlag der Güter in einem Lager werden besondere Anforderungen an Stapler gestellt (z.B. Wendigkeit oder Hubhöhe). Für einen rationellen Umschlag im Regallager sind deshalb spezielle Geräte im Einsatz, die im Kapitel Lagertechnik beschrieben werden (vgl. Kap. 3.4.3).

Herausragende Eigenschaft der Stapler ist ihre hohe Flexibilität:

- keine Einschränkungen durch das Layout,
- keine Einschränkungen durch vorgegebene Wege und Strecken,
- Einsatz auch im Freien möglich (Bild 2.20),
- beweglich und wendig,
- dreidimensionaler Arbeitsraum,
- Handling unterschiedlichster Güter mit Anbaugeräten (Bild 2.21)
- keine ortsfesten Installationen.

Aus der Flexibilität ergeben sich weitere Vorteile:

- breites Angebot an Leistungsklassen,
- Markt für gebrauchte Stapler.

Die Nachteile von Staplern sind:

- kein automatisierter Transport,
- damit hohe Personalkosten,
- Unfallgefahr,
- Bedienung nur durch geschultes Personal.

Stapler werden deshalb als universelle Fördermittel zum Transport und zur Verteilung von Waren eingesetzt.

Bild 2.20   Gabelstapler beim Einsatz im Freien *(Werkfoto: STEINBOCK BOSS GmbH)*

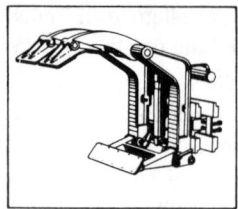
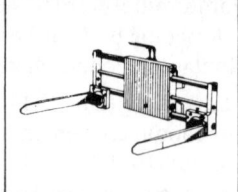
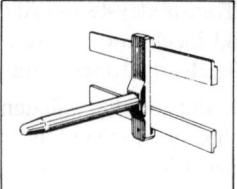
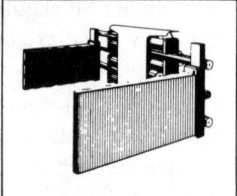

Hydraulische Rollenklammer   Hydraulische Klammer mit   Tragdorn   Hydraulische Ballenklammer
                              drehbaren Zinken

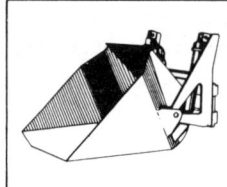
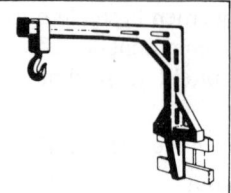
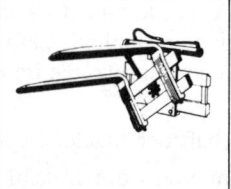
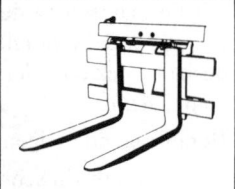

Hydraulische Schaufel   Kranarm   Hydraulisches Drehgerät   Hydraulischer Seitenschieber

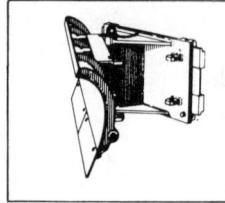
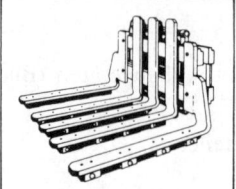
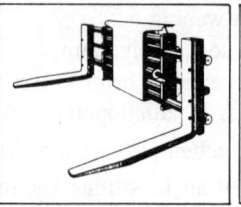

Schneepflug   Hydraulische Steinklemmgabel Hydraulische Gabelklammer   Hydraulische Kartonklammer

Bild 2.21   Anbaugeräte für Gabelstapler *(Quelle: [Kettner, Schmidt, Greim])*

Schleppzüge

Für innerbetriebliche Transporte über längere Strecken werden Schleppzüge eingesetzt. Ein Schleppzug besteht aus einem manuell bedienten Schlepper oder einem FTS-Schlepper (vgl. Kap. 2.3.3) mit mehreren Anhängern. Durch die Achskonstruktion mit zwei Lenkachsen können die Anhänger in der Spur laufen, so daß auch längere Schleppzüge über kurvenreiche Strecken keine überbreiten Wege erfordern.

Wenn größere Mengen weiter als 300 m zu transportieren sind, arbeiten Schleppzüge wirtschaftlicher als Stapler. Da Stapler das Fördergut aufnehmen und absetzen können, sind sie jedoch flexibler, wenn Güter an verschiedene Stationen zu verteilen sind.

Luftkissenfahrzeuge

Mit Luftkissenfahrzeugen können schwere Werkstücke fast reibungsfrei transportiert werden. Dazu wird unter dem Fahrzeug ein leichter Überdruck erzeugt, so daß das Fahrzeug auf einem Luftfilm aufschwimmt und entweder durch Schieben oder durch Steuerdüsen in die gewollte Richtung bewegt werden kann. Die zum Aufbau des Luftfilms notwendige Luftmenge und der dazu notwendige Luftdruck kann entweder direkt aus der zentralen Pneumatikversorgung entnommen werden oder über einem im Fahrzeug integrierten Luftspeicher aufgebaut werden. Ist kein Lufttank im Fahrzeug vorhanden, ist der Transportradius des Luftkissenfahrzeugs durch die Schlauchlänge des Luftschlauchs begrenzt.

Luftkissenfahrzeuge haben folgende Vorteile:

- geringe Flächenpressung,
- fast reibungsfreier Transport.

Die Nachteile sind:

- glatter und sauberer Boden erforderlich,
- eingeschränkter Transportradius durch Luftschlauch oder durch die Kapazität des Lufttanks.

Nur bei besonders schweren Lasten, z. B. beim Verschieben schwerer Maschinen, bieten Luftkissenfahrzeuge spezifische Vorteile. Für andere Anwendungen sind sie jedoch exotische Fördermittel geblieben.

2.3.2.2 Flurgebundene Fördersysteme mit linienförmigem Materialfluß

Durch die Bindung an eine Förderstrecke sind Fördersysteme mit Linienbedienung nicht so flexibel, wie Fördersysteme mit Flächenbedienung. Außerdem sind Investitionen für die Förderstrecke nötig. Diese Investitionen können über geringere Betriebskosten amortisiert werden, weil kein Fahrer gebraucht wird.

Rollenbahn

Die Rollenbahn besteht aus einer Folge von Rollen oder Walzen, auf denen sich das Fördergut abstützt. Solange sich die Rollen unter dem Fördergut drehen, wird das Fördergut transportiert. Die Förderung kann durch Schwerkraft oder durch eine angetriebene Rollenbahn erfolgen.

Auf einer Rollenbahn mit Schwerkraftförderung sorgt der Hangabtrieb des Fördergutes für den Transport. Die nicht angetriebene Rollenbahn erfordert geringere Investitionen, ist aber unsicherer, weil die Lagerreibung der Rollen unterschiedlich sein kann. Das Fördergut kann dann zu schnell oder zu langsam transportiert werden oder stecken bleiben. Beim Aufstauen kann der Staudruck Fördergüter beschädigen oder von der Rollenbahn drücken.

Angetriebene Rollenbahnen transportieren zuverlässiger. Da das Fördergut auf der Rollenbahn gestaut werden kann, müssen die Antriebe von Rollenbahnen auskuppeln können. Über die Kupplung läßt sich auch der Staudruck einstellen.

Folgende Antriebssysteme stehen zur Verfügung:

- Angetriebener Gurt, der über Reibschluß die Rollen treibt (Bild 2.22),
- Riemenantrieb über zentrale Antriebswelle (Bild 2.23),
- Kettenantrieb mit Rutschkupplung in den Rollen,
- direkt angetriebene Rollen mit Motor in der Rolle und Überlastsicherung.

Weichen in Rollenbahnsystemen werden realisiert durch

- Hubtische mit Tragketten (Bild 2.25),
- Verschiebewagen mit Rollenbahnabschnitten,
- Drehtische mit Rollenbahnabschnitten.

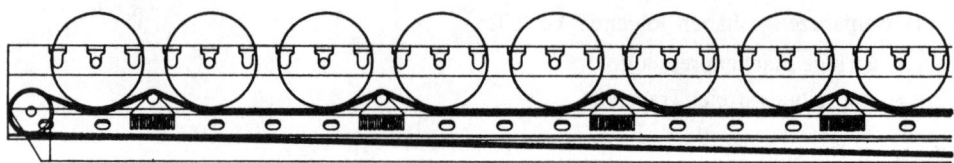

Bild 2.22   Angetriebene Rollenbahn, Antrieb über Gurt *(Werkbild: HaRo)*

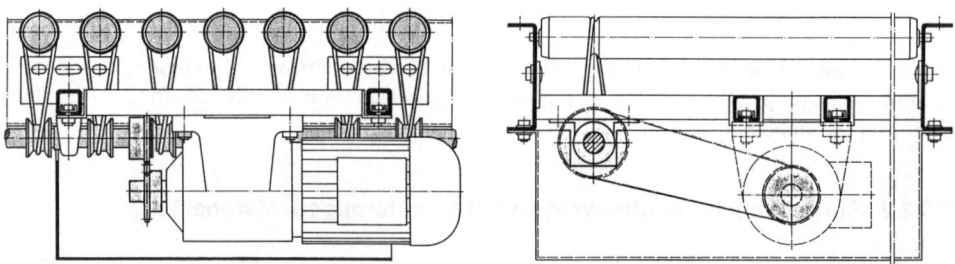

Bild 2.23   Angetriebene Rollenbahn, Antriebswelle mit Riemenantrieb *(Werkbild: Eisenmann KG)*

Vorteile von Rollenbahnsystemen sind:

- Transportieren, Stauen, Sortieren und Vereinzeln sind möglich,
- geringe Investitionen,
- geringer Wartungsaufwand,
- einfache Installation,
- exakte Positionierung des Fördergutes möglich.

Die Nachteile von Rollenbahnsystemen sind:

- starre Streckenführung,
- ortsgebundene Installation,
- mögliche Behinderung anderer Förderstrecken und Zubauen von Wegen,
- rollenbahnfähiges Fördergut mit glattem Boden oder Kufen notwendig.

Rollenbahnen werden eingesetzt für

- Förder- und Staustrecken,
- Montagelinien und
- Durchlauflager (vgl. Kap. 3.4.2).

Tragkette

Bei Tragkettenförderern ist das Förder- und Tragmedium eine Kette. Das Fördergut stützt sich rechts und links jeweils auf einer angetriebenen Kette ab, wobei sich die Ketten auf Führungen abwälzen (Bild 2.24). Tragkettenförderer werden auch oft in Kombination mit Rollenbahnen eingesetzt, z.B. um in Verbindung mit einem Hubtisch Fördergüter seitlich aus der Rollenbahn auszuschleusen (Bild 2.25).

Tragkettenförderer bieten folgende Vorteile:

- Günstige Investitionen,
- robuster wartungsarmer Betrieb,
- anpassbar an fast alle Stückgüter,
- auch Steigstrecken möglich
- bei überfahren oder übersteigen geringere Behinderung als Rollenbahn.

Bild 2.24 Tragkettenförderer zum Palettentransport
(Werkfoto: Mannesmann Demag Fördertechnik AG)

Bild 2.25 Rollenbahnen und Tragketten in einem Verteilsystem für Paletten
(Werkfoto: Eisenmann KG)

Die Nachteile von Tragkettenförderern sind:

- konstante Fördergeschwindigkeit,
- Staumöglichkeit nur durch
  - unabhängige Tragkettenabschnitte (Steuerungsaufwand) oder
  - Sonderkette mit Rollen, auf denen das Fördergut steht (ähnlich Rollenbahn)
- Platzbedarf für Kettenrückführung,
- Behinderung anderer Förderstrecken oder Wege,
- starre Streckenführung,
- ortsgebundene Installation.

Neben Weichen in Rollenbahnsystemen werden Tragkettenförderer eingesetzt, wenn ein problemloses, überfahrbares Transportsystem mit hoher Förderkapazität gewünscht wird.

Gurtbänder und Plattenbänder

Auch bei Gurtförderern und Plattenbändern dient das Tragmedium gleichzeitig als Transportmedium. Das technische Prinzip ist ähnlich dem der Tragkette, die Materialien der Tragmedien sind jedoch unterschiedlich. Für Gurtförderer werden verstärkte und mit Gummi beschichtete Textilbänder eingesetzt. Plattenbänder bestehen aus einer Tragkette auf die Plattenauflagen montiert sind. Dadurch entsteht eine breitere Auflagefläche auf der unterschiedlichste Fördergüter transportiert werden können (z.B. Gepäckförderer am Flughafen).

Vor- und Nachteile entsprechen im wesentlichen denen von Tragkettenförderern. Gurtbänder stellen jedoch weniger Anforderungen an die Form des Fördergutes, so daß sie für unterschiedlichste Güter, auch für Schüttgüter, verwendet werden. Wegen der hohen Reibung zwischen Gummigurt und Fördergut können mit Gurtförderern auch Höhendifferenzen überwunden werden. Da Gurtband, Plattenband und Tragkette innerhalb des Fördersystems Verzweigung und Staustrecken nur mit besonderem Aufwand zulassen, werden diese Fördersysteme oft im Verbund mit Rollenbahnen eingesetzt.

Bild 2.26   Plattenband in der Automobilindustrie *(Werkfoto: Mannesmann Demag Fördertechnik AG)*

Eine Sonderanwendung bietet das Teleskopband (Bild 2.27). Die Flexibilität des Fördergurtes erlaubt das Ein- und Ausschieben des Bandes, so daß z.B. manuelles Beladen von Containern oder Lkws erleichtert wird.

Schleppkette

Bei Schleppkettenförderern ist das Tragmedium und das Transportmedium getrennt. Das Tragmedium ist meist ein schienengeführter Wagen; das Transportmedium ist eine im Boden eingelassene Kette, in die der Wagen eingeklinkt werden kann (Bild 2.28). Das technische Prinzip ist dem Power-and-Free-Förderer verwandt. Aufstauen, Verzweigen und Zusammenführen sind möglich.

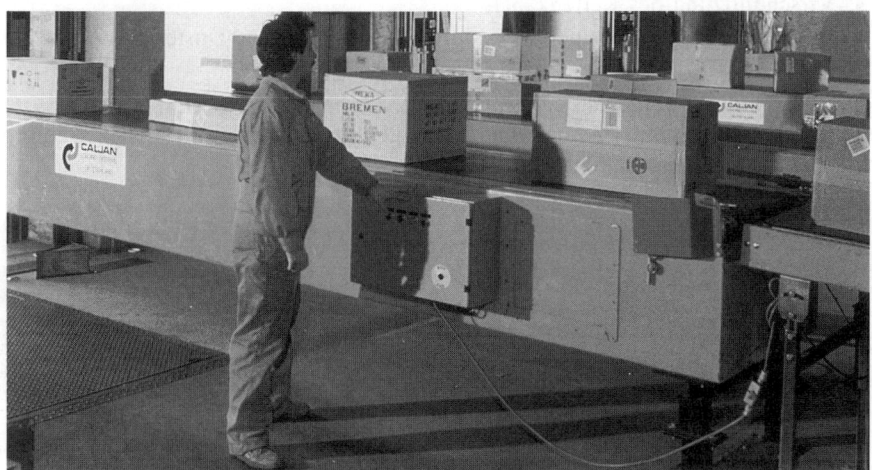

Bild 2.27 Teleskopband *(Werkfoto: CALJAN)*

Bild 2.28 Einklinken eines Handhubwagens in eine Schleppkette
(Werkfoto: STEINBOCK BOSS GmbH)

Schleppkettenförderer haben folgende Vorteile:
- einfache und robuste Konstruktion,
- günstige Investitionen,
- variable Abstände und Aufstauen der Werkstücke ist möglich,
- geringer Flächen- und Raumbedarf,
- Positionierbarkeit der Wagen an beliebigen Stellen.

Die Nachteile von Schleppkettenförderern sind:
- Linienführung muß Rundlauf darstellen oder
- zusätzlicher Platzbedarf für Rückführung der Kette,
- auch für nur einen Transport muß das Gesamtsystem bewegt werden,
- Verschmutzung des Kettenkanals,
- Behinderungen und Stolpergefahr durch Bodenschlitz und Unstetigkeiten im Fußboden.

Schleppkettenförderer werden als einfache, robuste Fördersysteme für Linien, auch Montagelinien geschätzt. Das Bild 2.29 zeigt Handhubwagen, die mit einem Schleppkettenförderer durch ein Verteilzentrum bewegt werden.

Bild 2.29   Schleppkettenförderer in einem Verteilzentrum *(Werkfoto: STEINBOCK BOSS GmbH)*

Elektrowagen mit externer Energieversorgung

Elektrowagen werden durch Elektromotoren in den Fahrzeugen angetrieben. Eine Bodenschiene mit Nut führt die Fahrzeuge und überträgt die elektrische Energie. Zwei Systeme zur Energieversorgung sind im Einsatz (Bild 2.30): Schleifleitungen in der Bodenschiene oder berührungslos durch induktive Energieübertragung. Steuerungsinformationen werden über die Schleifleitung oder per Datenfunk zwischen den Fahrzeugen und der Zentrale ausgetauscht.

Dieses Fördersystem bietet folgende Vorteile:

- Verschiedene Fördergeschwindigkeiten durch dezentralen Antrieb in jedem Wagen,
- Integration von Zusatzfunktionen im Wagen möglich (z.B. Heben und Senken),
- Verzweigungen und Zusammenführungen über Weichen,
- relativ geringe Investition und Wartungskosten pro Fahrzeug (im Vergleich zum FTS einfachere Steuerelektronik, keine Batterie).

Bodeninstallation mit Schleifleitung für Elektrowagen

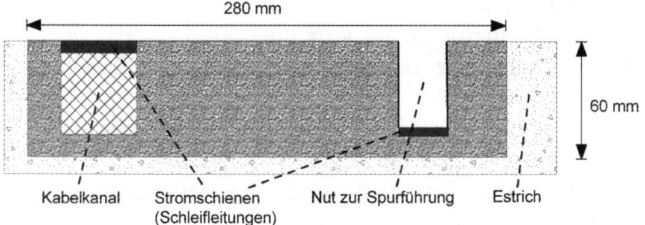

Bodeninstallation mit induktiver Energieübertragung

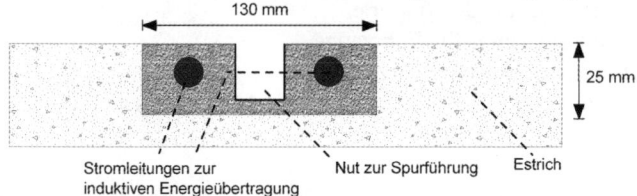

Bild 2.30:   Schienensysteme mit Energieversorgung und Spurführung für Elektrowagen

Diesen Vorteilen stehen Nachteile gegenüber:

• Bodenvorbereitung mit Führungsschiene und Energieversorgung,
• im Vergleich zum FTS etwas teurere Streckenführung.

Spurgeführte Elektrowagen konkurrieren mit fahrerlosen Transportsystemen (FTS) (vgl. Kap. 2.3.3) und Schleppkettenförderern. Durch die einfachere Steuerung und durch den Entfall der Batteriekosten erfordern sie geringere Investitionen und Betriebskosten als FTS. Dafür sind FTS wegen der einfacheren Bodeninstallation flexibler. Spurgeführte Elektrowagen werden z.B. als Werkstückträger für Montagelinien in der Automobilindustrie eingesetzt.

2.3.3   Fahrerlose Transportsysteme (FTS)

Fahrerlose Transportsysteme bestehen, wie alle Fördersysteme für Stückgutförderung, aus zwei Systemkomponenten:

• Fahrzeug
• Strecke.

Gegenüber anderen automatischen Stückgutfördersystemen sind hier die meisten Funktionen im Fahrzeug integriert. Die Strecke dient nur noch zur Steuerung des Fahrzeugs auf der Fahrtroute. Dazu wird meist ein elektrischer Leiter, der in den Boden eingelassen ist, verwendet. Dieser Leiter kann darüber hinaus Informationen zwischen Fahrzeug und zentralem Steuerungsrechner übermitteln.

Im Fahrzeug sind

• Antrieb,
• Lenkung und
• Energieversorgung

integriert. Dadurch ist ein sehr flexibler, weil dezentral organisierter Einsatz der FTS-Fahrzeuge möglich.

FTS bieten folgende Vorteile:

- flexible Streckenführung,
  - leichte Anpassung an vorhandenes Layout,
  - leichte Änderung der Streckenführung,
  - geringe Investitionen für Strecken,
- Verzweigung und Zusammenführung ohne bewegliche Teile,
- Eignung für netzartige Materialflüsse, z.B.
  - Verkettung in flexiblen Fertigungs- und Montagesystemen,
  - Verteilung von Materialien.

Die Nachteile von FTS sind:

- aufwendige Vorbereitung des Bodens (Sauberkeit, Ebenheit),
- begrenzte Ladekapazität der Batterie,
- relativ hohe Investitionen für Fahrzeuge,
- hoher Wartungsaufwand für Fahrzeuge,
- exakte Positionierung der Fahrzeuge nur durch mechanische Hilfen (z.B. Zentrierkegel).

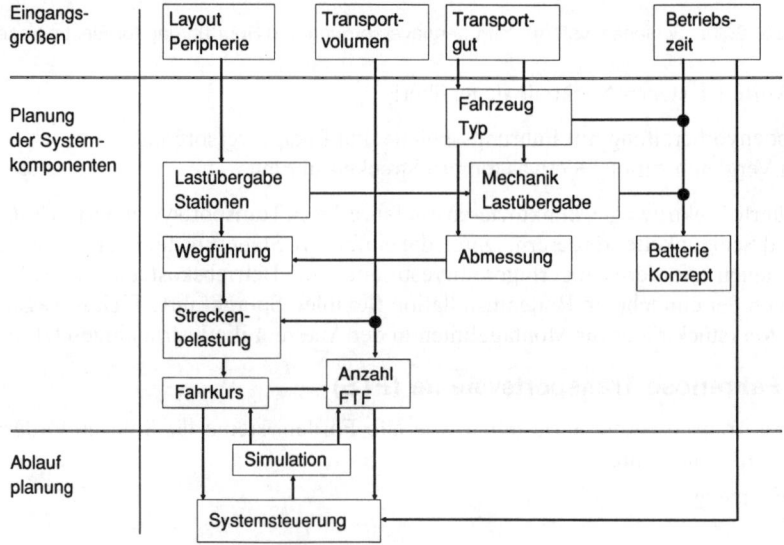

Bild 2.31   Abhängigkeiten bei der Auslegung von FTS-Systemen

FTS sind deshalb für die Automatisierung folgender Transportprobleme besonders geeignet:

- relativ kleines Transportvolumen,
- komplizierter, vernetzter Fahrkurs,
- häufige Änderungen des Fahrkurses,
- Integration vieler Übergabepunkte.

FTS sind die flexibelsten automatischen Fördersysteme und deshalb oft automatisierte Alternativen zu Staplern und Schleppzügen. Wegen der hohen Investitionen und den vielen Freiheitsgraden sind bei der Auslegung eines FTS-Systems die einzelnen Systemkomponenten genau aufeinander abzustimmen. Bild 2.31 zeigt die Abhängigkeiten.

Die einzelnen Systemkomponenten werden in den folgenden Kapiteln beschrieben:

- Fahrzeuge: Kap. 2.3.3.2,
- Lastübergabe: Kap. 2.3.3.2,
- Wegführung: Kap. 2.3.3.1,
- Batteriekonzept: Kap. 2.3.3.3,
- Berechnung der Anzahl Fahrzeuge: Kap. 2.2,
- Simulation des dynamischen Verhaltens des FTS: Kap. 8.4.3,
- Systemsteuerung: Kap. 2.4 und Kap. 2.3.3.5.

2.3.3.1 Strecken- und Fahrkurssteuerung

Der Begriff „Fahrerlose Transport-Systeme" FTS wird vorwiegend für Fördersysteme ohne mechanische Spurführung verwendet.

Schienen- und Nutsysteme zur Spurführung haben aufgrund ihrer hohen Installationskosten und ihrer geringen Flexibilität gegenüber einer berührungslosen Spurführung geringe Bedeutung (vgl. Kap. 2.3.2 Flurgebundene Fördersysteme).

Berührungslose Spurführungen sind:

- Induktive Systeme
  - aktiv: Stromdurchflossener elektrischer Leiter;
  - passiv: Metallband in das vom FTS-Fahrzeug Spannung induziert wird;
- optische Systeme,
- freie Systeme.

Am weitesten verbreitet ist die aktiv induktive Fahrzeugführung. Sie ist eng an den Verlauf der Fahrdrähte gebunden. Kurven im Fahrkurs werden im Fahrdraht realisiert (Bild 2.32).

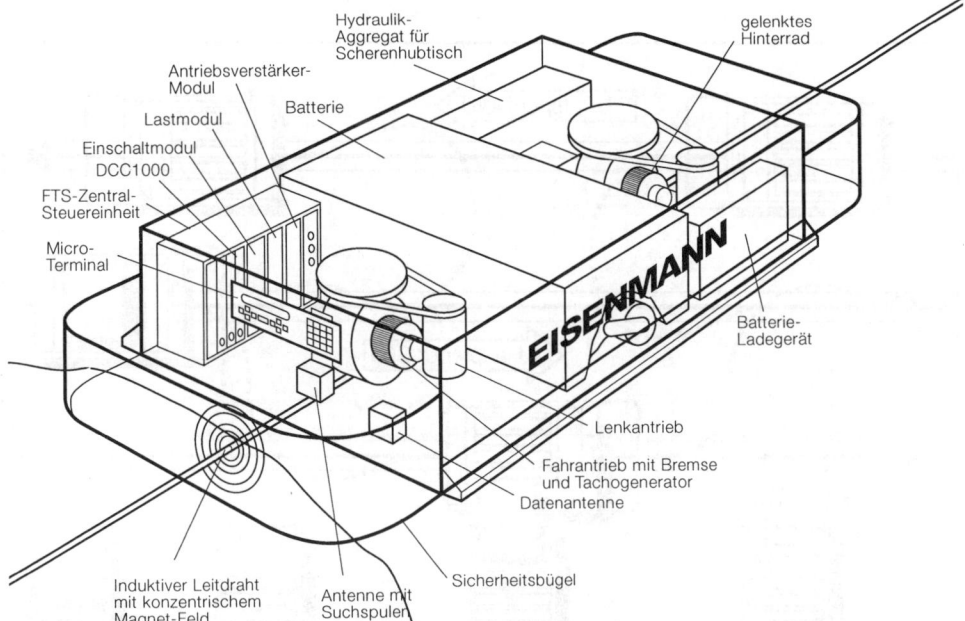

Bild 2.32   Induktive Spurführung und Fahrzeuglenkung in einem FTS-Fahrzeug
(Werkfoto: Eisenmann KG)

Flexiblere Systeme mit aufwendigerer Fahrzeugsteuerung nutzen den Leitdraht als Orientierungshilfe. Der Leitdraht wird z.B. als Gitterraster im Fußboden verlegt. Beim Übergang von einem zu einem anderen Fahrdraht kann der Carrier den Kurvenradius selbst bestimmen.

Optische Systeme folgen durch optische Sensoren einer aufgemalten oder aufgeklebten Linie auf dem Boden (Bild 2.47). Solche Systeme sind zwar sehr flexibel, weil die Bemalung leicht verändert werden kann. Verschmutzung kann jedoch die Spurführung stören, so daß optische Systeme im industriellen Einsatz unbedeutend sind.

In Verkehrssystemen werden zwei verschiedene Ortungs-Systeme ohne Spurführung erprobt:

- Navigation:
  Bestimmung des Standorts durch Anpeilen von definierten Punkten.

- Zurückgelegte Strecke:
  Bestimmung des Standorts durch Messen der zurückgelegten Strecke und des Lenkeinschlags; regelmäßige Korrektur des berechneten Standorts durch Fixpunkte.

Für Schiffe und Fahrzeuge wird die erste Möglichkeit über Satelliten-Navigation (GPS) schon eingesetzt. Im Straßenverkehr wird sie durch die zweite Lösung ergänzt.

Für FTS werden beide Systeme erforscht. Praktisch eingesetzt wird die zweite Lösung für kleine Teile des Fahrkurses, z.B. Kurvenfahrten bei rechtwinklig verlegten Induktionsdrähten oder Anfahren einer Station zur Lastübergabe (Bild 2.33). Durch diese Kombination kann der Installationsaufwand für den Fahrkurs deutlich reduziert werden, weil nur noch die Hauptstrecken mit einem Induktionsdraht ausgestattet sind.

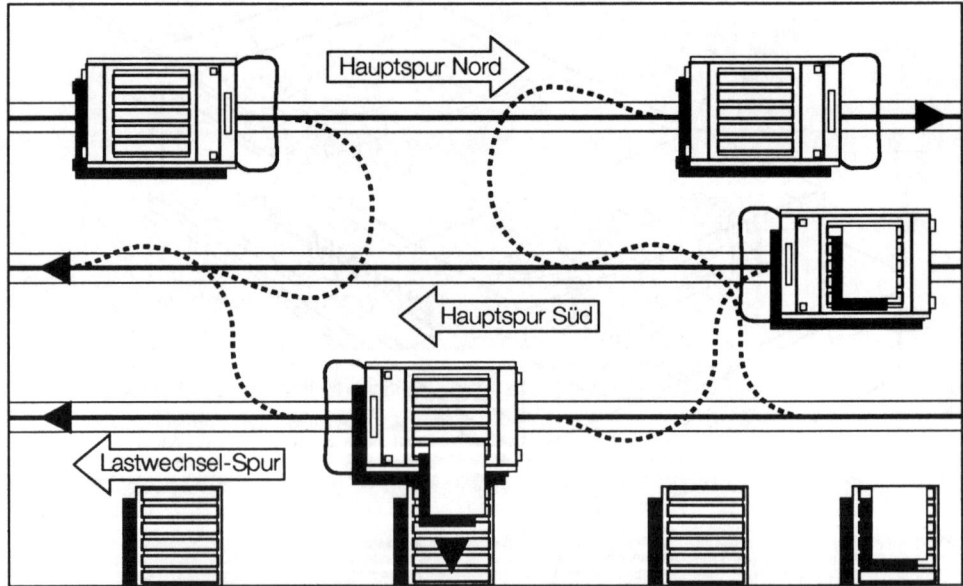

Bild 2.33   Spurführung für Hauptstrecken kombiniert mit freier Navigation für Spurwechsel
(Werkfoto: Eisenmann KG)

Prinzip der induktiven Spurführung

Die Streckenführung der FTS-Fahrzeuge erfolgt mittels magnetischer Induktion. Im Hallenboden werden elektrische Leitungen verlegt, die von einem Wechselstrom durchflossen werden.

Ein mit Wechselstrom durchflossener Leiter umgibt sich mit einem pulsierenden Magnetfeld, dessen Stärke abnimmt, je weiter man vom Leiter entfernt ist (Induktion). Bringt man eine Spule in das Magnetfeld, so wird in ihr eine elektrische Spannung proportional zur Stärke des Magnetfeldes induziert.

Im Fahrzeug werden typischerweise zwei Spulen rechts und links von der Induktionsspur eingesetzt. Der Unterschied der induzierten Spannung beider Spulen dient als Regelsignal für die Fahrzeuglenkung (Bild 2.34). Das Regelsystem hält das FTS-Fahrzeug über dem Induktionsdraht.

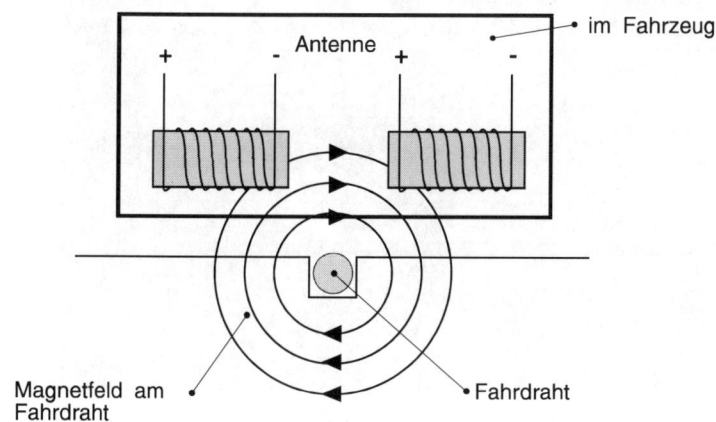

Bild 2.34   Prinzip der induktiven Spurführung

Fahrdraht

Der Fahrdraht ist in der Regel ein kunststoffisolierter ca. 1,5 mm² dicker elektrischer Leiter. Dieser wird in einer schmalen Nut, die durch eine Betonsäge mit Hartmetallblatt ausgefräst wurde, im Boden verlegt und mit Kunststoff vergossen.

Die Tiefe der Nut beträgt 15 – 20 mm, während ihre Breite durch die Anzahl der zu verlegenden Schleifen bestimmt wird. Die normale Breite liegt zwischen 5 und 15 mm.

Alternativ sind, speziell für passive Systeme, aufgeklebte Fahrdrähte im Einsatz, die kostengünstiger zu installieren sind (Bild 2.35).

Weichen

Die Anlagen können im

- Ein-Frequenz-Verfahren oder
- Mehr-Frequenz-Verfahren

genutzt werden.

Diese Unterscheidung ist bei Abzweigungen und Kurven wichtig: Beim Ein-Frequenz-Verfahren gibt es in der gesamten Anlage lediglich eine einheitliche Frequenz in den Fahrdrähten. Kurven, Abzweigungen usw. müssen dann durch zusätzliche Bodeninstallationen z.B. Codegeber definiert werden. An Abzweigungen muß dann der weiterhin benutzte Fahrdraht

Bild 2.35   FTS-Schleppfahrzeug geführt durch passive Spurführung mit aufgeklebten Leitband
(Werkfoto: Telelift GmbH)

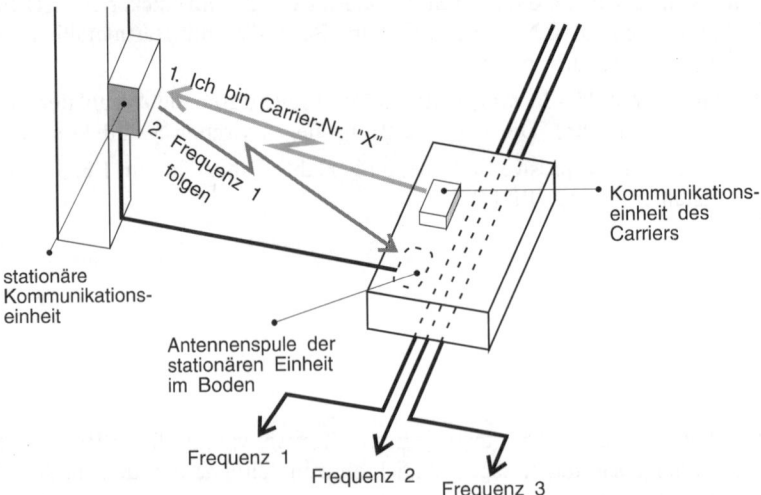

Bild 2.36   Weichen im FTS-Fahrkurs durch Mehr-Frequenz-System

erst „unter Strom" gesetzt werden oder das Fahrzeug kennt seinen Standort und weiß, daß es abbiegen muß. Hierzu ist meist ein Datenaustausch zwischen Carrier und Steuerung notwendig.

Beim Mehr-Frequenz-Verfahren haben die möglichen Streckenführungen an Abzweigungen unterschiedliche Frequenzen (Bild 2.36). Das Fahrzeug kann mit oder ohne Absprache mit dem Zentralsystem auf eine der Frequenzen umschalten.

Ob das Fahrzeug den Kurs kennt und seinen Weg selbständig sucht oder ob die Weiche von einer zentralen Steuerung „gestellt" wird, ist ein Problem der Steuerung eines Transportsystems (vgl. Kap. 2.4 Steuerung der Fördertechnik).

2.3.3.2 Fahrzeug

Das technische Prinzip der berührungslosen Spurführung kann in unterschiedlichen Fahrzeugen realisiert werden:

- Schleppfahrzeuge (Bild 2.35 und 2.37);
- Fahrzeuge mit Tragfähigkeit, Lastübergabe durch
  - Gabel (Lastaufnahme vom Boden) (Bild 2.38),
  - Rollenbahn, Tragkette etc. (Lastaufnahme auf gleicher Höhe) (Bild 2.39)
  - Hubtisch (Lastaufnahme durch Unterfahren) (Bild 2.40),
- Hochregalstapler, Spurführung im Regalgang (Bild 2.41),
- Sonderfahrzeuge, z.B.
  - mobile Roboter,
  - Montageplattformen (Bild 2.42).

Die Größe der Last und die Anzahl der gleichzeitig zu transportierenden Behälter oder Werkstücke bestimmt wesentlich die Größe des Fahrzeugs.

Manövrierfähigkeit des FTS-Fahrzeugs

Das Lenksystem ist Teil des Systems zur Spurführung.

Je nach Einsatzzweck des Fahrzeugs sind eine oder mehrere Räder lenkbar. Dazu hat das Fahrzeug nicht lenkbare oder mitlaufende Räder (Teewagenrollen) zum Abstützen der Last (Bild 2.43).

- Nur Vorwärtsfahrt: ein gelenktes Rad oder Achse
- Vorwärts- und Rückwärtsfahrt: zwei gelenkte Räder oder Differentiallenkung (Räder einer Achse werden mit unterschiedlichen Geschwindigkeiten angetrieben)
- Vorwärts-, Rückwärts- und Seitwärtsfahrt: vier gelenkte Räder

Der Antrieb wird meist über ein gefedertes Antriebsrad (definierte Anpreßkraft) übertragen. Stützräder sind nicht angetrieben, sondern dienen nur zum Abstützen der Last. Das Antriebsrad kann auch eines der Lenkräder sein.

Positionierung

Da die Positioniergenauigkeit der Spurführung zu ungenau ist, werden die Fahrzeuge an Lastübergabestationen oft mit Zusatzeinrichtungen positioniert.

- Optische Reflektoren, (Genauigkeit besser als +/- 10 mm)
- Kegelförmige Positionierungszapfen, (Genauigkeit besser als +/- 0,5 mm, vgl. Bild 2.40).

Bild 2.37   Schleppzug mit FTS-Schlepper *(Werkfoto: Indumat GmbH)*

Bild 2.38   Elektro-Gehgabel-Hubwagen als FTS-Fahrzeug, Lastaufnahme vom Boden
(Werkfoto: BT-System)

Bild 2.39 FTS-Fahrzeug mit Rollenbahnabschnitt zum Palettentransport *(Werkfoto: OWL AG)*

Bild 2.40 FTS-Fahrzeug mit Hubtisch, Lastübernahme von Kragarmen mit Zentrierkegeln
(Werkfoto: MBB)

Bild 2.41   FTS-Regalstapler *(Werkfoto: Indumat GmbH)*

Bild 2.42   FTS-Montageplattform zur Vormontage von Autotüren *(Werkfoto: Jungheinrich AG)*

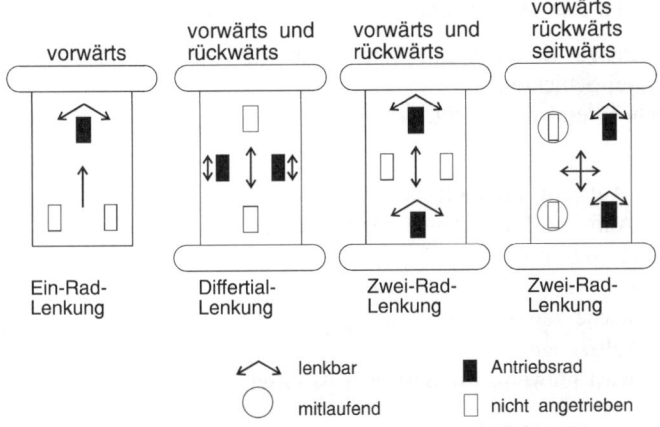

Bild 2.43   Lenkung von FTS-Fahrzeugen

2.3.3.3 Energieversorgung

Nahezu ausschließlich werden aufladbare Batterien (Akkumulatoren, Akkus) benutzt:

- Autobatterien,
- Spezialbatterien
  - Panzer-Batterie (Blei-Akku) (geringer Wartungs- und Überwachungsaufwand),
  - Nickel-Cadmium-Batterie (NiCd) (schnelles Nachladen).

Die Batterien können nach insgesamt drei Prinzipien nachgeladen werden:

- Batterietausch, Nachladen in einer speziellen Ladestation (Bild 2.44),
- Nachladen im Fahrzeug
  - während der Nachtschicht,
  - während des laufenden Betriebes kurze Auffrisch-Ladungen.

Der Batterietausch erfordert teures manuelles Handling oder aufwendige Automatenstationen zum Batterietausch. Diese Lösung wird deshalb wenig eingesetzt.

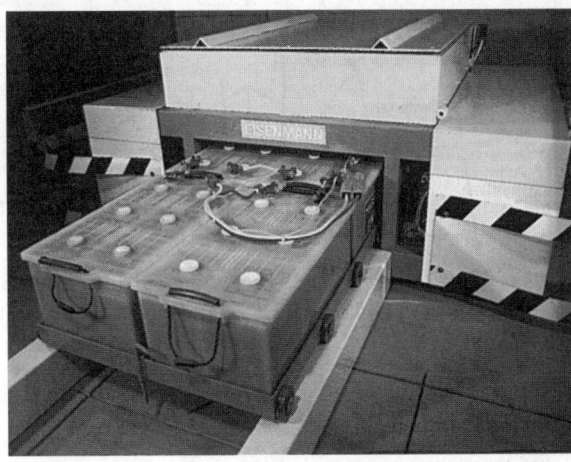

Bild 2.44   Austausch der Batterien eines FTS-Fahrzeugs *(Werkfoto: Eisenmann KG)*

In der Praxis haben sich zwei Energieversorgungskonzepte durchgesetzt:

1. Blei-Akkus (Panzer-Batterie) mit Batteriekapazität ausreichend für einen Betriebstag (eine oder zwei Schichten).
Nachladung während der Nacht.

Vorteile:

- Geringer Aufwand für Ladestation,
- geringer Aufwand für Energieüberwachung,
- ungestörter Betrieb.
Nachteile:
- Große Speicherkapazitäten,
- schwere Fahrzeuge,
- Nutzlast wird teilweise für Batterien benötigt.

Bild 2.45   Bodenkontakt zum schnellen Nachladen von FTS-Batterien *(Werkfoto: Jungheinrich AG)*

2. NiCd-Akkus mit Kapazität für einen Förderkreis oder für max. eine Stunde. Nach jeder Runde des FTS-Fahrzeuges oder an Haltepunkten (z.B. Lastwechselstationen oder Puffer) wird der Akku über einen Bodenkontakt mit hohem Ladestrom nachgeladen (Bild 2.45).

Vorteile:

- Hohe Nutzlast der Fahrzeuge,
- leichte Fahrzeuge,
- ständiger Betrieb.

Nachteile:
- Überwachung des Ladezustandes,
- möglicher Verlust von Transport-Kapazität durch Nachladezeit,
- Installation mehrerer Nachladestationen an verschiedenen Orten.

2.3.3.4 Sicherheitssysteme

Da FTS-Fahrzeuge auch im Verkehrsbereich mit Fußgängern fahren können, müssen Personen durch Sicherheitseinrichtungen geschützt werden.

Um den Carrier auf der Strecke sicher anzuhalten, werden folgende Systeme eingesetzt:
- Berührungssysteme:
  - Sicherheitsbügel als Auffahrschutz (Notstopbügel) (Bild 2.37 und 2.39),
  - Schaumstoff-„Bumper" (Bild 2.40 und 2.42),
  - Sicherheitsleisten an der Seite (Bild 2.46).
- Berührungslose Systeme:
  - Infrarot-Scanner,
  - Lichtschranken um das Fahrzeug (Bild 2.46),
  - Ultraschall-Systeme.
- Not-Aus-Schalter.

Bild 2.46   FTS-Fahrzeug mit Lichtschranken an Gelenkarmen und seitlichen Sicherheitsleisten
(Werkfoto: Eisenmann KG)

Zusätzlich macht sich das Fahrzeug selbst bemerkbar und informiert über Aktionen durch
- akustische Signale (Hupe, Musik),
- optische Signale (Warnleuchten),
- Aktionssignale (Blinklicht zum Abbiegen, Bremsleuchten).

Ultraschall-Systeme und Infrarotscanner überwachen einen größeren Bereich vor dem Carrier. Wird durch Reflexion ein Hindernis erkannt, bremst der Carrier ab. Bei Berührung bleibt er stehen. Je nach Schaltung fährt das Fahrzeug weiter, wenn das Hindernis entfernt ist oder das Fahrzeug muß neu gestartet werden.

2.3.3.5 Kommunikation zwischen Fahrzeug und Leitsystem

Zur Übermittlung von Steuerinformationen zwischen Carrier und zentraler Transportsteuerung (vgl. Kap. 2.4) sind in der Praxis unterschiedliche Übertragungssysteme im Einsatz:

- Induktivsysteme:
  Oft über 2. Draht längs des Fahrdrahtes oder über feste Übertragungsorte.
- Funksystem:
  Laufende Übertragung möglich, Initiative liegt beim Leitsystem oder Carrier.
- Infrarotsysteme:
  Stationäre Übertragungseinrichtungen.

Induktive Systeme sind bei induktiver Spurführung am einfachsten zu realisieren und sind deshalb für FTS-Anlagen am weitesten verbreitet.

Je bedeutender freie Navigations- und Ortungssysteme werden, desto wichtiger wird eine Kommunikation über drahtlose Systeme (Beispiel in Bild 2.47). Sofern Frequenzen verfügbar sind, hat Betriebsfunk gegenüber Infrarotübertragung folgende Vorteile:

- größere Reichweite
- keine Störung durch Witterung oder versperrte Sichtverbindung.

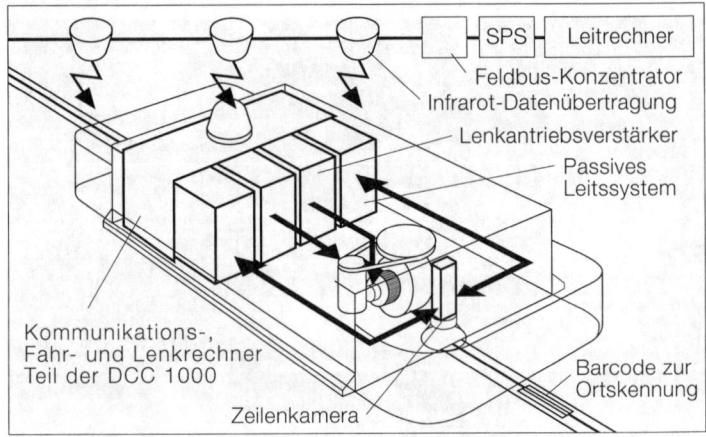

Bild 2.47   FTS-Fahrzeug mit optischem, passivem Leitsystem und Infrarot-Datenübertragung
(Werkbild: Eisenmann KG)

2.3.4   Kosten und Investitionen von Fördermitteln

Erst im konkreten Anwendungsfall können alternative Fördersysteme wirtschaftlich verglichen werden. Die folgenden Aussagen geben daher qualitative Hinweise zur Wirtschaftlichkeit von Fördersystemen.

Wichtige Investitionsgrößen sind:

- Investition für Fahrzeuge;
- Investition für den Fahrkurs:
  - Fläche (Gebäude, Wegebeschaffenheit)
  - Strecke und Weichen
  - Steuerung

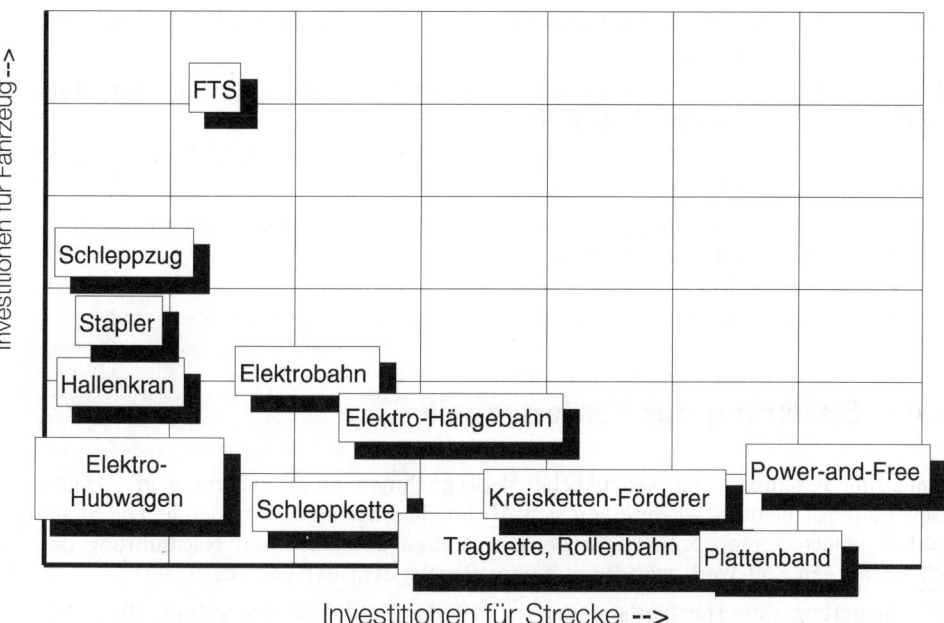

Bild 2.48   Qualitativer Vergleich der Investitionen für Förderstrecke und Fahrzeuge
für wichtige Fördersysteme.

Die wesentlichen Kostengrößen von Fördersystemen sind:

- Personalkosten,
- Kapitalkosten (proportional zu der Investitionssumme),
- Kosten für Wartung und Instandhaltung (meist proportional zur Investitionssumme kalkuliert).

Bei den manuell bedienten Fördersystemen (Hubwagen, Stapler, Schleppzug und Hallenkran) stellen die Personalkosten für die Bediener den größten Kostenblock dar. Dafür entfallen meist die Investitionen für Förderstrecke. Die manuelle Bedienung bietet auch die höchste Flexibilität, so daß Investitionen in diese Fördertechnik auch nach Änderungen des Betriebsablaufes weiter genutzt werden können.

Durch automatische Fördersysteme können Personalkosten reduziert werden. Dafür muß in eine Förderstrecke investiert werden. Die Strecke wird umso teurer,

- je geringer die Intelligenz im Fahrzeug ist,
- je komplexer die Streckenabschnitte vernetzt sind,
- je größer die Förderkapazität ist.

Eine Strecke mit Antrieb ist teurer als eine Strecke ohne Antrieb.

Die Fahrzeuge automatischer Fördersysteme sind umso teurer

- je „intelligenter" das Fahrzeug ist (berührungslose Spurführung, Steuerungsfunktionen),
- je größer die Tragfähigkeit ist,
- je höher die Fördergeschwindigkeit ist,
- je mehr Zusatzfunktionen eingebaut sind.

Fahrzeuge mit eigenem Antrieb sind teurer als Fahrzeuge ohne Antrieb. Eine Batterie verteuert die Fahrzeuge weiter.

Bild 2.48 vergleicht qualitativ die Investitionen pro Fahrzeug und die Investitionen für die Förderstrecke in einer Portfoliodarstellung.

Fördersysteme mit hohen Investitionen in die Förderstrecke im Vergleich zu den Investitionen für Fahrzeuge sind umso wirtschaftlicher,

- je eher die Förderstrecke linienförmig statt netzartig strukturiert ist,
- je größer die Fördermenge ist,
- je gleichmäßiger die Fördermenge ist,
- je geringer die zu erwartenden Änderungen an der Förderaufgabe sind.

2.4   Steuerung der Fördertechnik

Steuerung beschreibt das gedankliche Vorwegnehmen eines dynamischen Ablaufs. Im Gegensatz zur Planung wiederholen sich Abläufe in einer Steuerung häufig. Die Steuerung enthält jedoch keinen Soll-/Ist-Vergleich mit einer automatischen Nachführung des Ist-Wertes an den Soll-Wert, wie das in einem Regelsystem der Fall ist.

Die Steuerung des Transportsystems ist Teil der Produktionsleittechnik (Bild 2.49 B2 und C2).

| Schnittstelle zu CIM-Systemen | Überlagerte CIM-Systeme | | |
	CAM		CAQ
Aufgaben / Ebenen	1. Aufgaben zur Durchführung der Bearbeitung/Montage	2. Aufgaben zur Organisation des Materialflusses	3. Aufgaben zur Erfassung und Verarbeitung von Betriebsdaten
A. Produktionsleitebene	A1. Fertigungsplanung	A2. Fertigungssteuerung	A3. Innerbetriebliche oder Produktions- und Auftrags-Informations-System
B. Prozeßführungsebene	B1. Funktionen DNC-System	B2. Organisatorische Materialflußsteuerung	B3. Betriebsdatenerfassung auf Prozeßführungsebene
C. Steuerungsebene	C1. Abarbeiten von NC-Daten	C2. Abarbeiten der Transportsteuerdaten	C3. Manuelle, teilautomatisierte oder automatisierte Erfassung von Betriebsdaten

Bild 2.49   Steuerung des Materialflusses als Teil der Produktionsleittechnik
(Quelle: [REFA, komplexe Produktionssysteme])

Die Steuerung eines Transportsystems kann in mehrere hierarchische Ebenen unterteilt werden:

- Auftragsverwaltung,
- Routenwahl,
- Fahrzeugbedienung,
- Kollisionsvermeidung.

Beispiel für eine Auftragsverwaltung ist die Taxi-Zentrale, die je nach Anforderung von Transportaufträgen Fahrzeuge den Aufträgen zuordnet. Ein Leitstand oder eine zentrale Transportsteuerung übernimmt im innerbetrieblichen Materialfluß diese Aufgabe (Bild 2.50).

Bild 2.50   Steuerungsleitstand für ein FTS-System *(Werkfoto: MBB)*

Stehen mehrere Fahrtrouten zur Verfügung, muß für einen Transportauftrag eine geeignete Fahrtroute ausgewählt werden. Dabei spielt auch der aktuelle Zustand des Systems eine Rolle. So wird z.B. ein Autofahrer für die Strecke von München nach Würzburg, je nach Belastungssituation der Autobahn, über Nürnberg oder über Ulm fahren.

Die Fahrzeugbedienung läuft bei einem geübten Fahrer reflexartig ab. Für einen Lokführer der Bundesbahn sind jedoch die einzelnen Zeiten und Geschwindigkeiten einer Strecke schriftlich fixiert.

In automatischen Fördersystemen können z.B. Kollisionen durch eine Blockstrecke vermieden werden. Ein Streckenabschnitt wird erst zur Einfahrt des folgenden Fahrzeugs freigegeben, wenn das vorangehende Fahrzeug diesen Streckenabschnitt verläßt.

Einzelne Steuerungsebenen können entfallen. In einem Kreiskettenförderer ist z.B. die Route fest vorgegeben, Weichen sind nicht möglich.

Zur Gestaltung dieser Steuerungsebenen gehört auch die Zentralisierung und Dezentralisierung einzelner Ebenen. So wird z.B. bei einem Taxi die Routenwahl dezentral, vom Taxi-Fahrer entschieden. Ein Straßenbahn-Fahrer hat zwar seine vorgegebene Route, muß aber die Weichen für diese Route selbst stellen. Ein Lokführer der Bundesbahn hat keinen Einfluß auf die Fahrtroute. Diese wird in einem zentralen Stellwerk entschieden.

Für innerbetriebliche Fördersysteme hat der Systembetreiber die freie Gestaltung einer zentralen oder dezentralen Auslegung der einzelnen Steuerungsebenen. Vorteil einer Zentralisierung ist eine meist bessere Nutzung der Transportkapazitäten. Nachteilig ist der Aufwand für Organisation und Kommunikation, der umso größer wird, je komplexer das Fördersystem ist.

In Logistiksystemen ist die Auftragsverwaltung fast immer zentral organisiert, um die Auslastung der Fahrzeuge zu optimieren. Wegen des längeren Planungshorizonts sind die Kommunikationszeiten unbedeutend. Die Systeme zur Kollisionsvermeidung oder Regelsysteme in der Fahrzeugfunktion sind immer dezentral organisiert, um schnell reagieren zu können. Die Einsparungspotentiale durch eine zentrale Koordination der Transportaufträge können am Beispiel eines Staplerleitstandes gezeigt werden. Durch Reduzierung der Leerfahrten und einer gleichzeitigen Erhöhung des Transportwirkungsgrades (vgl. Kap. 2.2). können die innerbetrieblichen Transportkosten von Staplern um 20% bis 30% reduziert werden.

Normalerweise werden für innerbetriebliche Transportsysteme mit Staplern keine besonderen Transportsteuerungen eingesetzt. Das Fördersystem Stapler ist auch ohne steuerungstechnischen Überbau funktionsfähig. Gerade wegen dieser einfachen Technologie und der Flexibilität werden Stapler überall eingesetzt.

Werden die Staplereinsätze von einem Leitstand koordiniert, ist an jedem Übergabepunkt ein Terminal installiert, das einen Transportbedarf an den Rechner zur zentralen Verwaltung der Transportaufträge sendet. Der Auftrag wird beschrieben durch

- Quelle (durch Kennung des Terminals automatisch),
- Ziel,
- Menge und Teile-Nummer,
- Dringlichkeit.

Die zu erledigenden Transportaufträge werden von der zentralen Auftragsvergabe den zur Verfügung stehenden Staplern zugeteilt. Optimierungskriterien sind:

- Minimierung der Leerfahrten der Stapler,
- Erfüllen der Dringlichkeit.

Auf den Staplern sind Funkterminals (Datenübertragung mit Infrarot oder Betriebsfunk, vgl. Kap. 2.3.3.5), die dem Staplerfahrer seinen nächsten Transportauftrag mitteilen. Hat der Fahrer diesen Transportauftrag ausgeführt, meldet er durch einen Impuls, daß er für weitere Aufträge zur Verfügung steht. Mit der Quittierung des Auftrags wird gleichzeitig die Materialbewegung verbucht und die Bestandsführung aktualisiert. Der Standort des freien Staplers ist durch den Zielort des ausgeführten Transportauftrags bekannt.

Mit einer Kurzanalyse kann ermittelt werden, ob durch einen Staplerleitstand Kosteneinsparungen möglich sind ([o.V. Stapler-Management-System]):

Tabelle 2.1   Kurzanalyse Stapler-Leitstand, Beispielwerte in Klammern

Beschreibung	Stück o. km	Faktor	Kennzahl
Anzahl Stapler im System	(8)		
./. ortsgebundene Stapler	(2)		
= ortsverbindende Stapler	(6)	4,6	(27,6)
Anzahl Lastwechselpunkte	(20)	4,8	(96)
Entfernungen aller Lastwechselpunkte auf kürzestem Weg in km	(1,2)	40	(48)
zuzüglich			25
Summe			(196,6)
Anzahl Transportwege	(110)	1	(110)
Summe: Transportwege			**(1,79)**

Die Werte in Klammern sind Beispielwerte und je nach Anwendungsfall einzusetzen. Ortsgebundene Stapler sind einzelnen Abteilungen fest zugeordnet und stehen dem Staplerleitstand für seine Dispositionen nicht zur Verfügung. Falls die ortsgebundenen Stapler freie Kapazität haben, kann auch ihre Auslastung durch eine zentrale Auftragsvergabe verbessert werden.

Ist die Kennzahl in der letzten Zeile kleiner als 5 ist ein Staplerleitstand möglicherweise wirtschaftlich. Ist die Kennzahl kleiner als 2 ist die Wirtschaftlichkeit sehr wahrscheinlich.

2.5 Übungsaufgaben

Aufgabe 2.1

Die Analyse des Materialfluß hat folgende Materialfluß- und Entfernungsmatrizen für die Transporte einer Woche ergeben:

Tabelle 2.2   Materialflußmatrix

Materialfluß [TE] von	*nach*	*WE*	*Bl*	*Sp*	*La*	*ZL*	*M*	*WA*	
Wareneingang	*WE*		300	600	50		80		
Blechfertigung	*Bl*					300			
spanende Fertigung	*Sp*					580			
Lackiererei	*La*					800			
Zwischenlager	*ZL*			800			800	80	
Montage	*M*							800	
Warenausgang	*WA*								

Tabelle 2.3   Entfernungsmatrix

Entfernung [m] von	*nach*	*WE*	*Bl*	*Sp*	*La*	*ZL*	*M*	*WA*	
Wareneingang	*WE*		50	150	500	20	400	20	
Blechfertigung	*Bl*	50		100	500	120	300	120	
spanende Fertigung	*Sp*	150	100		300	120	200	100	
Lackiererei	*La*	500	500	300		450	50	200	
Zwischenlager	*ZL*	20	120	120	450		400	30	
Montage	*M*	400	300	200	50	400		380	
Warenausgang	*WA*	20	120	100	200	30	380		

a) Zeichnen Sie die Materialflüsse!

b) Ergänzen sie die Materialflußmatrix!

c) Wo liegen die Schwerpunkte im Materialfluß?

d) Welche Materialflußkapazität [Transporteinheiten × m] ist im Ist-Zustand notwendig?

e) Wieviele Gabelstapler sind notwendig, wenn folgende Bedingungen gelten:

   • Geschwindigkeit: 2 m/s,
   • Fördermittelwirkungsgrad 40%,
   • Betriebszeit: 15 Stunden pro Tag, 5 Arbeitstage pro Woche,
   • Anzahl transportierter Behälter pro Stapler: Durchschnittlich 1,5.

f) Wie kann der Materialfluß vereinfacht werden?

g) Zeichnen Sie die Materialflüsse nach der Verbesserung.

h) Woran erkennt man, daß die Transporte *nicht* im Kreisverkehr abgewickelt werden?

i) Bestimmen Sie die Entfernungsmatrix für einen Kreisverkehr WE – Blechfertigung – Spanende Fertigung – Lackiererei – Lager – Montage – Warenausgang.

Aufgabe 2.2

Nennen Sie 3 Vor- oder Nachteile einer Elektrohängebahn gegenüber einem Power- and-Free Förderer.

Aufgabe 2.3

Das Transportsystem für die Teileversorgung einer Montage soll geplant werden. Bekannt sind folgende Angaben:

Eine Vormontage (ca. 50 m entfernt) liefert Just-in-time Baugruppen der Größe 500 × 500 × 500 mm³ in einer Taktzeit von 2,5 Min. Für den Transport stehen 30 Min. zur Verfügung, ein Transportmittel benötigt für die Fahrt incl. Lastübergabe nicht mehr als 4 Min.

Aus Lagern und Fertigungsabteilungen werden ca. 400 verschiedene Teile und Baugruppen in Gitterboxen und Paletten (Grundfläche 800 × 1200 mm²) sowie in Kleinteilebehältern (Grundfläche 400 × 600 mm²) in die Montage geliefert und an den 60 Montagestationen bereitgestellt. In einem Behälter sind immer die gleichen Teile (keine Kommissionierung).

Die Teile in diesen beiden Behältergrößen haben eine durchschnittliche Reichweite von 4 Std. An jeder Montagestation stehen 2 Standplätze pro Behälter zur Verfügung, so daß für den Austausch jedes Behälters die gesamte Reichweite genutzt werden kann.

Vorfertigungen und Lager sind zwischen 100 und 800 m von der Montage entfernt. Die durchschnittliche Entfernung beträgt 550 m.

a) Unterteilen Sie die Transportaufgabe in 3 bis 5 Teilaufgaben, die in Teilsystemen erfüllt werden können.

b) Nennen Sie für jedes Ihrer Teilsysteme 2 sinnvolle Alternativen, jeweils eine „High Tech"-Lösung und eine „Low-Tech"-Lösung.

c) Nennen Sie für Ihre beiden Vorschläge (High Tech und Low Tech) je drei Vor- oder Nachteile (insgesamt also 6 Nennungen).

d) Welche Angaben benötigen sie zusätzlich, um im Rahmen einer Grobplanung Ihre Lösungen wirtschaftlich zu bewerten?

3 Lager

3.1 Lernziele

Der Leser erkennt die Aufgaben eines Lagers. Die Lagertechnik bietet ein breites Spektrum an Problemlösungen. Der Leser kann die Aufgaben des Lagers strukturieren und aus dem Lösungsspektrum ein Lagersystem zusammenstellen. Er erkennt dabei die Systemelemente eines Lagers und deren Einfluß auf die Leistung des Lagers. Kommissionierung erfordert einen hohen Aufwand. Für Kommissioniersysteme kennt der Leser typische Lösungen und deren Vor- und Nachteile.

3.2 Aufgaben des Lagers

Aus logistischer Sicht ist das beste Lager kein Lager, denn die Lagereinrichtung kostet Platz und bindet Werte im Anlagevermögen. Zusätzlich binden die Lagerbestände Kapital im Umlaufvermögen. Trotzdem lassen sich Lager nicht vermeiden.

Aufgaben eines Lagers können sein:

- Ausgleich von Liefer- und Verbrauchsgeschwindigkeit,
- Ausgleich von Liefer- und Nachfrageschwankungen,
- Sicherung schneller Lieferfähigkeit,
- Reifung (dann ist das Lager Teil des Wertschöpfungsprozesses),
- Spekulation.

Immer, wenn im Fertigungsprozeß die Losgrößen sich von einer Fertigungsstufe zur anderen verändern, entstehen Lagerbestände. So werden z.B. in der Automobilindustrie die Blechteile im Preßwerk in Losen hergestellt, für den Zusammenbau der Karossen werden jedoch die einzelnen Blechteile kontinuierlich abgerufen. Ein Preßteilelager entkoppelt Rohbau und Preßwerk.

Die Spielwarenindustrie erzielt einen Großteil ihres Umsatzes in der Vorweihnachtszeit. Ein Fertigwarenlager, das während des Jahres gefüllt wird, deckt diesen Spitzenbedarf.

Um Ersatzteile schnell liefern zu können hat jede Autowerkstatt ein Ersatzteillager.

Auch ein Champagnerkeller ist ein Lager, in dem der Champagner heranreift. Bild 3.1 zeigt ein Käselager zur Reifung von Käse.

Oftmals schwanken die Weltmarktpreise von Rohmaterialien, wie z.B. Messing, Kupfer oder Gold, stark. Das Rohmateriallager kann damit auch in Ausnahmefällen zur Spekulation eingesetzt werden.

Jedes Lager enthält verschiedene Bereiche (Bild 3.2 und Beispiel in Bild 3.3) für

- Lagerung,
- Bedienung,
- Kommissionierung und Portionierung sowie
- Wareneingang und Warenausgang.

Die Lagerzone dient zur Aufbewahrung der Güter, z.B. in Regalen.

In der Bedienzone verkehren die Lagerbediengeräte, wie z.B. Stapler (vgl. Kap. 3.4.3). In der Kommissionierzone werden verschiedenartige Güter für einen Verbraucher zusammengestellt (vgl. Kap. 3.6) oder gleichartige Güter in kleinere Behälter umgepackt (portioniert).

Bild 3.1   Lager zur Reifung von Käse *(Werkfoto: Nedcon)*

VORZONE   LAGERBEREICH

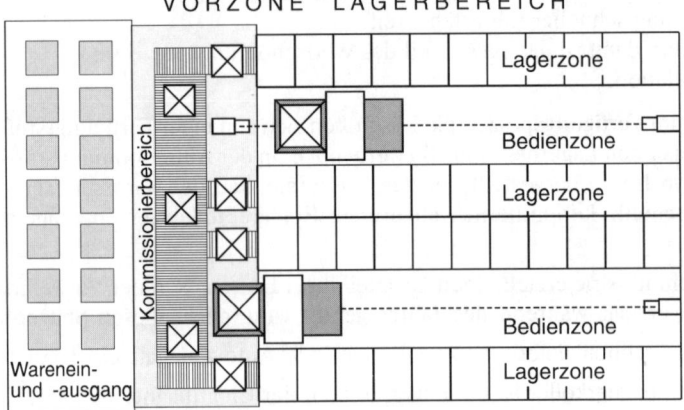

Bild 3.2   Lagerbereiche

Aufgaben im Wareneingang und Warenausgang sind:

- Identifikation der Lagergüter,
- Zubuchen der eingelagerten Güter,
- Vergabe des Lagerplatzes,
- Kontrolle der Lagergüter (Qualitätskontrolle, Gewichtskontrolle, Konturkontrolle),
- Bereitstellung der ausgelagerten Güter zum Versand,
- Abbuchen der ausgelagerten Güter vom Lagerbestand

Nach der Raumnutzung wird oft unterschieden in

- Lagerzone (Lagerung, Bedienung, Kommissionierung Mann zur Ware) und
- Vorzone (Warenein- und Warenausgang, Kommissionierung Ware zum Mann)

Die Vorzone ist die Schnittstelle des Lagers zu Lieferanten und Kunden.

Bild 3.3   Zwei-Gang-System in einem Hochregallager: Ein Gang für Kommissionierung (Kommissionierzone), der zweite für Bedienung der Lagerfächer *(Werkfoto: Jungheinrich AG)*

Die Läger in einem Materialfluß-System können zentral oder dezentral angeordnet werden.

Wichtigster Vorteil eines dezentralen Lagers ist seine Kundennähe, die schnelle Belieferung des Kunden erlaubt. Außerdem können dezentrale Läger besser an die Erfordernisse des Lagergutes (z.B. Klimatisierung oder Brandschutz) angepaßt werden.

Dagegen sind die Vorteile eines Zentrallagers:

- Geringere Bestände als die Summe der Bestände in dezentralen Lägern, weil sich Nachfrageschwankungen verschiedener dezentraler Verbraucher gegenseitig ausgleichen können, dadurch
  - insgesamt geringerer Platzbedarf,
  - geringere Kapitalbindung im Umlaufvermögen.
- Durch große Lagermenge
  - wirtschaftlichere Mechanisierung und Automatisierung von
    - Umschlagtechnik,
    - Bestandsführung,
    - Zugriffssteuerung;
  - bessere Raumnutzung;
- Einfachere Bestandsüberwachung und Diebstahlschutz.

Da die Kunden mit einem leistungsfähigen Transportsystem aus einem Zentrallager in der gleichen Zeit beliefert werden können, wie aus einem dezentralen Lager, ist ein Zentrallager um so wirtschaftlicher, je leistungsfähiger und schneller das Transportsystem ist.

Häufig werden die Kunden mit einem Logistik-System bedient, das aus einer Kombination von Zentrallager und mehreren dezentralen Lagern besteht. Kleine dezentrale Läger enthalten Produkte von nicht zu hohem Wert, die sich schnell umschlagen, z.B. Verschleißteile. Ein

Zentrallager versorgt die dezentralen Läger und liefert Exoten und besonders teure Teile, Beispiel: Die Apotheken haben kleinere Mengen gängiger Medikamente vorrätig. Besondere Medikamente werden erst nach Bestellung vom Apotheken-Großhandel geliefert. Der Patient muß dabei eine etwas längere Zeit zur Bedarfsdeckung akzeptieren; im Apotheken-Großhandel beträgt sie ca. 1/2 Tag.

3.3 Wichtige Eigenschaften und Kenngrößen eines Lagers

Wichtige Kenngrößen, die bei einer Lagerplanung auch im Lastenheft festzulegen sind, sind:

- Zugriffszeit auf ein bestimmtes Lagergut,
- Lagerkapazität (max. einzulagernde Menge),
- Umschlagleistung (einzulagernde und/oder auszulagernde Menge pro Zeiteinheit).

Aus der gewählten Lagertechnik ergibt sich die Raumnutzung oder Volumennutzung des Lagers.

Sie berechnet sich durch

$$Raumnutzung = \frac{maximaler\ Rauminhalt\ der\ einzulagernden\ G\ddot{u}ter}{umbauter\ Raum\ des\ Lagers}$$

Die Raumnutzung wird bestimmt durch die Lagerorganisation (Block- oder Zeilenlager) (Kap. 3.4.1), durch die Einlagerstrategie und die Regalfachklassen (Größenklassen der Regalfächer) (Kap. 3.5) sowie durch den Platzbedarf der Lagerbediengeräte (Kap. 3.4.3). Die Raumnutzung von Regallagern wird in Kap. 3.4.3.4 verglichen.

Die Zugriffszeit wird hauptsächlich von der Lagerorganisation (Kap. 3.4.1) bestimmt. Die Umschlagleistung hängt ab von der Lagersteuerung (Kap. 3.5) und von den Lagerbediengeräten (Kap. 3.4.3).

Für Stückgüter sind Regallager die wichtigsten Lager. Weitere Kenngrößen zur Beschreibung von Regallagern sind

- die Anzahl der Regalfachklassen,
- Größe der Regalfachklassen und zulässiges Gewicht der einzulagernden Güter im Regalfach,
- Anzahl der Regale und Regalgassen,
- Anzahl der Regalbediengeräte.

3.4 Lagertechnik

3.4.1 Systematisierung

Zur Lagerplanung muß neben den Kenngrößen (Kap. 3.3) das Lagergut festgelegt werden. Daraus ergibt sich dann

- die Lagerungsart,
- die Lagerorganisation und
- die Lagertechnik.

Die Lagergüter sind im Bild 3.4 klassifiziert.

Flüssige Lagergüter werden in Tanks gelagert, Gase in Druckbehältern und Schüttgüter in Silos oder auf Halden. Durch Abfüllen in Förderhilfsmittel, z.B. Flaschen oder Behälter, werden aus Schüttgütern, Flüssigkeiten und aus gasförmigen Materialien Stückgüter.

Stückgüter werden für die Lagerplanung klassifiziert nach

- Volumen,
- Gewicht,
- Form (z.B. flächig, quaderförmig oder Langgut) und
- besondere Anforderungen bzgl. Brandschutz, Gefahrgut, Kühlung etc..

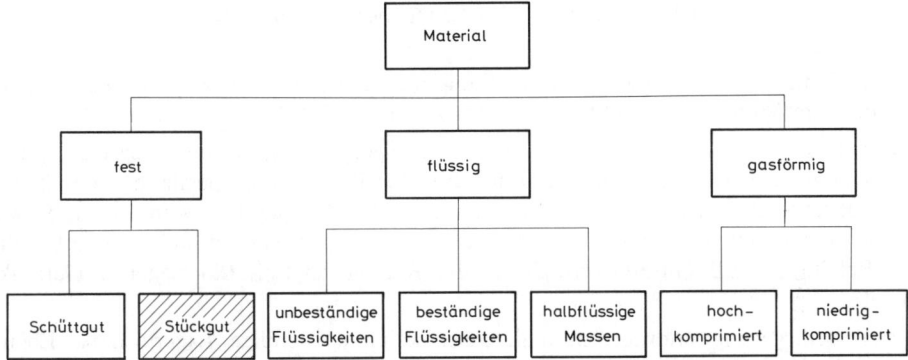

Bild 3.4 Klassifizierung der einzulagernden Materialien *(Quelle: [Kettner, Schmidt, Greim])*

Für jedes Lagergut muß eine entsprechende Lagertechnik gewählt werden; da für die Industrie Stückgutlager im Vordergrund stehen, werden im folgenden nur Lagertechniken für Stückgutlager diskutiert.

Als Lagerungsart stehen zur Auswahl:

- Flächen- oder Bodenlagerung,
- gestapelte Lagerung ohne Regal
- gestapelte Lagerung mit Regal.

Großwerkzeuge für einen Spritzgußbetrieb werden üblicherweise am Boden gelagert, da diese Werkzeuge so groß und schwer sind, daß sie nur mit dem Hallenkran bewegt werden können. Bierkisten in einer Getränkegroßhandlung werden ohne Regal gestapelt, da die Förderhilfsmittel, die Bierkisten, bereits so geformt sind, daß stabile Stapel gebildet werden können. Ein Ersatzteillager in einer Automobilwerkstatt ist normalerweise ein Regallager. Da auf Ersatzteile unterschiedlicher Form und Größe zugegriffen werden muß, würde eine Lagerung ohne Regal zu einem hohen Aufwand für Umstapeln und zum Suchen der Teile führen.

Die Lagerungsart kann kombiniert werden mit der Lagerorganisation (Bild 3.5). Zur Auswahl stehen:

- Blocklagerung und
- Zeilenlagerung.

Im Blocklager stehen die Lagergüter so eng nebeneinander oder aufeinander, daß nicht auf jeden einzelnen Behälter zugegriffen werden kann. Dadurch wird der vorhandene Platz sehr gut ausgenutzt. Allerdings sind die Zugriffszeiten länger als bei Zeilenlagerung, weil umstapeln notwendig sein kann.

In Zeilenlagern kann auf jeden einzelnen Behälter direkt, ohne Umstapeln zugegriffen werden. Wegen der großen Bedienzonen ist die Raumnutzung schlechter als beim Blocklager.

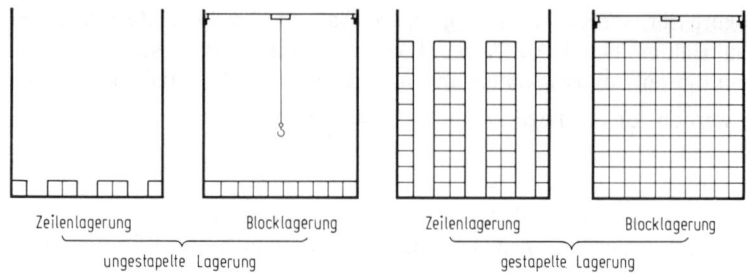

Bild 3.5   Lagerarten *(Quelle: [Kettner, Schmidt, Greim])*

Kommissionierlager sind als Zeilenlager organisiert, weil der schnelle Zugriff auf die gelagerten Güter im Vordergrund steht.

Blocklager sind besonders geeignet, wenn auf die Lagergüter nur selten zugegriffen werden muß oder zur Lagerung gleichartiger Güter. Ein Zugriff auf einen spezifischen Behälter ist hier unbedeutend, weil auf ein gleichartiges Lagergut direkt zugegriffen werden kann. So wird z.B. das Leergutlager in einem Industriebetrieb als Blocklager realisiert, weil die Leerbehälter einer Behälterart (z.B. Gitterboxen) gleich sind. Bild 3.6 zeigt ein Blocklager im Getränkehandel.

Eine Bodenlagerung erfordert normalerweise keine aufwendige Lagertechnik. Ebenso kommt ein Blocklager ohne Lagertechnik aus, wenn die Güter ohne Regal aufeinandergestapelt werden können.

Bild 3.6   Leergutlager von Getränkeverpackungen gestapelte Blocklagerung ohne Regal, Lagerbedienung mit Gegengewichtsstapler *(Werkfoto: Jungheinrich AG)*

3.4.2 Regallager

Die Lagertechnik konzentriert sich somit auf Regallager. In Regalen können die Güter sowohl im Block wie in Zeilen gelagert werden.

3.4.2.1 Zeilenlager

Regallager für Zeilenlagerung sind:
- Fachbodenregale (Bild 3.7),
- Palettenregale (Bild 3.8),
- Einplatzregale (Bild 3.9) und
- Kragarmregale (Bild 3.10).

Bild 3.7   Fachbodenregal *(Werkfoto: Nedcon)*

Fachböden stellen durchgängige Flächen dar, auf denen die Lagergüter abgestellt werden können. Lagerhilfsmittel sind nicht unbedingt erforderlich. So werden z.B. Bücher in einer Bibliothek auf Fachbodenregalen abgestellt. Diese Flexibilität, auch ohne standardisierte Behälter lagern zu können, ist der wichtigste Vorteil des Fachbodenregals. Nachteilig ist der höhere Materialbedarf für die Fachböden.

Ein Palettenregal erfordert Paletten oder entsprechende Gitterboxen als Lagerhilfsmittel, denn statt auf Fachböden stehen diese Förderhilfsmittel lediglich auf Traversen. Man kann also von unten durch ein Palettenregal hindurchsehen. Ein Palettenregal benötigt daher wenig Stahlträger; allerdings ist die Flexibilität eingeschränkt, weil nur Güter auf den vorgesehenen Förder- und Lagerhilfsmitteln gelagert werden können.

Bild 3.9   Einplatzregal für Kleinteilebehälter
(Werkfoto: TGW)

◀ Bild 3.8   Palettenregal mit Hochregalstapler
(Werkfoto: Jungheinrich AG)

Einplatzregale (Bild 3.9) können wie Palettenregale nur Lagergüter einer bestimmten Größe aufnehmen. Die Paletten oder Behälter stehen auf Winkelprofilen in Tiefenrichtung. Auf jeden Palettenplatz folgt seitlich ein Regalständer. Regalfächer von Palettenregalen können verschiedene Palettengrößen in Längs- oder Quereinlagerung aufnehmen, solange die Fachtiefe voll ausgenützt wird.

In Einplatzregalen dagegen kann nur eine Behältergröße gelagert werden. Diesem Nachteil steht aber der Vorteil einer besseren Platznutzung und einer einfacheren Lagerbedienung gegenüber: Die Behälter können aus dem Regalfach gezogen werden. Weil die Aushubbewegung entfallen kann, ermöglicht die Ziehtechnik eine einfachere Entnahmebewegung (ziehen statt heben und ziehen) und erfordert weniger Platz im Regalfach (Aushubhöhe entfällt).

Bei Kragarmregalen lagern die Güter auf Armen ohne vordere Abstützung. Kragarmregale sind besonders geeignet für Langgutlager. Stangenmaterial unterschiedlicher Länge kann sich auf mehreren Kragarmen abstützen. Ist der Abstand der Kragarme nicht zu groß, können auch Paletten gelagert werden. Allerdings erfordert ein Kragarmregal eine schwerere und damit teurere Regalkonstruktion, da die Träger nur einseitig befestigt sind. Die schwerere Regalkonstruktion mit dickeren Stahlprofilen kostet außerdem Platz.

Bild 3.10   Kragarmregal *(Werkfoto: Jungheinrich AG)*

3.4.2.2 Regallager für Blocklagerung

Regallager für Blocklagerung sind

- Durchfahrregal,
- Durchlaufregal (Bild 3.11),
- Einfahr- und Einschubregal (Bild 3.12),
- Kanalregal (Bild 3.15).

Genereller Vorteil von Blocklagern ist die bessere Platznutzung gegenüber Zeilenlagern.

Die Lagergüter in einem Durchfahrregal stützen sich, ähnlich in einem Einplatzregal, auf seitlichen Profilen ab. Das Regalbediengerät kann in das Regal einfahren. Die Güter können im Kanal hintereinander gelagert werden. Die Lagergüter werden vom Regalbediengerät durch den Lagerkanal hindurch geschoben. Von einer Seite wird der Kanal beschickt, von der anderen Seite werden die Güter entnommen, so daß eine FIFO- (first in, first out) Systematik realisiert ist. Vorteil des Durchfahrregals ist seine einfache Konstruktion. Nachteilig ist eine mögliche Behinderung des Zugriffs, z.B. durch Lagergüter im untersten Kanal.

Wenn die Lagergüter sich auf einer Rollenbahn abstützen, spricht man von einem Durchlaufregal. Wichtigster Vorteil des Durchlaufregals ist die einfache Pufferung nach dem FIFO-Prinzip, weil wie im Durchfahrregal der Lagerkanal von der einen Seite beschickt wird, während von der anderen Seite die Lagergüter entnommen werden. Gegenüber dem Durchfahrregal ist die Bedienung jedoch einfacher, weil die Lagergüter im Kanal nicht umgesetzt werden müssen. Nachteilig ist die Störanfälligkeit. Im schlecht zugänglichen Lagerkanal können sich Güter verklemmen.

Bild 3.11   Durchlaufregal für Paletten, Hochregalstapler mit Schwenkgabel *(Werkfoto: Nedcon)*

Im Einfahr- oder Einschubregal werden die Güter vom einfahrenden Lagerbediengerät von derselben Seite eingelagert und entnommen. In jedem Lagerkanal werden die Lagergüter deshalb nach einer LIFO-(last in, first out) Systematik ein-und ausgelagert.

Ebenso wie im Einfahrregal gilt im Kanalregal die LIFO-Bedienung. Allerdings kann das Regalbediengerät nicht in den Kanal einfahren, sondern ein niedriges Satellitenfahrzeug (Bild 3.13) fährt unter die Lagergüter und bewegt die Lagergüter im Kanal. Das Satellitenfahrzeug hängt an einer „Nabelschnur" zur Kraft-und Informationsübertragung am Regalbediengerät oder ist durch Batterien unabhängig vom Regalbediengerät verfahrbar.

Alternativ zum Satellitenfahrzeug können, speziell in Kleinteilelägern, die Lagerpaletten im Kanal ineinander verhakt werden (Bild 3.14). Um die Raumnutzung zu verbessern, werden die Behälter, falls nötig auf Hilfspaletten, wie Schubladenauszüge mit Ziehtechnik in die Ein-platzregale ein- und ausgefahren. Anfahrtshöhe und Aushub beim Entnehmen und Einlagern der Förderhilfsmittel können entfallen. Durch Ziehen an der vordersten Palette werden auch die anderen Paletten dahinter aus dem Kanal gezogen. Gegenüber dem Einfahrregal sind alle

Bild 3.12   Einfahrregal für Paletten *(Werkfoto: Nedcon)*

Bild 3.13   Satellitenfahrzeug mit „Nabelschnur" zur Informations- und Energieübertragung
(Werkfoto: Mannesmann Demag Fördertechnik AG)

Kanäle ohne Behinderung zugänglich. Das Satellitenfahrzeug oder die Sonderpaletten erfordern aber zusätzlichen Aufwand. Auch im Kanallager sind, wie in jedem Blocklager, Umlagervorgänge unvermeidlich, um auf bestimmte Lagergüter zugreifen zu können. Da im Kanallager die Blöcke aber vergleichsweise klein sind, können durch eine geschickte Gestaltung der Lagerzonen (vgl. Kap. 3.5) Umlagerungen stark reduziert werden.

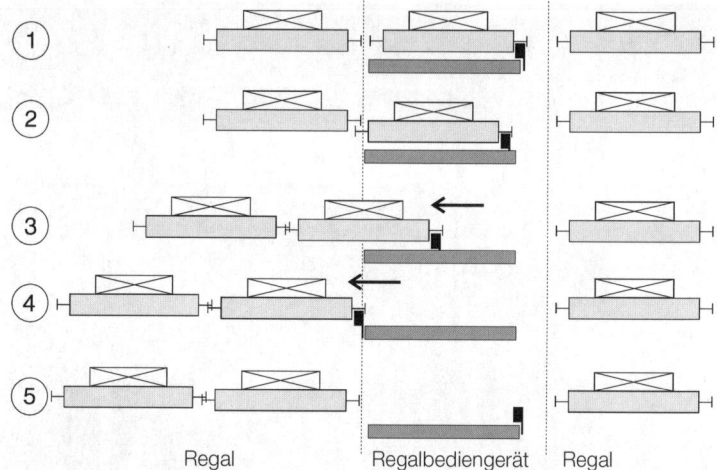

Bild 3.14   Kanalregal für Kleinteile, Einlagerung durch Ziehtechnik mit Spezialpaletten
(Auslagerung analog)

Bild 3.15   Detail eines Kanalregals für Kleinteilelager, die Behälter stehen
auf Spezialpaletten hintereinander *(Werkfoto:* TGW)

3.4.2.3 Bewegungsregale

Bewegungsregale erlauben eine hohe Volumennutzung, erfordern jedoch eine lange Zugriffs-zeit auf einzelne Lagergüter durch die hohen bewegten Massen. Technische Realisierungen für Bewegungsregale sind:

- Verschieberegal (Bild 3.16) und
- vertikal oder horizontal umlaufendes Paternosterregal (Bilder 3.17 bis 3.19).

In einem Verschieberegal werden die Regale so verschoben, daß sich ein Gang an der Stelle öffnet, wo das Lagergut ein- oder ausgelagert werden soll.

Bild 3.16 Verschieberegal *(Werkfoto: Nedcon)*

Bild 3.17 Vertikal umlaufendes Bewegungsregal
(Werkfoto: Mannesmann Demag Fördertechnik AG)

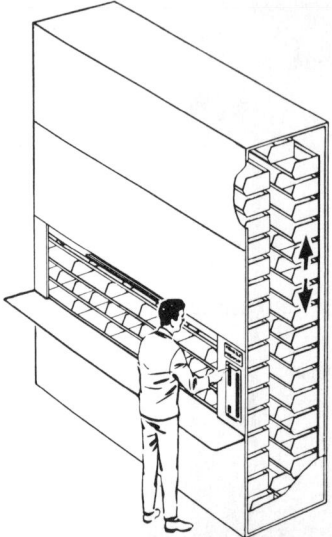

Bild 3.18   Prinzipskizze horizontal
umlaufendes Paternosterregal
(Quelle: [Kettner, Schmidt, Greim])

Bild 3.19   Horizontal umlaufendes Paternosterregal
(Werkfoto: Megamat)

Im Paternosterregal hängen die Regalböden in zwei endlosen Ketten. Zum Zugriff auf ein Regalfach werden die Fachböden in den Ketten bewegt, bis das entsprechende Regalfach im Zugriffsbereich der Regalbedienung ist. Horizontal umlaufende Paternoster werden als komplette Einheit angeboten. Die Installation erfordert deshalb wenig Aufwand.

3.4.2.4 Hochregale

Hochregale sind Fachboden-, Paletten- oder Einplatzregale mit

- besonders hohen Regalen (höher als 10 m) oder
- großer Höhe im Vergleich zur Länge des Ganges (Länge/Höhe<3) und
- ausgefeilter Lagertechnik.

Vorteile von Hochregalen sind:

- Gute Raumnutzung,
- kurzen Zugriffszeiten,
- hohe Produktivität durch Automatisierung der Lagerbedienung.

Hochregale werden in zwei Konstruktionsarten gebaut:

- als eingebautes hohes Regal in einen vorhandenen Baukörper (Bild 3.20) und
- Regale als eigenständiger Baukörper (Bild 3.21).

Mehretagige Stahlbauanlagen mit Fachbodenregalen (Bild 3.22) und manueller Bedienung sind zwar auch hohe Regale, gehören ihrer Systematik nach aber zu den Fachbodenregalen.

Bild 3.20   Hochregallager in einem vorhandenen Gebäude, Kommissionierstapler
(Werkfoto: Jungheinrich AG)

Bild 3.21   Hochregallager als eigenständiger Baukörper während der Montage
(Werkfoto: Mannesmann Demag Fördertechnik AG)

Bild 3.22   Mehretagen Regalanlage
(Werkfoto: Jungheinrich AG)

Bild 3.23   Automatisches Kleinteilelager
mit Einplatzregalen und optimiertem
Regalbediengerät mit Riemenantrieb
(Werkfoto: TGW)

In der Systematik den Hochregallagern vergleichbar sind automatische Kleinteilelager. Auch sie werden vollautomatisch bedient.

3.4.2.5 Langgutlager

Langgutlager erfordern eine besondere Lagertechnik. Gängige Lösungen sind:
- Regallager mit Längs- oder Quereinlagerung (Bild 3.10 und Bild 3.24) oder
- Blocklager mit Kranbedienung, Lagerung in U-förmigen Wannen ohne Regal (Bild 3.25).

Bild 3.24   Langgutlager mit Quereinlagerung *(Werkfoto: Mannesmann Demag Fördertechnik AG)*

Bild 3.25   Langgutlager als Blocklager, gestapelte Lagerung im Lagerhilfsmittel, Lagerbedienung
mit ferngesteuertem Kran *(Werkfoto: Mannesmann Fördertechnik AG)*

3.4.2.6 Lagerung in Förderern

Auch Förderer können als Lager verwendet werden. Da die Fahrzeuge während der Lagerungszeit nicht für Transporte genutzt werden, eignet sich die Lagerung im Förderer nur

- bei sehr geringen Fahrzeugkosten (z.B. Rollenbahn, Durchlaufregal),
- bei sehr kurzen Verweildauern im Lager (Pufferung) oder
- vor einer Sortierung (vgl. Kap.3.6.3)

3.4.3   Geräte zur Ein- und Auslagerung

Als Geräte zur Ein- und Auslagerung der Lagergüter können normale Stapler wie für Warentransport und -verteilung eingesetzt werden. Für einen rationellen Lagerumschlag sind jedoch spezielle Geräte im Einsatz, die Teil des Gesamtsystems Lager sind. Die Leistungsfähigkeit des Regallagers wird vom Zusammenwirken der Teilsysteme

- Regal,
- Regalbediengerät und
- Lagersteuerung

bestimmt.

3.4.3.1 Regalstapler

Zum Lagerumschlag in Regallagern werden eingesetzt:

- Schubmaststapler,
- Hochregalstapler,
- Regalbediengeräte (RBG).

Wenn die Last nicht seitlich aufgenommen werden kann, erfordern Stapler (Kap. 2.3.2.1) relativ viel Platz. Der Gang muß so breit sein, daß der Stapler um 90° drehen kann, um das Lagergut aus dem Regal aufzunehmen und bzw. abzusetzen. Gegengewichtsstapler brauchen für ein Palettenlager eine Gangbreite von 3,50 m bis 4 m, besonders wendige Schubmaststapler (Bild 3.26) benötigen dafür Gangbreiten von ca. 2,40 m.

Schmalere Gänge erfordern eine seitliche Aufnahme der Last. Seitenstapler sind zu unflexibel, weil sie nur auf einer Seite die Last aufnehmen können. Mit einer Schwenkgabel (Bild 3.27) dagegen kann die Last auch im Gang gedreht werden, ohne daß der Stapler aus dem Lagergang herausfahren muß. Um eine Euro-Palette im Gang schwenken zu können, z.B. um sie im Gang von einer Seite auf die andere umzulagern, sind mindestens 1,70 m Gangbreite erforderlich.

Regalbediengeräte (RBG) schieben die Lagergüter mit einer Teleskopgabel seitlich in die Regalfächer (Bild 3.28 und Bild 3.30). Ein Schwenken ist deshalb nicht notwendig. Damit sind auch schmalere Gangbreiten, z.B. zum Handling von Euro-Paletten von ca. 1,45 m möglich.

Regalstapler werden manuell bedient. Der Fahrer sitzt entweder wie bei einem konventionellen Stapler auf dem Fahrzeug (Bild 3.29) oder hat seinen Fahrerstand am Hubmast und fährt immer auf Höhe des Lagergutes (Bild 3.30). Diese Konstruktion erleichtert die Positionierung des Lagergutes in großen Höhen. Da solche Geräte außerdem eine Kommissionierung aus allen Regalfächern nach dem Prinzip „Mann zur Ware" ermöglichen, werden diese Stapler Kommissionierstapler genannt.

Bild 3.26 Schubmaststapler im Gang eines Palettenlagers *(Werkfoto: Jungheinrich AG)*

Bild 3.27 Schwenkgabel eines Hochregalstaplers *(Werkfoto: Jungheinrich AG)*

Bild 3.28   Lastaufnahme eines Regalbediengeräts mit Teleskopgabel *(Werkfoto: BT System GmbH)*

Bild 3.29   Hochregalstapler mit
Schwenkgabel
(Werkfoto: STEINBOCK BOSS GmbH)

Bild 3.30   Kommissionierstapler mit
Teleskopgabel
(Werkfoto: Jungheinrich AG)

Regalstapler sind vor der Lagergasse frei verfahrbar. Im Lagergang werden diese Stapler mechanisch oder induktiv (vgl. Kap. 2.3.3.2, Bild 2.41) spurgeführt. Weitere Teilaufgaben können automatisiert sein:

- Positionierung an einem Lagerfach,
- Ein- und Auslagerspiel,
- Schwenken von Lagergütern mit der Schwenkgabel (Bild 3.27).

Manuell bediente Hochregalstapler können bis zu 12 m hoch ein- und auslagern.

3.4.3.2 Regalbediengeräte

Regalbediengeräte sind im Regalgang schienengeführt und sind vor dem Regalgang nicht frei verfahrbar. Sonderkonstruktionen können jedoch über Weichen (Bild 3.31) oder mit Hilfe spezieller Umsetzwagen (Bild 3.32) zwischen den Regalgängen verfahren werden. RBG können auch oben schienengeführt sein, so daß große Höhen ohne Schwanken des Masts sicher angefahren werden können. Realisiert sind Höhen bis 40 m.

RBG werden als Ein- oder Zweimast-Konstruktion (Bilder 3.31 bis 3.33) ausgeführt. Die Zweimast-Konstruktion bietet eine größere Steifigkeit, braucht allerdings mehr Platz als ein RBG mit einem Mast.

Bild 3.31 Kurvengängiges Regalbediengerät, Weichen ermöglichen ein Umsetzen zwischen Regalgängen *(Werkfoto: Nedcon)*

Bild 3.32   Einmast-Regalbediengeräte
auf Umsetzwagen
*(Werkfoto: Mannesmann
Demag Fördertechnik AG)*

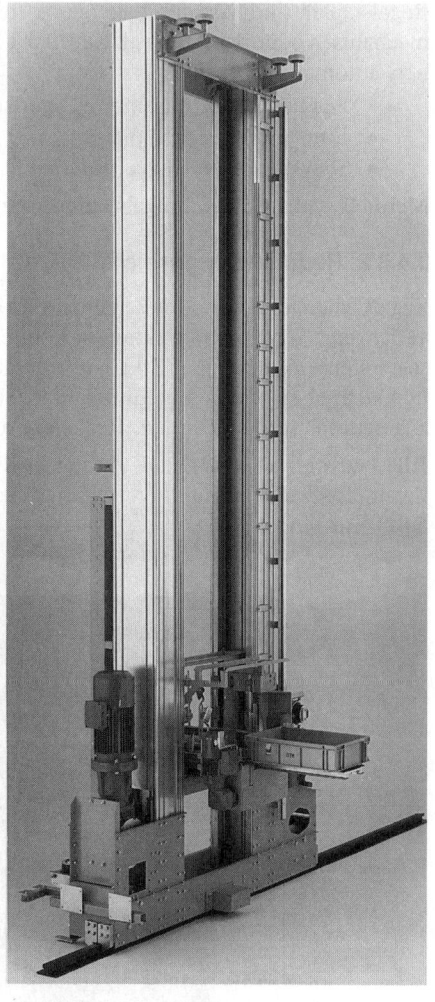

Bild 3.33   Zweimast-Regalbediengerät
(Werkfoto: TGW)

Der besondere Vorteil von RBG ist, daß die Lagergüter im Lager vollautomatisch bewegt werden können. Für die Kommissionierung nach dem Prinzip „Mann zur Ware" sind jedoch auch RBG im Einsatz, auf denen ein Fahrer mitfährt (Bild 3.34).

Die Spielzeit (= durchschnittliche Zeit für eine Ein- oder Auslagerung) des Regalbediengeräts oder des Lagerstaplers ist die wesentliche Kenngröße für die Umschlagleistung. Neben der Lagersteuerung (vgl. Kapitel Steuerung von Lagern) ist das Regalbediengerät das wesentliche Systemelement für diese Leistung.

Übliche Größenordnung für die durchschnittlichen Spielzeiten eines RBG sind

- ca. 2 Minuten für ein Einzelspiel (eine Ein- *oder* Auslagerung),
- ca. 3 Minuten für ein Doppelspiel (eine Ein- *und* Auslagerung)

Entsprechend können ca. 30 Einzelspiele oder 20 Doppelspiele pro Stunde von einem RBG gefahren werden.

Bild 3.34 Regalbediengeräte zur Kommissionierung „Mann zur Ware"
(Werkfoto: Mannesmann Demag Fördertechnik AG)

3.4.3.3 Steigerung der Umschlagleistung

Die Spielzeit kann klein gehalten werden durch:

- Kurze Fahrwege durch
  - hohe Verfahr- und Hubgeschwindigkeit,
  - gleichzeitiges horizontales und vertikales Verfahren
  - hohe Beschleunigungen durch
- Boden- und Deckenführung (kein Kippen)
- leichte Bauweise, geringe bewegte Massen
  - schnelle Positionierung.
- Schnelle Ein- und Auslagerung durch einfache Bewegungen (ziehen ist schneller als heben + ziehen),
- Mehrfaches, zeitlich paralleles Ein- und Auslagern.

Aus der Aufzählung ist ersichtlich, daß automatische Regalbediengeräte mit Boden- und Deckenführung bei sonst gleichen Bedingungen kürzere Spielzeiten ermöglichen. Sie erlauben ein gleichzeitiges horizontales und vertikales Verfahren und können deshalb ein Regalfach in Diagonalfahrt direkt anfahren. Die obere Führung verhindert ein Kippen des RBG bei hohen Beschleunigungen. Um Gesundheitsprobleme auszuschließen, sind die Beschleunigungen des RBG begrenzt, wenn Personen mit dem Hubkorb mitfahren.

Das Gewicht des RBG kann reduziert werden durch

- Aluminium-Konstruktion (Bild 3.33)
- Stationäre Antriebe

Ein stationärer Antrieb bewegt das RBG über einen Riemenantrieb, so daß die Antriebsmotoren nicht mehr Teil der beschleunigten Masse sind (Bild 3.23). Mit einer solch konsequenten Leichtbaukonstruktion mit dynamischen Antrieben können die Spielzeiten gegenüber konventionellen RBG halbiert werden.

Zur Positionierung vor einem Regalfach stehen folgende Möglichkeiten zur Verfügung:

- manuelle Positionierung nach Sicht
- Positionierung mit Lichtschranke
- Automatische Positionierung mit Wegmeßsystem

Die manuelle Positionierung ist am einfachsten, erfordert aber einen Fahrer. Speziell die Positionierung der Gabel in großen Höhen ist vom Boden aus schwierig, so daß lange Positionierzeiten entstehen oder ein hohes Risiko besteht, das Lagergut zu beschädigen.

Auch Hochregalstapler mit manueller Bedienung vom Boden werden daher meist mit einer Lichtschranken-Positionierung ergänzt. Jedes Regalfach trägt einen Reflexpunkt in definierter Lage zum Fach. Am Hubmast ist eine Reflexlichtschranke angebracht. Die Gabel fährt im Schleichgang an das Fach, bis die Lichtschranke am Hubmast den Reflexpunkt am Regalfach getroffen hat und den Antrieb abschaltet.

Mit einem Wegmeßsystem, ähnlich dem einer NC-Maschine, können die Koordinaten des Regalfaches angefahren werden. Voraussetzung ist, daß die Koordinaten jedes Regalfaches bekannt sind. Da die Antriebe mit der zeitoptimalen Beschleunigung und Verzögerung ein Fach (ein Koordinaten-Paar) direkt anfahren können, entfällt die Suchzeit für die Feinpositionierung der Lichtschranke.

An einem konventionellen RBG ist am Hubmast ein höhenverstellbares Lastaufnahmemittel (z.B. Gabel für Palettenhandling) angebracht. Werden am Hubmast mehrere Lastaufnahmemittel montiert (Bild 3.35), können auf einer Horizontalfahrt in die Regalgasse mehrere Ein- und Auslageraufträge ausgeführt werden. Die Fahrzeit pro Lagerspiel wird dadurch reduziert. Die maximale Anzahl der Lastaufnahmemittel ist gleich der Anzahl der Stockwerke im Regal. Die kürzesten Fahrzeiten pro Lagerspiel werden dann erreicht, wenn alle Lagergüter auf dem RBG gleichzeitig in eine Reihe übereinander liegender Lagerfächer ein- oder ausgelagert werden. Eine angepaßte Lagersteuerung muß diese Optimierung leisten.

Ein RBG mit mehrfachen Lastaufnahmen kann, je nach Optimierung der Lagersteuerung, die Umschlagleistung gegenüber einem konventionellen Gerät 10- bis 15-fach steigern.

Damit solche Leistungen erreicht werden, muß auch die Lagervorzone entsprechend leistungsfähig sein.

Im beschriebenen Hochleistungslager mit RBG mit mehrfachen Lastaufnahmen ist ein Vertikalförderer die Schnittstelle zwischen Lager und Vorzone. Das RBG gibt die ausgelagerten Güter auf einen Vertikalförderer. Jeder Lastaufnahme steht eine Gondel gegenüber. Der Vertikalförderer senkt unabhängig vom RBG die Lagergüter in die Vorzone ab. Analog werden die einzulagernden Güter auf einem Vertikalförderer bereitgestellt.

Ähnliche Umschlagleistungen wie mit RBG mit mehreren Lastaufnahmen sind mit vertikal umlaufenden Lagern möglich, wenn jedes Stockwerk einen eigenen Umlauf darstellt. Die gemeinsam ein- und auszulagernden Güter können dann für einen kurzen Zugriff „hingedreht" werden. Die bewegten Massen sind allerdings höher als im Regallager.

Bild 3.36 stellt die erreichbaren Umschlagleistungen im Vergleich dar.

Bild 3.35   Regalbediengerät mit mehreren Lastaufnahmen vor der Montage in das Regallager
(Werkfoto: SIEMAG TRANSPLAN)

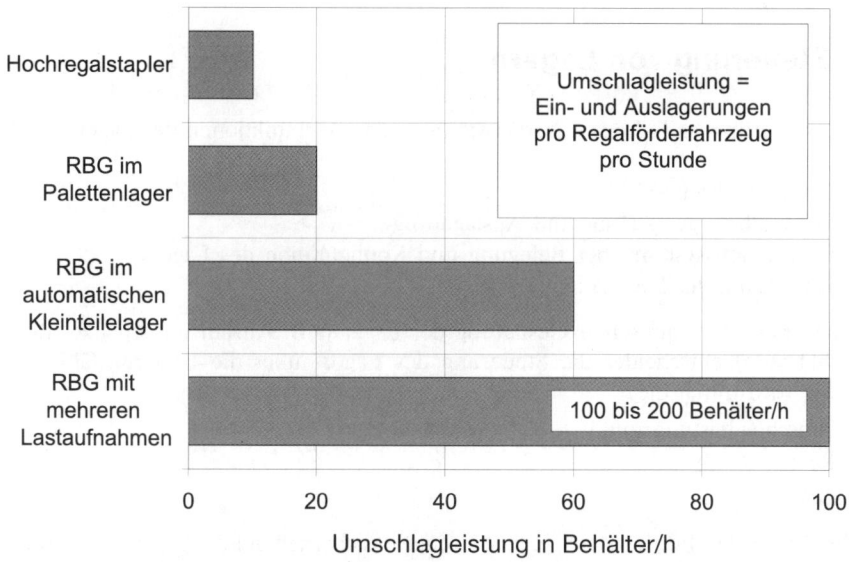

Bild 3.36   Umschlagleistungen von Regalbediengeräten im Vergleich (Durchschnittswerte)

3.4.3.4 Raumnutzung in Regallagern

Da ein Lager neben der Lagerzone weitere Bereiche hat, kann das Raumvolumen nie zu 100% für die Lagerung der Güter genutzt werden. Blocklager haben eine höhere Raumnutzung als Zeilenlager. Der Raum von Regallagern als den wichtigsten Zeilenlagern wird umso besser genutzt, je weniger Platz die Geräte zur Ein- und Auslagerung benötigen. Bild 3.37 zeigt die Raumnutzung der wichtigsten Lager im Vergleich.

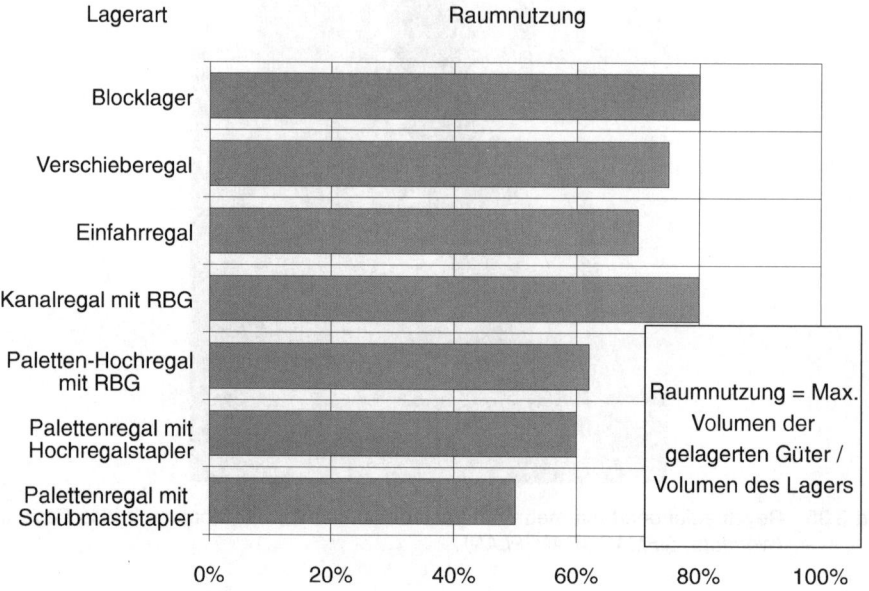

Bild 3.37   Vergleich der maximalen Raumnutzung wichtiger Lagertechniken

3.5   Steuerung von Lagern

Die Lagersteuerung ist Teil des Lagerverwaltungssystems. Funktionen der Lagerverwaltung sind:

- Bestandsführung,
- Materialbewegung (Ein- und Auslagerung),
- Informationssystem über Belegung und Konfiguration des Lagers,
- Verwaltung der Lagerzonen.

Zusammen mit der technischen Gestaltung der Lager (z.B. Anzahl Lagerplätze, Regalart, Regalfachklassen) entscheidet die Steuerung des Lagers über die Leistungsfähigkeit des Lagers. Sie wird durch die

- Umschlagleistung und
- Raumnutzung

beschrieben.

Weiterhin ist für den Betrieb des Lagers die Zugriffssicherheit auf die gelagerten Güter entscheidend. Zur Optimierung der Raumnutzung und der Lagerkapazität werden folgende Steuerungsstrategien verwendet:

- chaotische Lagerung,
- Verwaltung mehrerer Teilenummern pro Regalfach oder Lagerplatz,
- Zuordnung der einzulagernden Güter zum kleinstmöglichen verfügbaren Regalfach oder Lagerplatz.

Eine „chaotische" Lagerung ist nur in Bezug auf die Ähnlichkeit der Teile chaotisch. Während sich bei einer festen Platzvergabe jedes Lagergut an seinem vorgegebenen Platz befindet, wie z.B. in einem Supermarkt, werden bei chaotischer Lagerung die Lagergüter nach dem Kriterium Raumnutzung oder Umschlaghäufigkeit gelagert.

Dadurch kann es vorkommen, daß gleiche Teile bei verschiedenen Einlagerungen an verschiedenen Plätzen gelagert werden. Ein Zugriff auf diese Teile ist nur durch eine sorgfältige Platzbuchung, die in der Regel von einem Lagerverwaltungsrechner übernommen wird, gesichert. Vorteil einer „chaotischen" Lagerung ist die bessere Raumnutzung, da sich Platzbedarfe verschiedener Artikel durch über- und unterdurchschnittliche Bestände ausgleichen können.

Können in einem Regalfach mehrere Teilenummern verwaltet werden, können auch statt eines großen Behälters z.B. zwei kleine Behälter eingelagert werden. Die Regalfächer sind damit universeller zuordenbar, so daß sich auch hierbei wieder Über- und Unterbestände verschiedener Behältergrößen ausgleichen können.

Obwohl bei einer chaotischen Lagerung die Lagergüter keine festen Lagerplätze haben, unterscheiden sich die Regalfächer noch in ihrer Größe und der zulässigen Tragfähigkeit. Man spricht dabei von Regalfachklassen (Bild 3.38). Der Lagerverwaltungsrechner ordnet die Plätze für einzulagernde Güter den kleinstmöglichen zulässigen Regalfächern zu. Da nicht alle Behälter die max. zulässige Höhe haben, genügen für einen Teil der einzulagernden Behälter auch kleinere Fächer. Die Anzahl der Regalfächer steigt damit bei gleichem Lagervolumen. Wenn die Behälter immer in das kleinstmögliche Fach eingelagert werden, begrenzt das die Flexibilität des Lagers kaum. In einem vollautomatischen Lager kann in Zeiten geringer Umschlagleistung, z.B. nachts die Raumnutzung durch Umlagerung der Güter optimiert werden.

Neben der Raumnutzung kann auch die Umschlagleistung durch die Lagersteuerung beeinflußt werden. Wichtige Ein- und Auslager-Strategien sind:

- Doppelspiele
- Auswahl eines auszulagernden Gutes nahe dem Regalfach, in das eingelagert wurde
- Bildung von Lagerzonen in Abhängigkeit von der Umschlaggeschwindigkeit des Lagergutes (Bild 3.39).

Wird eine Einlagerung mit einer Auslagerung verbunden, werden die Leerwege des Regalbediengeräts minimiert. Wenn zusätzlich die vorliegenden Ein- und Auslageraufträge so abgearbeitet werden, daß die entsprechenden Regalfächer nahe beieinander liegen, können die Leerwege des Regalbediengeräts weiter verringert werden. Schnelldreher, d.h. Güter, die nur kurz gelagert werden und schnell umgeschlagen werden, können sinnvollerweise nahe zum Wareneingang gelagert werden. Dadurch verringern sich die Fahrzeiten des Regalbediengeräts beim häufigen Umschlag dieser Güter. Analog können „Ladenhüter", die selten umgeschlagen werden, weit entfernt vom Wareneingang gelagert werden.

Um auch bei Störungen des Regalbediengeräts oder der Lagersteuerung die Leistungsfähigkeit des Lagers möglichst zu erhalten, werden folgende Strategien eingesetzt:

- Lagerverwaltung mit einem zusätzlichen Stand-by-Rechner,
- Querschnittseinlagerung,
- Priorisierung der Auslagerung, abhängig vom gewünschten Auslagerzeitpunkt.

Bild 3.38   Regalfachklassen durch verschiedene Fachhöhen *(Werkfoto: Nedcon)*

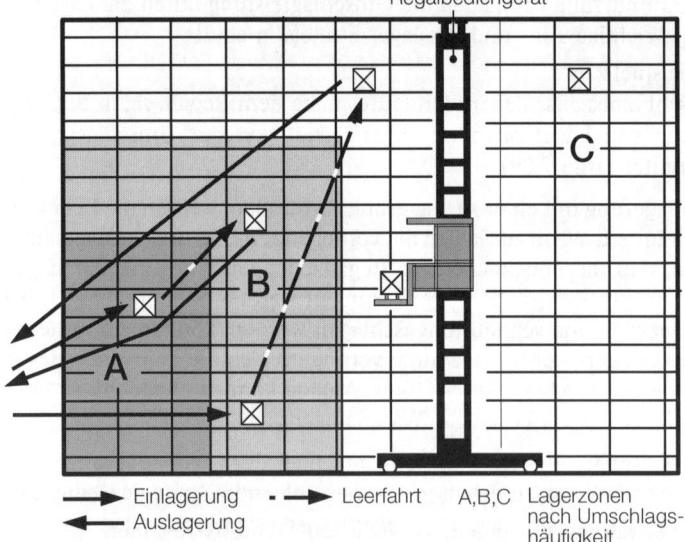

Bild 3.39   Steigerung der Umschlagleistung durch Regalzonen (A, B und C),
durch Doppelspiele und durch Wegoptimierung

Die Prozeßrechner zur Lagerverwaltung (Auftragsverwaltung und Lagerplatzverwaltung) sind üblicherweise als Parallelrechner zweifach vorhanden. Bei Störung eines Rechners kann der zweite die Lagerverwaltung vollständig übernehmen. Werden mehrere Behälter einer Teilenummer in verschiedene Regalgassen eingelagert, können Behälter dieser Teilenummer auch bei Störung eines Regalbediengeräts ausgelagert werden (Querschnittseinlagerung). Normalerweise versucht die Lagersteuerung durch Doppelspiele die Leerwege des Regalbediengeräts zu minimieren. Liegen jedoch zeitkritische Auslageraufträge vor, kann die Priorität der Auslageraufträge entsprechend berücksichtigt werden.

Bei Spitzennachfrage nach Auslagerung oder bei Eilaufträgen kann auf Einlagerung ganz verzichtet werden. Dadurch entstehen zwar längere Leerwege, die Auslagerungsaufträge können jedoch schneller erfüllt werden, da die Leerwege mit höheren Geschwindigkeiten zurückgelegt werden können.

3.6　Kommissionierung

Kommissionieren bedeutet das Zusammenstellen unterschiedlicher Teile für einen Auftrag oder einen Verbraucher. Nicht in jedem Lager wird kommissioniert.

3.6.1　Kommissionierprinzipien

Kommissionieren ist normalerweise ein manueller Vorgang. Nur in seltenen Fällen ist eine automatische Kommissionierung wirtschaftlich (vgl. unten). Die im folgenden beschriebenen Kommissionierprinzipien werden deshalb für manuelle Kommissionierung beschrieben, sind jedoch auch auf automatische Kommissionierung übertragbar. Die wichtigsten Kommissionierprinzipien sind:

- Mann zur Ware (Bild 3.40 und Bild 3.41) und
- Ware zum Mann (Bild 3.42).

Wird nach dem Prinzip Mann zur Ware kommissioniert, bewegt sich der Kommissionierer im Lager. Aus den Lagerfächern werden die einzelnen Güter entsprechend einer Kommissionierliste oder Pick-Liste entnommen. Bei einer Kommissionierung „Mann zur Ware" können mehrere Kommissionierer gleichzeitig im Lager arbeiten. Durch die Parallelarbeit ist eine hohe Kommissionierleistung möglich. Da eine aufwendige Lagertechnik nicht erforderlich ist, verursacht die Kommissionierung „Mann zur Ware" hauptsächlich variable Kosten. Damit ist das Auslastungsrisiko gering.

Die Kommissionierer müssen zwischen den einzelnen Entnahmestationen Wege zurücklegen. Dadurch verringert sich die Produktivität. Außerdem ist das Hineinbeugen der Kommissionierer in die Regalfächer oder Lagerbehälter ergonomisch belastend. Bewegen sich die Kommissionierer auf dem Boden, können sie parallel in den Regalgängen arbeiten und dadurch flexibel auf Nachfrageschwankungen reagieren.

Kommissioniersysteme mit dem Prinzip „Mann zur Ware" werden eingesetzt, wenn hohe Kommissionierleistungen für geometrisch unterschiedliche Teile erforderlich sind und wenn die Nachfrage nach Kommissionierleistung schwankt.

Kommt die Ware zum Mann (Bild 3.42), müssen die Behälter, aus denen die Teile entnommen werden, ausgelagert werden, in der Vorzone des Lagers für die Kommissionierung bereitgestellt werden und nach erfolgter Entnahme wieder eingelagert werden. Da die Güter zum Kommissionierer gebracht werden, entstehen für den Mitarbeiter praktisch keine Leerwege. Auch ergonomische Hilfen, wie z.B. Hebezeuge, können einfach installiert werden.

Bild 3.40   Kommissionierung „Mann zur Ware" mit einem Horizontalkommissioniergerät
(Werkfoto: Jungheinrich AG)

Die Anforderungen an das Lager sind allerdings erheblich, so daß eine Kommissionierung
nach dem Prinzip „Ware zum Mann" nur bei automatischen Lägern realistisch ist. Außerdem
muß der Kommissionierplatz speziell gestaltet werden.

Kommissionierung nach dem Prinzip „Ware zum Mann" wird deshalb angewendet für

- Kommissioniersysteme mit mittlerer Umschlagleistung, aber hoher Produktivität,
- automatische Kleinteilelager ,
- für besonders große und schwere Teile, die Hebezeuge erfordern,
- bei gleichmäßiger Auslastung des Kommissioniersystems ohne extreme Spitzenbelastungen.

Die Kommissionierleistung eines Kommissionierers kann gesteigert werden durch

- Kommissionierung „Ware zum Mann",
- Automatisierung (Bild 3.42 und 3.43),
- Mehrfachkommissionierung,
- Schnelläuferzonen,
- Kommissionierabschnitte mit Abschnittskontrolle,
- Sortierung (vgl. Kap. 3.6.3).

Bild 3.41   Kommissionierung „Mann zur Ware" mit einem Regalbediengerät
(Werkfoto: Mannesmann Demag Fördertechnik AG)

Bild 3.42   Kommissionierplatz, Prinzip „Ware zum Mann" *(Werkfoto: OWL AG)*

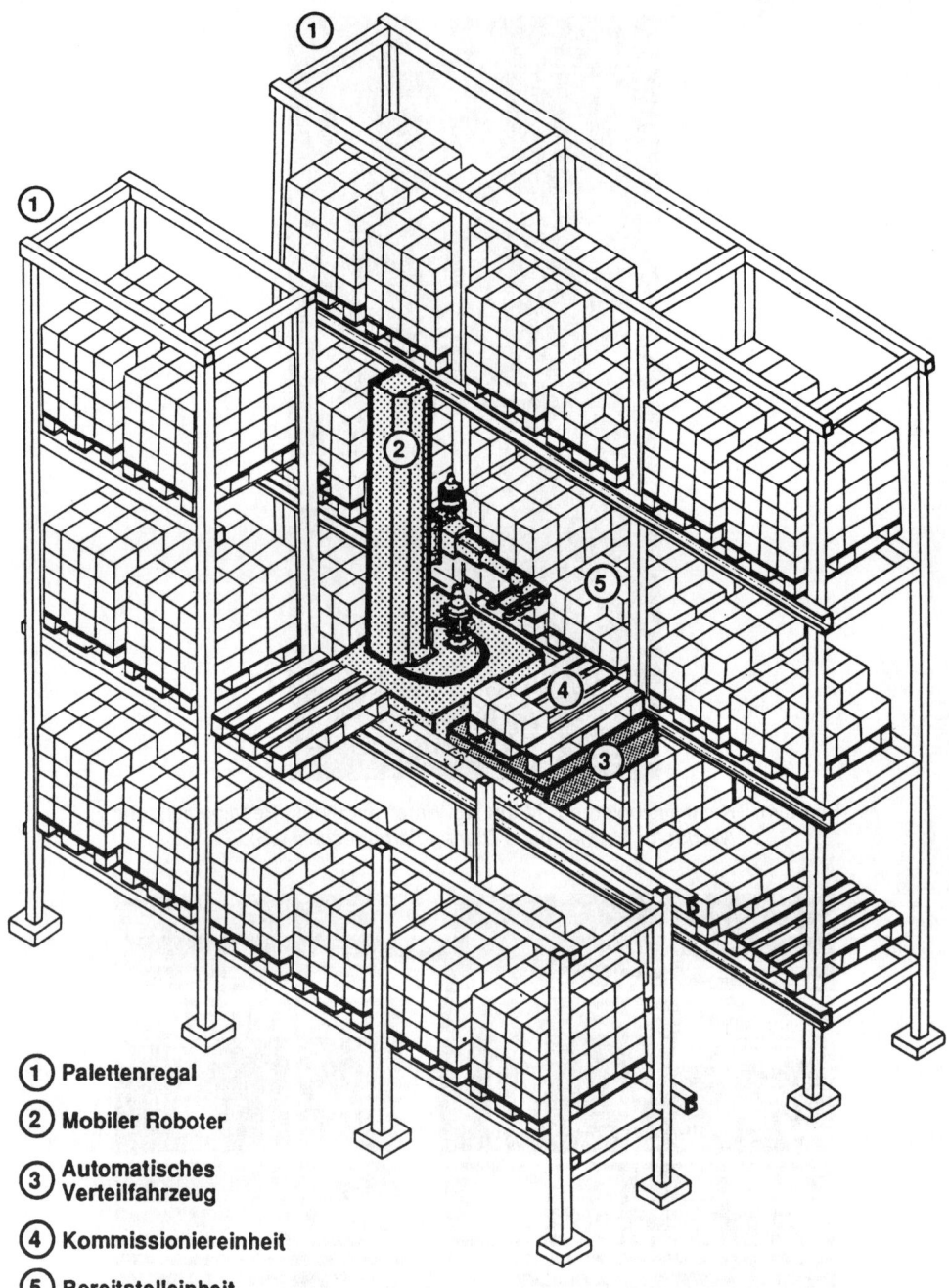

1 **Palettenregal**

2 **Mobiler Roboter**

3 **Automatisches Verteilfahrzeug**

4 **Kommissioniereinheit**

5 **Bereitstelleinheit**

Bild 3.43　Kommissionier-Roboter auf einem RBG *(Quelle: [Jünemann])*

Eine Kommissionierautomatisierung ist entweder durch Roboter oder durch Ausstoß-schächte möglich. Roboter arbeiten ähnlich wie Kommissionierer nach dem Prinzip „Mann zur Ware" oder „Ware zum Mann". Voraussetzung für eine Roboterkommissionierung sind Güter, die gut zu greifen sind, z.B. mit Sauggreifern.

In Ausstoßschächten können nur gleichartige Güter für die Kommissionierung bereitgestellt werden, die stoßunempfindlich und in Schachteln verpackt sind. Wenn der Kommissionierbe-hälter an dem entsprechenden Lagerort vorbeifährt, werden diese Güter durch einen Schieber in den Behälter abgeworfen. Die Wege der Kommissionierer durch das Lager (Mann zur Ware) können durch Schnelläuferzonen abgekürzt werden. Ein großer Prozentsatz der Kom-missionieraufträge enthält Standardteile. Nur für einen geringen Anteil der Aufträge sind „Exoten" zu kommissionieren. Kreisläufe durch den gesamten Auftrag würden deshalb für viele Aufträge zu überlangen Leerwegen führen, die abgekürzt werden können.

Wenn ein Mitarbeiter mehrere Aufträge gleichzeitig kommissioniert, können auch dadurch die Leerwege des Mitarbeiters verringert werden. Die Verwechslungsgefahr kann durch eine visuelle Unterstützung des Kommissionierers begrenzt werden.

Bei großen Kommissionieraufträgen empfiehlt sich eine abschnittsweise Kommissionierung. Nach jedem Abschnitt können die Teil-Kommissionen überprüft werden. Um den Prüfauf-wand klein zu halten, sollte automatisch geprüft werden, z.B. durch eine Gewichtskontrolle der Teil-Kommissionen.

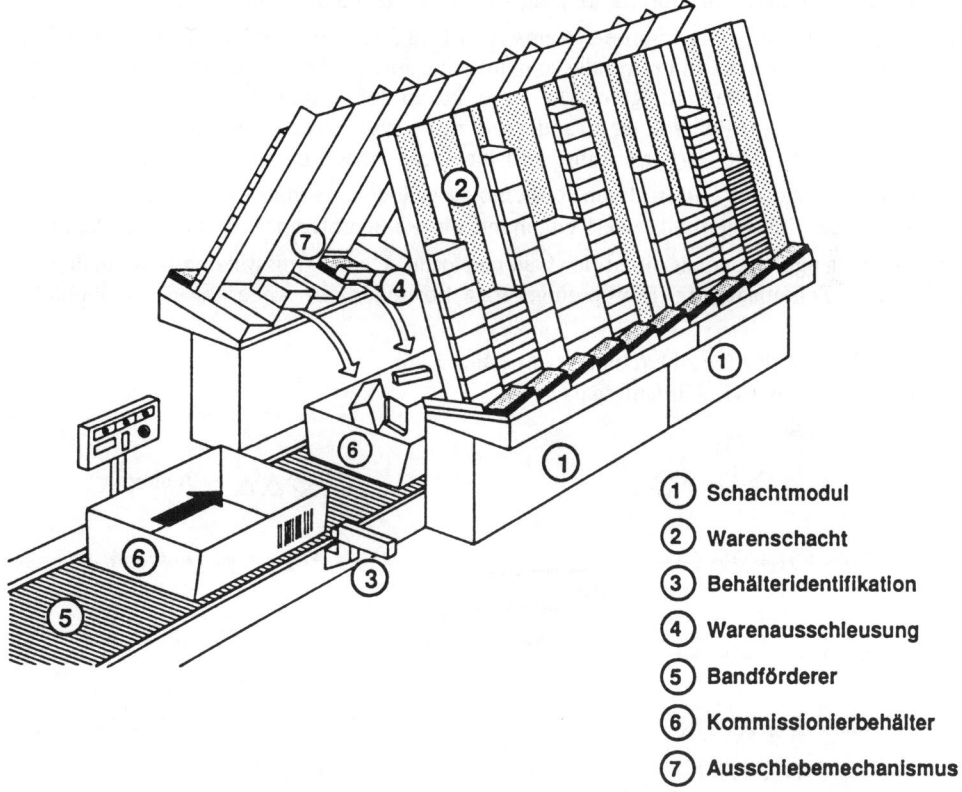

1. Schachtmodul
2. Warenschacht
3. Behälteridentifikation
4. Warenausschleusung
5. Bandförderer
6. Kommissionierbehälter
7. Ausschiebemechanismus

Bild 3.44 Kommissionierautomat mit Ausstoßschächten *(Quelle: [Jünemann])*

3.6.2 Portionierung

Portionieren bezeichnet das Umpacken gleichartiger Güter in kleinere Behälter. Diese Tätigkeit widerspricht zwar dem Prinzip Liefereinheit = Verbrauchseinheit, ist aber eine Logistikleistung für den Verbraucher. So wird z. B. in der Montage die Bereitstellung von Kleinteilen wie Schrauben in Kleinbehältern bevorzugt, um Bereitstellplatz zu sparen und Materialbestände in der Montage zu begrenzen.

Portionierung kann Teil einer Kommissionierung sein, wenn mehrere Kleinmengen für einen Verbraucher zusammengestellt werden.

Wird die Portionierung von der Kommissionierung getrennt, ist der Portionierbereich meist dem Wareneingang zugeordnet. Hier werden die Großbehälter des Lieferanten ausgepackt, die Güter in Kleinbehälter umgefüllt und zur Einlagerung in ein Kleinbehälterlager bereitgestellt.

Handling kann durch automatische Umfüllanlagen mit Füllstands- und Gewichtskontrolle vermieden werden.

3.6.3 Sortierung

Sortierung beschreibt in der Logistik entweder

- das Ändern der Reihenfolge von Gütern, oder
- das Verteilen von Gütern an viele verschiedene Zielpunkte.

Die Prinzipdarstellung eines Sortiersystems zeigt Bild 3.45. Eine Änderung der Reihenfolge von Fördergütern kann z.b. notwendig sein, um eine Just-in-time-Zulieferung vormontierter Baugruppen mit der Reihenfolge der Leitprodukte in der Endmontage zu synchronisieren (vgl. Kap. 5.4). Um die Reihenfolge zu ändern, können Systeme der Lager- und Fördertechnik eingesetzt werden. Die Sortierleistung wird hier beschrieben durch

- die Menge der Güter, deren Reihenfolge geändert werden kann, sowie
- die Zugriffssystematik, wie weitgehend die Reihenfolge geändert werden kann.

Die Sortiermenge entspricht direkt der Lagerkapazität. Die Zugriffssystematik ist analog zur Block- oder Zeilenlagerung. Häufig eingesetzte Lösungen zur Änderung der Reihenfolge sind:

- Bahnenpuffer (wie Durchlaufregal) (Bild 3.46)
- Förderkreis (wie Umlaufregal)
- Zeilenlager

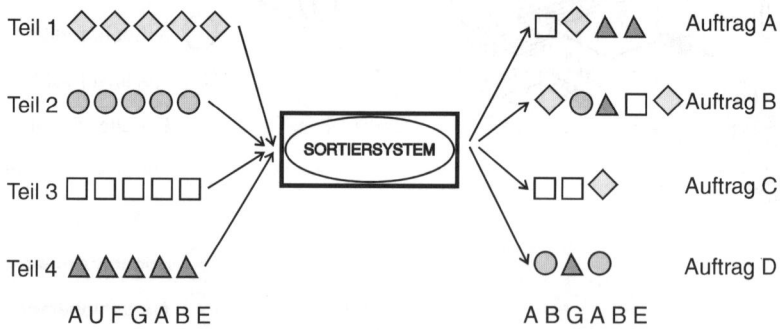

Bild 3.45   Prinzipdarstellung eines Sortiersystems

Bild 3.46 Bahnenpuffer zur Sortierung ausgelagerter Türen einer PKW-Endmontage
(Werkfoto: Eisenmann KG)

Ein Bahnenpuffer erlaubt keinen wahlfreien Zugriff auf jedes Fördergut im Sortierpuffer. Dafür erfordert dieses System die geringsten Investitionen. Für viele Sortieraufgaben reicht ein Bahnenpuffer aus. So kann z.b. bei Einsteuerung der Güter in den Puffer in jeder Bahn schon eine Halbordnung hergestellt werden (Güter in einer Bahn müssen sich nicht überholen), wenn die gewünschte Ausgabereihenfolge schon bekannt ist.

Der Förderkreis ist der einfachste Sortierspeicher mit wahlfreiem Zugriff auf jedes der zu sortierenden Güter. Da aber alle Güter bewegt werden müssen, bis das gewünschte an der Ausschleusstation steht, können die Zugriffszeiten recht lang werden. Nachteilig sind auch die hohen bewegten Massen.

Ein Zeilenlager erlaubt einen wahlfreien Zugriff auf jedes eingelagerte Gut mit geringer Streuung der Zugriffszeit. Die technisch beste Lösung erfordert aber auch die höchste Investition. Im Einzelfall ist daher sehr genau zu prüfen, ob die Vorteile eines Regallagers tatsächlich gebraucht werden (vgl.[Koether, Thaler]).

Sortierer, die Güter an viele verschiedene Zielpunkte abgeben werden z.B. in Hochleistungskommissioniersystemen eingesetzt. Jeder Zielpunkt bedient eine Kommission. Der Sortierer verbindet die teilegebundenen Quellen mit den kommissionsgebundenen Senken (Bild 3.45). Im Prinzip ist ein Sortierer deshalb ein schnelles Fördersystem mit sehr vielen Weichen.

Gängige Sortiersysteme sind:

- Linearförderer mit Abweiser oder Ausschleusung (Bild 3.47 und Bild 3.48), oder
- Umlaufende Wagen mit integrierter Abwurfmechanik (Bild 3.49)

Bild 3.47 zeigt als Beispiel für Linearförderer ein System, bei dem zwischen Bandabschnitten Rollen angeordnet sind. Durch Schrägstellen der Rollen werden Fördergüter seitlich ausgeschleust. Das gleiche Prinzip läßt sich auch mit Abweisschuhen realisieren, die das Fördergut seitlich abschieben (Bild 3.48). Nach Herstellerangaben beträgt die Sortierleistung des ersten Systems ca. 7.500 Stück/h, die des zweiten Systems 12.000 Stück/h.

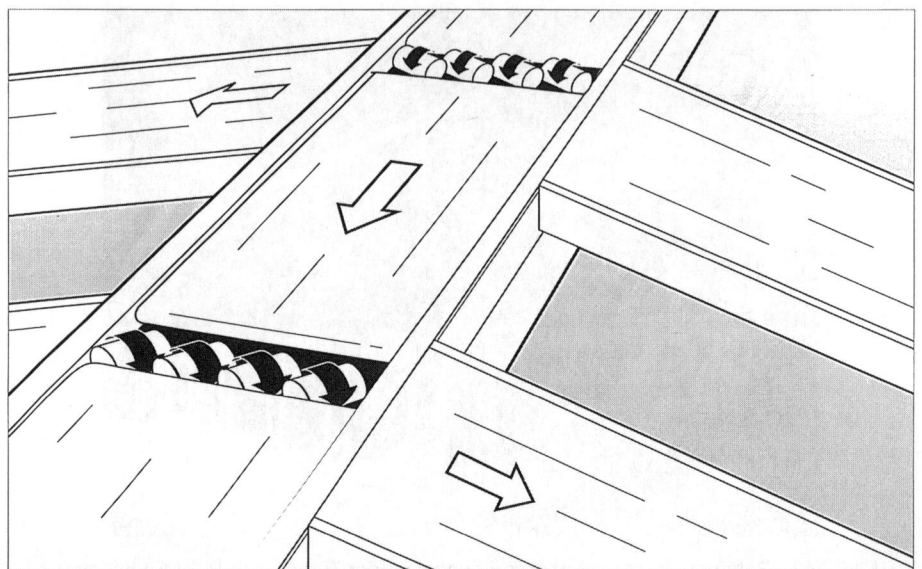

Bild 3.47   Sortierung mit Ausschleusen durch schräggestellte Rollen *(Werkbild: Van der Lande)*

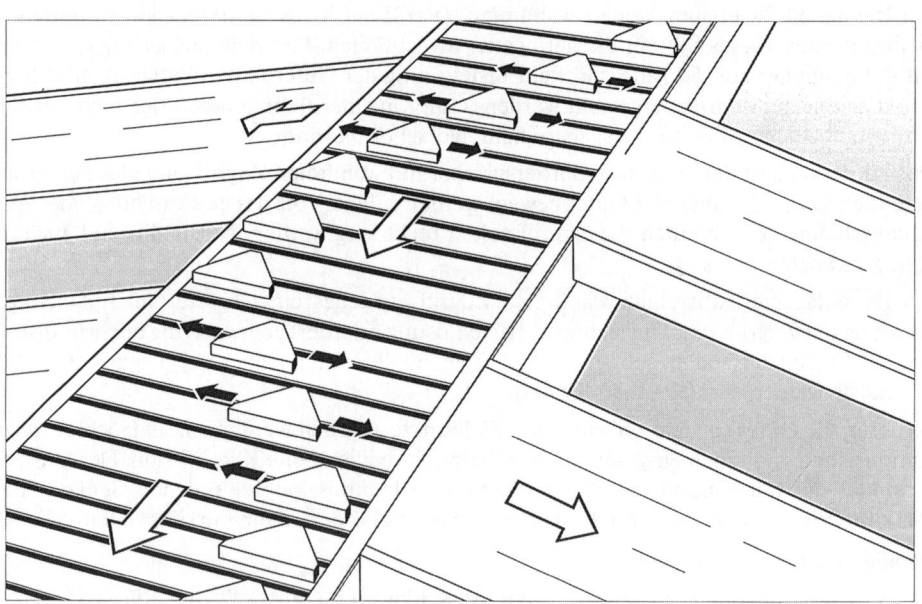

Bild 3.48   Sortierung durch seitliches Ausschieben *(Werkbild: Van der Lande)*

Plattform-Wagen laufen kontinuierlich auf einem Förderkreis um. Die Güter werden schräg „aufgeschossen" und vom Wagen zur Abgabestelle gebracht. Dort werden die Güter abgekippt (Bild 3.49) (Kippschalensortierer) oder mit einem Bandförderer auf dem Wagen abgeschoben. Die Sortierleistung beträgt in diesem Fall ca. 9000 Stück/h. Der geschlossene Förderkreis kann eine Restriktion bei der Layoutgestaltung darstellen.

Bild 3.49 Kippschalensortierer *(Werkfoto: Beumer)*

3.7 Übungsaufgaben

Aufgabe 3.1
Für welche Güter eignen sich Durchlauflager?

Aufgabe 3.2
Bei der Planung eines Palettenregals für Paletten mit ca. 1000 mm Höhe und einer Ein- und Auslagerleistung von max. 50 Paletten pro Stunde werden zwei Alternativen diskutiert:

- Alternative 1:
  - Bedienung mit konventionellem Gegengewichtsstapler:
  - Stapelhöhe 4 Behälter
  - 20 Doppelspiele bzw. 30 Einzelspiele pro Stunde pro Stapler
- Alternative 2:
  Bedienung mit Hochregalstapler mit Schwenkgabel:
  - Stapelhöhe 8 Behälter
  - 15 Doppelspiele bzw. 23 Einzelspiele pro Stunde pro Stapler

a) Wie viele Regalbediengeräte muß das Lager mindestens haben?

b) Welche Gangbreite müssen Sie einplanen?

c) Wenn der Flächen- und Raumbedarf der ersten Alternative (Gegengewichtsstapler) 100% gesetzt wird, welcher Flächen und Raumbedarf ist für die zweite Alternative (Hochregalstapler) anzusetzen?

d) Welche weiteren Vor- oder Nachteile zeichnen Alternative zwei aus?

Aufgabe 3.3
Wie können Sie die Leistungsfähigkeit (Platznutzung und Umschlagleistung) eines vorhandenen Lagers verbessern? Nennen Sie Maßnahmen abgestuft nach Realisierungsaufwand und Realisierungszeit.

Aufgabe 3.4

Welche beiden Kommissionierprinzipien gibt es und für welche Einsatzfälle sind diese Prinzipien geeignet?

Aufgabe 3.5

Die Kommissionierung nach dem Prinzip „Ware zum Mann" wird immer wichtiger. Begründen Sie diese These.

Aufgabe 3.6

Nennen Sie drei Möglichkeiten, die Kommissionierleistung zu erhöhen.

4 Förderhilfsmittel

4.1 Lernziel

Förderhilfsmittel und Verpackung von Gütern sind wesentliche Voraussetzungen für eine problemlose Lagerung und Transport von Gütern. Der Leser erkennt die Bedeutung des Förderhilfsmittels für die Logistik. Da Förderhilfsmittel auch für andere Bereiche wichtig sind, z.B. Entsorgung von Verpackungen, erkennt der Leser die Interessen bei der Auswahl und Gestaltung von Förderhilfsmitteln. Auswahlregeln geben bei konkreten Problemen Hilfestellung.

4.2 Zweck von Förderhilfsmitteln

Förderhilfsmittel sollen Transport und Lagerung von Gütern vereinfachen. Dabei sollen sie möglichst leicht, kostengünstig und einfach zu handhaben sein. Förderhilfsmittel werden aus folgenden Gründen eingesetzt:

- Erleichterung von Transport, Handling und Lagerung:
  - Zusammenhalten der Fördergüter,
  - Einsparung von Umladevorgängen,
  - Standardisieren der Schnittstelle zur Lager- und Fördertechnik:
    - Guter Angriff der Fördermittel,
    - Reduzierung der Fördersystemkosten,
    - Realisierung integrierter Transportketten,
    - Erleichterung eines mechanisierten oder automatisierten Materialfluß;
- Schutz des Fördergutes:
  - Schutz vor Klimaeinflüssen,
  - Schutz vor Beschädigungen und Bruch,
  - Schutz gegen Diebstahl;
- Tragen von Produkt-Information, z.B.:
  - Bezeichnung des Gutes,
  - Mengenangaben,
  - Haltbarkeitsdaten,
  - Werbeaussagen (besonders für Konsumgüter),
  - Preisauszeichnung in Selbstbedienungsmärkten.

Nur in Ausnahmefällen werden Stückgüter ohne Förderhilfsmittel gelagert oder transportiert. Förderhilfsmittel begleiten das Fördergut während des gesamten Materialflusses. Entsprechend sind die Anforderungen an die Förderhilfsmittel unterschiedlich.

Die Logistik z.B. ist an einer starken Vereinheitlichung der Förderhilfsmittel interessiert, während z.B. für die Qualitätssicherung Sicherheitsaspekte und die Schonung des Förderguts im Vordergrund stehen. Für die Fertigung ist dagegen die Handhabung des Förderhilfsmittels von Bedeutung. Zusammengefaßt sind wichtige Kriterien zur Auswahl von Förderhilfsmitteln:

- Anforderungen des Teils,
- Sicherheitsaspekte,
- Standardisierung,
- Handhabung,

- Raum- und Flächennutzung,
- Reichweite der Güter,
- Kennzeichnung der Behälter zur Identifizierung des Teils,
- Abfallentsorgung und Leergutrückführung.

4.3   Systematisierung von Förderhilfsmitteln

Förderhilfsmittel werden unterteilt in

- Ebene Förderhilfsmittel, z.B. Palette und
- umschließende Förderhilfsmittel, z.B. Gitterbox
- sonstige Förderhilfsmittel, z.B. Wannen oder Säcke.

Bild 4.1 zeigt eine Zuordnung von Teileklassen zu Förderhilfsmitteln.

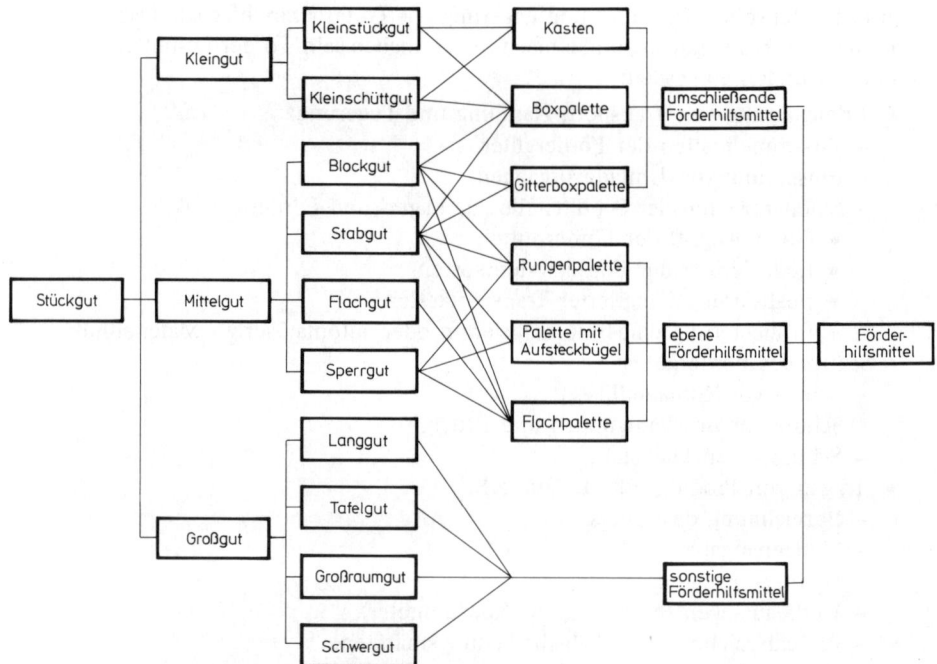

Bild 4.1   Zuordnung von Stückgut und Förderhilfsmitteln *(Quelle: [Kettner, Schmidt, Greim])*

Standardbehälter sind:

- für Kleinteile:
  - Lager-Sichtkästen (Blech oder Kunststoff)
  - Kunststoff-Kästen im Modulmaß der Europalette (Grundfläche 600 mm × 400 mm oder 400 mm × 300 mm)
- für Mittelgut:
  - Euro-Pool-Palette mit Grundfläche 800mm × 1200 mm oder 1000 mm × 1200 mm (weniger gebräuchlich: 1000 mm × 800 mm)
  - Gitterboxen mit Grundfläche der Euro-Palette

- für Großgut:
  Übersee-Container, mit Länge 20' oder 40'.

Mit ebenen und mit umschließenden Förderhilfsmitteln sind Einweg- oder Mehrwegverpackung der Teile möglich. Da Mehrwegverpackungen den Verpackungsmüll reduzieren, sind sie vorzuziehen (vgl. Kap. 9 Technikbewertung für die Logistik). Voraussetzung für Mehrwegverpackung ist eine ausreichende Stabilität für einen mehrfachen Einsatz der Behälter.

Wichtigster Nachteil von Mehrweg-Systemen ist der zusätzliche Aufwand für die Logistik:

- Planung und Verwaltung der Behälterkreisläufe,
- Transport und Lagerung der Leerbehälter.

Um die leeren Behälter nicht genauso aufwendig lagern und transportieren zu müssen, sind folgende Systeme im Einsatz:

- Pool-Benutzergruppen,
- Aufsteckrahmen,
- Faltbehälter,
- Dreh-Stapel-Behälter.

Das bekannteste Pool-System ist die Euro-Palette. In der Benutzergruppe (Pool) können die Paletten frei ausgetauscht werden. Jeder Teilnehmer im Pool verpflichtet sich, die Benutzungsregeln (z.B. bei Beschädigung der Palette) einzuhalten. Ein Poolbetreiber, im Fall der Euro-Palette die Deutsche Bahn AG, organisiert die Benutzergruppe. Bei Lieferung eines Gutes werden Behälter und Gut getrennt berechnet, so daß jeder Teilnehmer ein Bestandskonto der Förderhilfsmittel führen kann. Wichtigster Vorteil des Poolsystems ist die direkte Wiederverwendung von Förderhilfsmitteln mit minimalen Leerguttransporten. Nachteilig ist der Aufwand für Verwaltung und Koordination der Benutzergruppe.

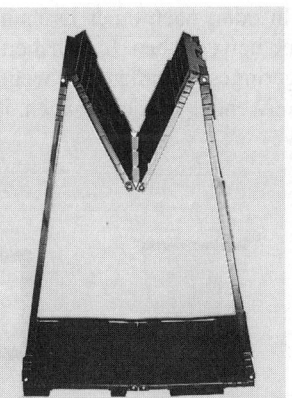

Bild 4.2   Palette mit
              Aufsteckrahmen
              (Werkfoto: Linpack)

Bild 4.3   Zusammengeklappte Aufsteckrahmen als Leergut
              (Werkfoto: Linpack)

Aufsteckrahmen werden auf die Palette gesteckt. Damit werden Palette und Aufsteckrahmen zum umschließenden Förderhilfsmittel. Durch die Anzahl der Aufsteckrahmen können verschiedene hohe Behälter zusammengesetzt werden (Bild 4.2). Zur Entnahme der Teile aus dem Behälter muß nicht tief in den Behälter eingegriffen werden, denn die Rahmen können Schicht für Schicht abgenommen werden. Getrennt von der Palette werden die Aufsteckrah-

Bild 4.4   Klappbehälter *(Werkfoto: Linpack)*

men zusammengeklappt. Der Platzbedarf für Leergut wird dadurch gering (Bild. 4.3). Allerdings sind 2 verschiedene Teile (Palette und Rahmen) als Leergut zu disponieren.

Leere Faltbehälter können zusammengeklappt werden und nehmen dann wenig Platz ein (Bild 4.4). Die Klappscharniere sind jedoch teuer und anfällig.

Dreh-Stapel-Behälter haben einen konischen Querschnitt. Durch unsymmetrische Seitenteile lassen sie sich aufeinander stapeln oder, nach einer Drehung um 180°, ineinander setzen (Bild 4.5). Da diese Behälter keine beweglichen Teile haben, sind sie robust und brauchen gleichzeitig als Leergut nur ein geringes Volumen. Da wegen des konischen Querschnitts keine teilespezifischen Einsätze verwendet werden können, ist der Einsatz solcher Behälter begrenzt.

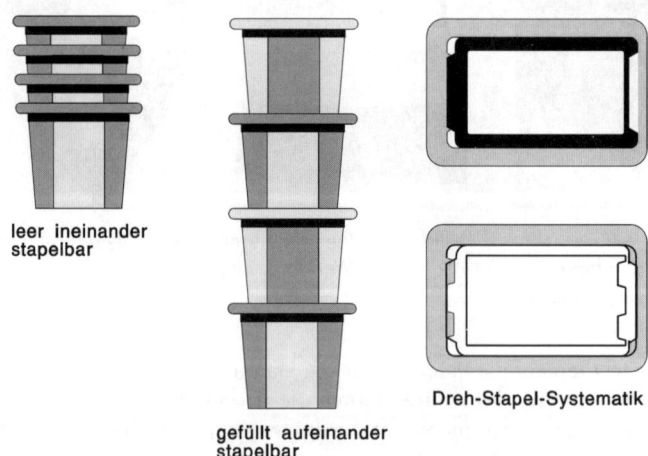

leer ineinander
stapelbar

Dreh-Stapel-Systematik

gefüllt aufeinander
stapelbar

Bild 4.5   Dreh-Stapel-Behälter

4.4 Auswahlregeln

Wegen der vielfältigen Interessen und Interessengegensätze sollten Förderhilfsmittel durch ein interdisziplinäres Team ausgewählt werden. Dabei sollten folgende Regeln beachtet werden:

- Umpacken vermeiden:
  Transporteinheit = Lagereinheit = Verbrauchseinheit; wegen des Zieles, die Bestände zu verringern ist ein Trend zu kleinen Behältern erkennbar.
- Mehrweg-(Pfand-)Verpackungen und -Behälter nutzen durch
  - robuste Behälter,
  - Standardbehälter,
  - Vermeiden von Einweg-Zusatzverpackungen (z.B. Folien, Umreifung).
- Handling vereinfachen:
  - mögliche manuelle oder maschinelle Entnahme der Teile,
  - einfacher Transport mit Stapler und/oder Rollenbahn.
- Leergutverwaltung erleichtern:

Kreisläufe von Förderhilfsmitteln und Leerguttransporte müssen genauso geplant werden, wie Materialflüsse mit Gütern. Standardbehälter erleichtern diese Kreisläufe.

- Standardisierung anstreben, wegen
  - günstigerer Kosten,
  - einfacher Schnittstellen zu Förder- und Lagertechnik,
  - einfacherer Mehrwegsysteme,
  - einfacherer Leergutverwaltung;

Falls für das Fördergut Standardbehälter nicht direkt einsetzbar sind, möglichst wenig vom Standard abweichen:

1. Standardbehälter mit teilespezifischem Einsatz (z.B. Schutz des Gutes Bild 4.6) oder platzspezifischer Ergänzung (z.B. zum einfacheren Greifen, Bild 4.7);
2. Sonderbehälter in den Außenmaßen des Standardbehälters (kompatibel zum Standardbehälter);
3. Sonderbehälter mit der Grundfläche des Standardbehälters;
4. eigenständiger Sonderbehälter.

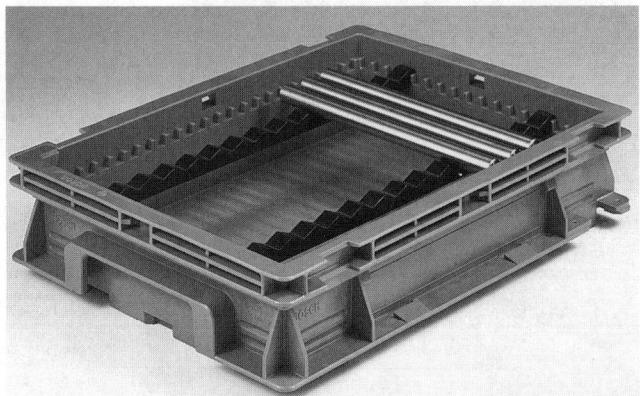

Bild 4.6   Standardbehälter mit Einsätzen *(Werkfoto: Robert Bosch GmbH)*

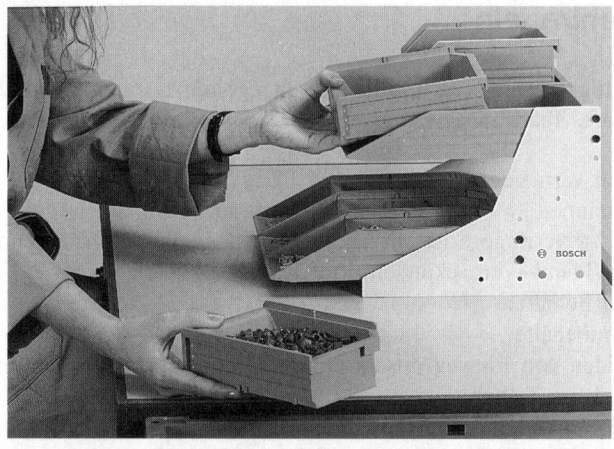

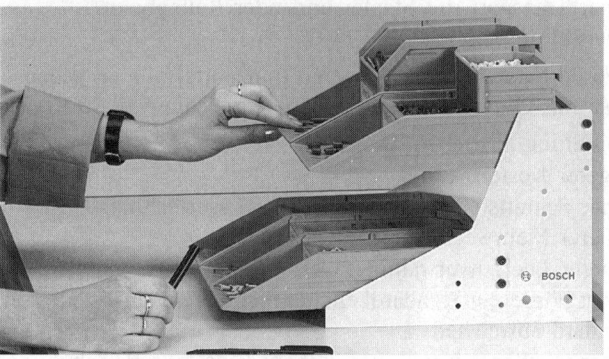

Bild 4.7   Standard-Kleinteilebehälter im platzgebundenen Greifbehälter – zum Greifen werden
Teile aus dem Behälter auf die Greifschale geschöpft. *(Werkfoto: Robert Bosch GmbH)*

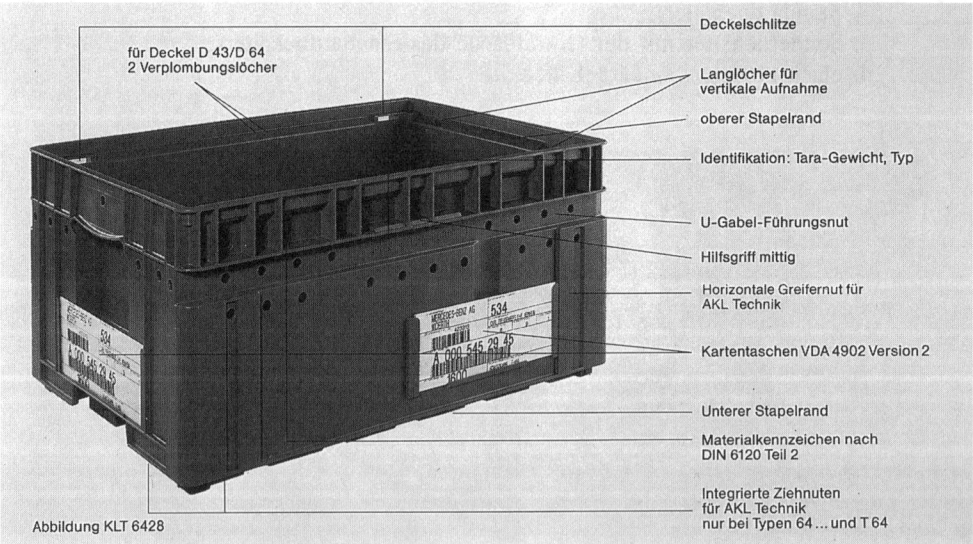

Bild 4.8   Kleinteilebehälter nach DIN 30820 *(Werkfoto: Stucki)*

Beispiel für eine umfassende Gestaltung eines Förderhilfsmittels ist der Kleinteilebehälter nach DIN 30820 VDA Empfehlung 4500 (Bilder 4.8 bis 4.10). Der Behälter bietet verschiedene Möglichkeiten der Handhabung (Bild 4.9). Weil der Boden nach dem Prinzip der Lego®-Steine geformt ist, lassen sich die Behälter sicher aufeinander stapeln. Eine Bodenplatte sichert den Stapel auf einer Europalette, ein Deckel verhindert das Abkippen einzelner Behälter oder Stapel (Bild 4.10).

Bild 4.9   Möglicher Angriff von Fördermitteln an einem Kleinteilebehälter *(Werkfoto: Stucki)*

Bild 4.10   Sicherere Stapelung von Kleinteilebehältern ohne zusätzliche Ladungssicherung
(Werkfoto: Stucki)

4.5   Übungsaufgaben

Aufgabe 4.1

Ein hochwertiges, schmutz- und stoßempfindliches Maschinenteil, Durchmesser ca. 50 mm, Höhe ca.160 mm wird in USA hergestellt und nach Europa transportiert. Die Transportmenge nach Europa beträgt durchschnittlich 800 Stück pro Tag, die an ca. 10 verschiedene Kunden versendet werden. Außerdem wird das Teil auch an mehrere Kunden in Nord-Amerika geliefert.

a) Welche Anforderungen stellen Sie an ein Behälterkonzept?

b) Entwickeln Sie ein Behälterkonzept, das Ihre Anforderungen erfüllt.

c) Wie gestalten Sie Entsorgung oder Leergutrückführung der Verpackung?

5 Logistikgerechte Fertigung

5.1 Lernziele

Der Leser kennt die wesentlichen Einflußgrößen der Fertigung auf die Logistik. Er kennt die Fertigungsablaufprinzipien (Fertigungsstrukturen) und ihre Einsetzbarkeit. Der Leser kennt weiterhin technische und organisatorische Maßnahmen zur Durchlaufzeitverkürzung und weiß, wie eine Just-in-time-Fertigung zu gestalten ist.

5.2 Fertigungsablaufprinzip

5.2.1 Bedeutung des Fertigungsablaufprinzips

Das Fertigungsablaufprinzip (weitere gängige Begriffe: Fertigungsstruktur oder Fertigungsprinzip) beschreibt die Anordnung der einzelnen Fertigungsbereiche und damit den Durchfluß der Fertigungsaufträge durch die Produktion. Aus dem Auftragsdurchlauf ergibt sich die zu erwartende Kapazitätsauslastung der Produktionsanlagen.

Das Ablaufprinzip beeinflußt damit

- die Kapazitätsauslastung und
- die Durchlaufzeit der Fertigungsaufträge.

Es bestimmt daher

- die Aktiva der Bilanz (Anlagevermögen und Umlaufvermögen),
- die Rendite (= Gewinn/Kapitaleinsatz) und
- die Lieferfähigkeit (vgl. Kap. 1.3.4 Durchlaufzeit als Marketing-Instrument).

Die Anordnung der Maschinen, Anlagen und Fertigungsbereiche kann sich orientieren

- an der Fertigungstechnologie und
- am Durchlauf der Fertigungsaufträge.

Technologieorientierte Ablaufprinzipien folgen dem Verrichtungsprinzip; durchlauforientierte Strukturen sind nach dem Fließprinzip angeordnet.

In Fertigungen nach technologieorientierten Ablaufprinzipien sind Maschinen gleicher oder ähnlicher Technologie in einer Abteilung zusammengefaßt. Typisches Beispiel ist eine Werkstattorganisation mit einer Dreherei, einer Schleiferei und einer Abteilung Oberflächenbearbeitung. Die Anlagen innerhalb eines Fertigungsbereiches können sich weitgehend ersetzen, so daß Kapazitätsschwankungen zwischen einzelnen Aufträgen innerhalb des Bereichs ausgeglichen werden können. Die Kapazitäten der Fertigungsanlagen können in einer technologieorientierten Struktur deshalb hoch ausgelastet werden.

Im Gegensatz dazu werden bei durchlauforientierten Ablaufprinzipien die Maschinen und Bereiche entsprechend dem Fertigungsfortschritt der Teile bzw. Aufträge angeordnet. In einer Abteilung wird z.B. das Teil A gefertigt, während in einer zweiten Abteilung das Teil B gefertigt wird. Bedarfsschwankungen zwischen A und B können deshalb innerhalb einer Abteilung nicht ausgeglichen werden, so daß zum Abdecken von Spitzenbedarf eine höhere Kapazität notwendig ist, die normalerweise schlechter ausgelastet werden kann. Da zwischen den Aufträgen keine Konkurrenz um die Maschinen besteht, werden Warteschlangen vermieden und die Durchlaufzeiten der Aufträge sind geringer als in technologieorientierten Ablaufprinzipien.

5.2.2   Ablaufprinzipien

Die beiden grundsätzlichen Möglichkeiten eines technologieorientierten oder durchlauforientierten Ablaufprinzips lassen sich für die praktische Anwendung weiter detaillieren. Die folgende Beschreibung listet die Ablaufprinzipien nach zunehmender Durchlauf-Orientierung und abnehmender Technologie-Orientierung auf:

- Baustellenfertigung,
- Fertigungs-Anlage,
- Werkstattfertigung,
- flexible Fertigungszelle,
- Fertigungsinsel,
- Zentrallager-Fertigung,
- flexibles Fertigungssystem,
- flexible Fertigungslinie und
- Fließlinie.

Diese Ablaufprinzipien werden im Folgenden jeweils durch eine Skizze und eine Aufzählung der wichtigsten Vor- und Nachteilen beschrieben.

Baustellenfertigung

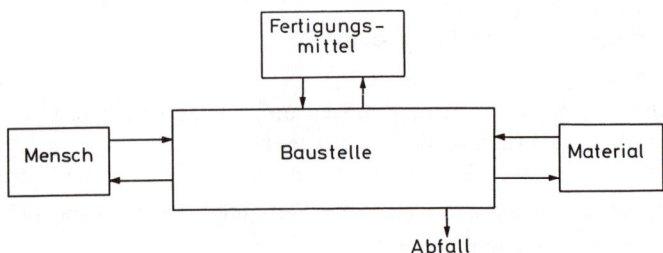

Bild 5.1   Baustellenfertigung *(Quelle: [Kettner, Schmidt, Greim])*

In einer Baustellenfertigung wird das Produkt ortsfest aufgebaut (Bild 5.1). Materialien für Betriebsmittel und Mitarbeiter werden zu dieser Baustelle gebracht.

Vorteile einer Baustellenfertigung sind:

- Das Werkstück wird nicht transportiert,
- die Materialflüsse sind einfach (Werkstückfluß entfällt).

Nachteile sind:

- die hohe Materialflußdichte und
- die speziellen Anforderungen an bewegliche Betriebsmittel.

Baustellenfertigung wird vorwiegend zur Montage besonders großer Werkstücke eingesetzt. Typische Beispiele sind im Anlagenbau zu finden.

Fertigungs-Anlage

Teure und spezielle Anlagen, wie z.B. Härtereien oder Lackiererereien, werden wegen der aufwendigen Anlagentechnik normalerweise nur einmal im Werk installiert. Die Produkte werden zur Anlage gebracht, dort bearbeitet und dann entsprechend dem Fertigungsfluß wieder weitergegeben. Wegen der hohen Investition für die Anlage wird diese oft in 3 Schichten betrieben, um die Kapazitätsauslastung zu maximieren. Die gute Kapazitätsauslastung ist auch der wichtigste Vorteil einer Fertigungsanlage. Problematisch ist allerdings der Material-fluß zur und von der Anlage.

Werkstattfertigung

In einer Werkstattfertigung werden Maschinen gleicher Technologie in einer Abteilung zusammengefaßt.

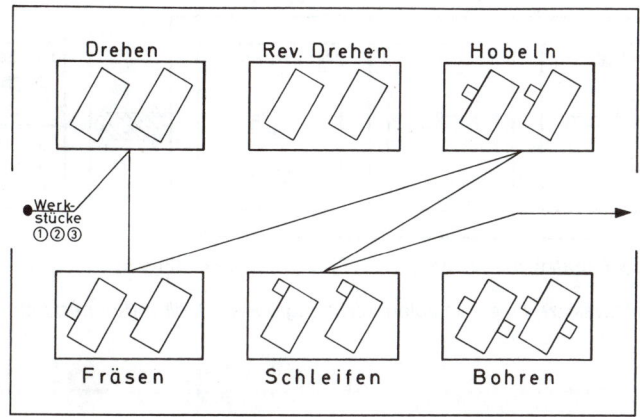

Bild 5.2   Werkstattfertigung *(Quelle: [Wiendahl])*

Die Vor- und Nachteile der Werkstattfertigung sind:

Vorteile:

* Hohe Flexibilität bei Änderungen des Produktionsprogramms,
* einfache Anpassung an geänderte Fertigungsverfahren oder Ablauffolgen,
* gute Kapazitätsnutzung durch universellen Maschinenpark,
* leichte Abteilungsbildung nach Fertigungstechnologien (Know how).

Nachteile:

* lange Durchlaufzeiten und hohe Bestände, die auch durch eine leistungsfähige Ferti-gungssteuerung kaum zu reduzieren sind,
* mangelnde Fertigungstransparenz,
* lange Transportwege.

In einem Preßwerk zum Beispiel sind die Umform-Maschinen, auf denen unterschiedlichste Teile gefertigt werden, konzentriert. Die Maschinen können sich zumindest teilweise erset-zen, so daß Störungen oder Schwankungen des Kapazitätsbedarfs innerhalb der Abteilung ausgeglichen werden können. Bild 5.2 zeigt die Prinzipskizze einer Werkstattfertigung.

Flexible Fertigungszelle

Eine Flexible Fertigungszelle ist ein einstufiges komplexes Produktionssystem, mit den drei Teilsystemen Bearbeitungssystem, Materialflußsystem und Informationssystem ([REFA Komplexe Produktionssysteme S. 48]) (Bild 5.3). Ziel dabei ist, die Werkstücke in dieser Zelle möglichst komplett zu bearbeiten, um so die Fertigungsdurchlaufzeit zu verringern, die sonst als Wartezeit vor den einzelnen Fertigungsstufen entstehen würde.

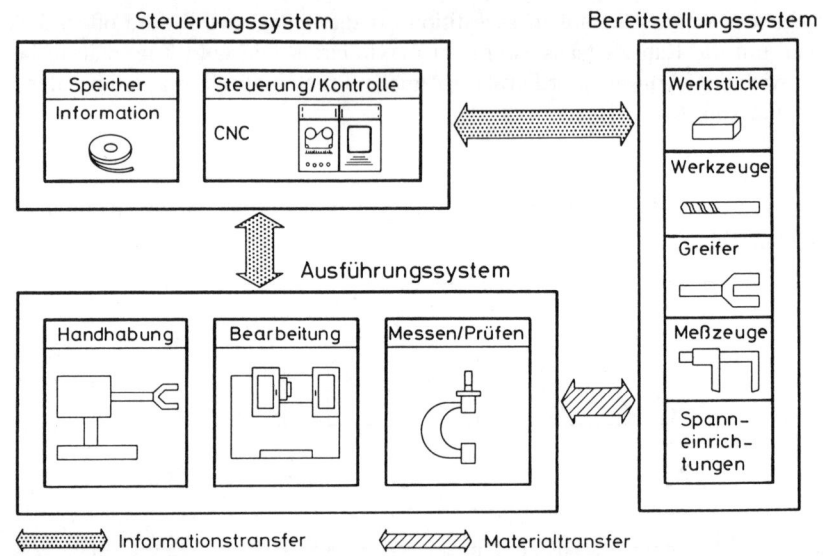

Bild 5.3   Prinzipskizze einer Flexiblen Fertigungszelle *(Quelle: [Kettner, Schmidt, Greim])*

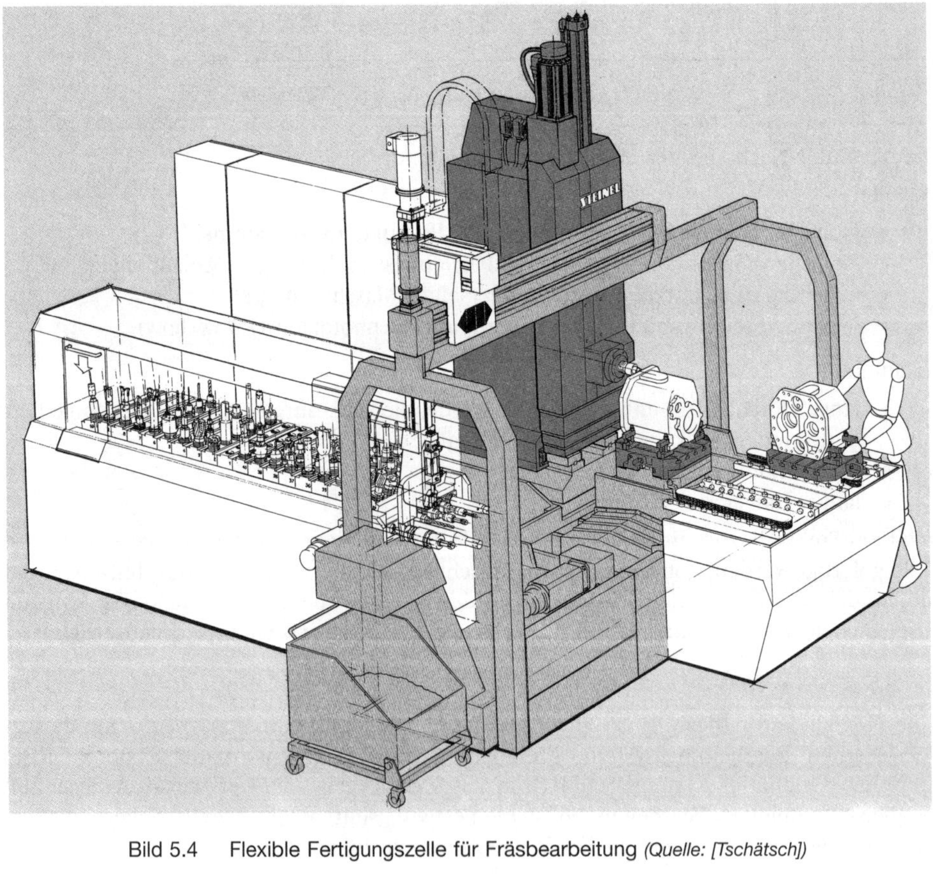

Bild 5.4   Flexible Fertigungszelle für Fräsbearbeitung *(Quelle: [Tschätsch])*

Neben der kurzen Auftragsdurchlaufzeit durch Komplettbearbeitung sind weitere Vorteile:

- Hohe Flexibilität bezüglich
  - Teilegeometrie (z.B. Drehen und Fräsen auf einer Maschine) und
  - wirtschaftlicher Losgröße;
- Hohe Automatisierung, geeignet für bedienerarme Nachtschicht.

Nachteilig ist dagegen:

- Geringe Produktivität, damit
- nicht geeignet für große Stückzahlen,
- aufwendige Steuerung mit
- hohen Anforderungen an die Qualifikation des Bedienungspersonals.

Wichtigster Nachteil ist die hohe Investition. Für die flexible Automatisierung einer Drehzelle ist eine 150% höhere Investition gegenüber einer NC-Universalmaschine zu finanzieren (Bild 5.5). Die hohen fixen Kapitalkosten bergen ein hohes Auslastungsrisiko.

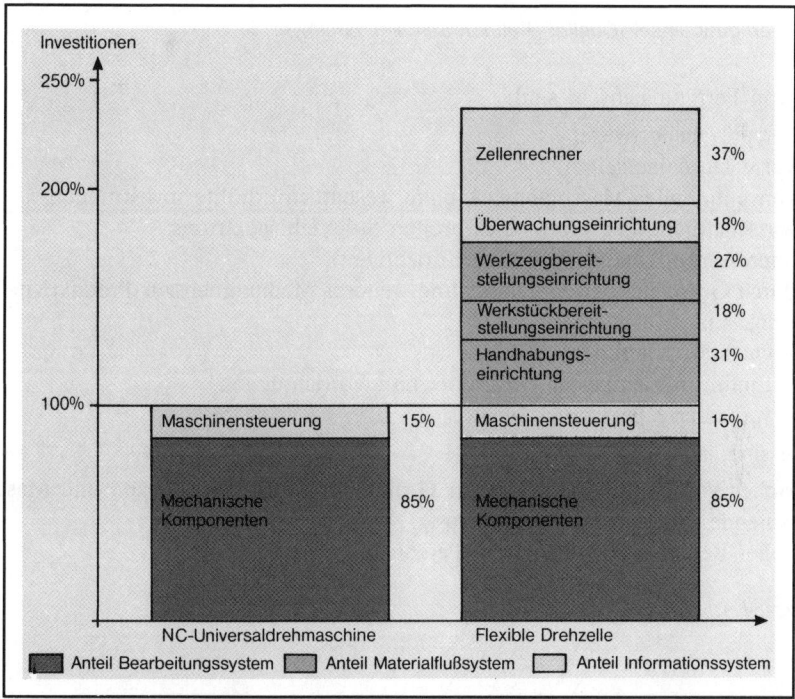

Bild 5.5 Vergleich der Investitionen einer NC-Universaldrehmaschine und einer flexiblen Fertigungszelle für Drehbearbeitung *(Quelle: [Refa, Komplexe Produktionssysteme])*

Fertigungsinsel

In einer Fertigungsinsel oder Gruppenfertigung werden Maschinen unterschiedlicher Technologie in einer Abteilung zusammengestellt. Eine Gruppe ähnlicher Werkstücke aus dem gesamten Auftragsspektrum wird innerhalb der Fertigungsinsel möglichst komplett bearbeitet. Die Mitarbeiter in der Fertigungsinsel übernehmen Planungs-, Steuerungs- und Kontrollfunktionen innerhalb der vorgegebenen Rahmenbedingungen. Der Verzicht auf eine zu starre Arbeitsteilung erweitert den Dispositionsspielraum des Einzelnen.

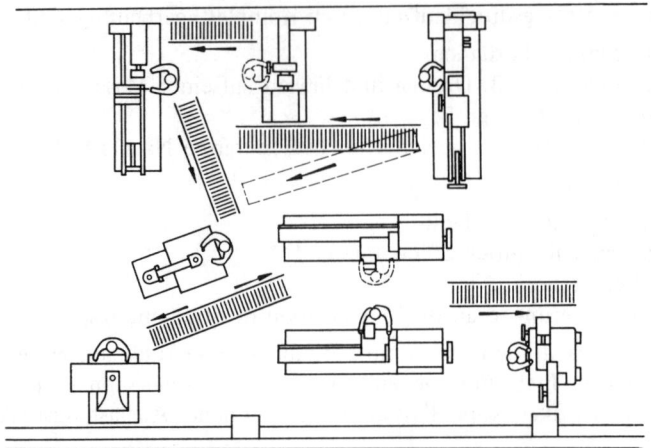

Bild 5.6   Fertigungsinsel *(Quelle: [Kettner, Schmidt, Greim])*

Vorteile von Fertigungsinseln sind:

- kurze Transportwege,
- kurze Durchlaufzeiten,
- konventioneller Maschinenpark ohne wesentlich erhöhte Investitionen,
- wirtschaftliche Fertigung eines breiten Stückzahlspektrums,
- interessante Arbeitsplätze (Job Enrichment),
- durch Gruppenarbeit Unterstützung weiterer Maßnahmen zur Produktivitätssteigerung, z.B.
  - Qualitätssicherung,
  - Einführung einfacher Hilfsmittel und Vorrichtungen,
  - verbesserte Fertigungsabläufe.

Nachteile sind:

- Hoher Vorbereitungsaufwand zur Gruppierung von Werkstücken und Maschinen,
- laufende Pflege dieser Gruppierung,
- hoher Bedarf an qualifiziertem Personal.

Zentrallager-Fertigung

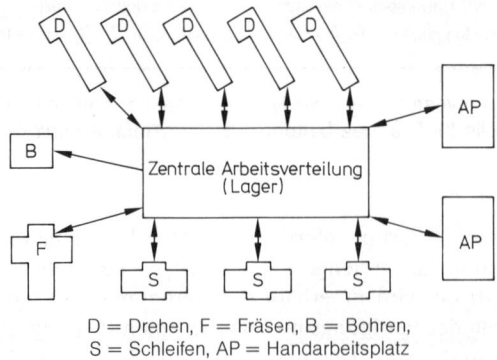

D = Drehen, F = Fräsen, B = Bohren,
S = Schleifen, AP = Handarbeitsplatz

Bild 5.7   Zentrallagerfertigung *(Quelle: [Kettner, Schmidt, Greim])*

Werden die einzelnen Aufträge nach jeder Bearbeitungsfolge wieder an das Zentrallager zurückgegeben, spricht man von einer Zentrallagerfertigung (Bild 5.7). Im Zentrallager werden alle Fertigungsbestände kontrolliert und überwacht, so daß die Feinsteuerung auf sichere Informationen über die Verfügbarkeit einzelner Aufträge aufbauen kann.

Vorteile einer Zentrallagerfertigung sind:

- gute Anpassungsfähigkeit an geänderte Fertigungsverfahren und Arbeitsabläufe,
- gute Kapazitätsnutzung,
- hohe Übersichtlichkeit in der Fertigung;

Nachteile sind dagegen:

- hoher Transportaufwand,
- hoher Aufwand für das Lagersystem, das pro Fertigungsfolge eine Ein- und Auslagerung des Fertigungsauftrags leisten muß.

Informationen über den Fertigungsstand einzelner Aufträge kann auch ein Betriebsdatenerfassungssystem (BDE-System) liefern, ohne den hohen Transportaufwand einer Zentrallagerfertigung. Die Fehlermöglichkeiten durch verspätete Eingabe der Betriebsdaten erlauben aber keine automatische Feinsteuerung.

Die Zentrallagerfertigung wird deshalb vorwiegend mit einem automatischen Transport- und Lagersystem realisiert, um die Feinsteuerung zu automatisieren, z.B. in Flexiblen Fertigungssystemen (Bild 5.8).

Flexibles Fertigungssystem

„Ein flexibles Fertigungssystem enthält mehrere Bearbeitungsstationen, die durch ein automatisches Materialflußsystem so verknüpft sind, daß ein vollständiges Bearbeiten unterschiedlicher Werkstücke im System möglich ist" ([REFA, Komplexe Produktionssysteme S. 49]) (Bild 5.8 und 5.9). Während in einer Fertigungsinsel Disposition und Transport zwi-

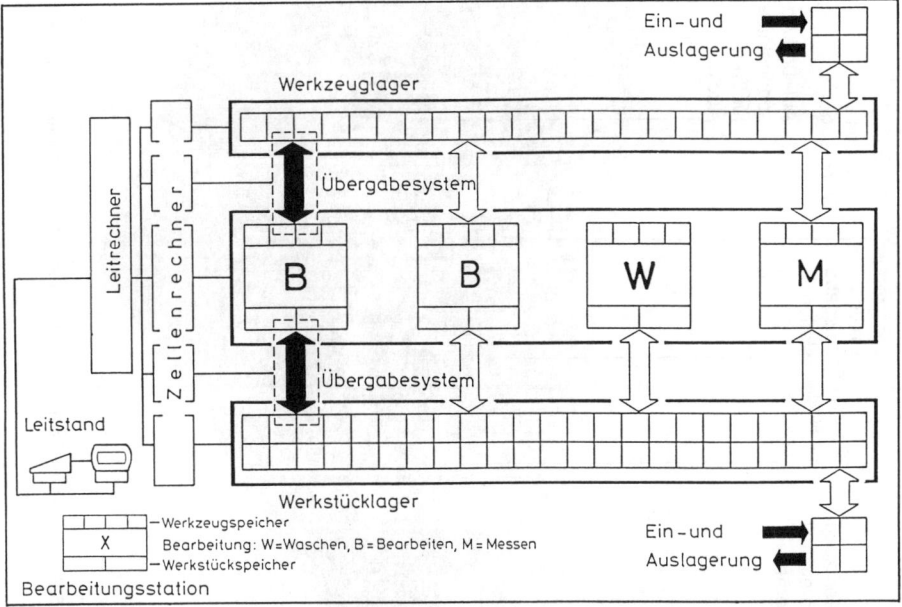

Bild 5.8   Prinzipskizze eines Flexiblen Fertigungssystems *(Quelle: [Wiendahl])*

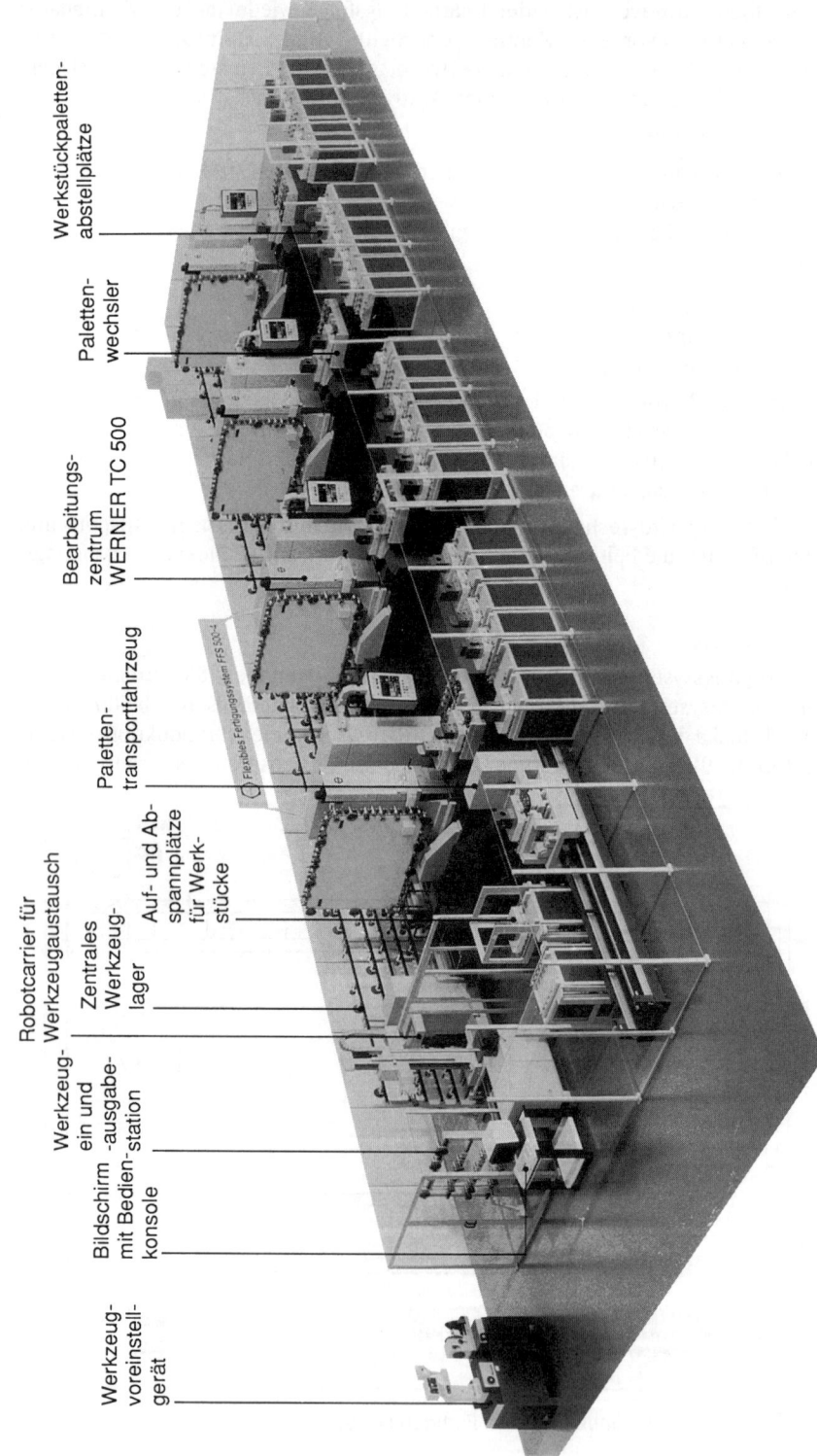

Werkstückpaletten-
abstellplätze

Paletten-
wechsler

Bearbeitungs-
zentrum
WERNER TC 500

Paletten-
transportfahrzeug

Robotcarrier für
Werkzeugaustausch

Zentrales
Werkzeug-
lager

Auf- und Ab-
spannplätze
für Werk-
stücke

Werkzeug-
ein und
-ausgabe-
station

Bildschirm
mit Bedien-
konsole

Werkzeug-
voreinstell-
gerät

Flexibles Fertigungssystem FFS 500-4

Bild 5.9   Flexibles Fertigungssystem zur Fräsbearbeitung *(Quelle: [Tschätschl])*

schen den einzelnen Maschinen von den Mitarbeitern übernommen werden, sind in einem flexiblen Fertigungssystem Bearbeitung, Transport und Fertigungssteuerung automatisiert.

Ein flexibles Fertigungssystem besteht aus mehreren Fertigungszellen, so daß in einem flexiblen Fertigungssystem auch komplexere Werkstücke komplett gefertigt werden können.

Vorteile von Flexiblen Fertigungssystemen sind:

- Mehrstufige Bearbeitung komplexer Werkstücke möglich,
- hohe Automatisierung,
- flexibel bezüglich Stückzahlen und Bearbeitungsfolgen,
- stufenweise Realisierung möglich.

Dagegen stehen folgende Nachteile:

- Aufwendige Technik für Bearbeitung und Materialfluß macht
- genaue zeitliche Abstimmung des Gesamtsystems erforderlich;
- hohe Investitionen für flexible Automatisierung bedingen ein
- hohes Auslastungsrisiko.

Wegen der hohen Investitionen für die flexible Automatisierung sind Flexible Fertigungssysteme nur für ein eingeschränktes Werkstückspektrum wirtschaftlich. Anwendungen finden sich z.B. im Werkzeugmaschinenbau und für variantenreiche Kleinserien in der Fahrzeugindustrie.

Flexible Fertigungslinie

Während in einem flexiblen Fertigungssystem ein Auftrag von jeder Maschine zu einer beliebigen anderen Maschine transportiert werden kann, sind in einer flexiblen Fertigungslinie (Fertigungsstraße) die Maschinen entsprechend dem Fließprinzip verknüpft (Bild 5.10). Die Programme, die die einzelnen Maschinen abarbeiten, sind jedoch je nach Variante verschieden. Puffer innerhalb des Systems gleichen die verschiedenen Bearbeitungszeiten für die Varianten aus.

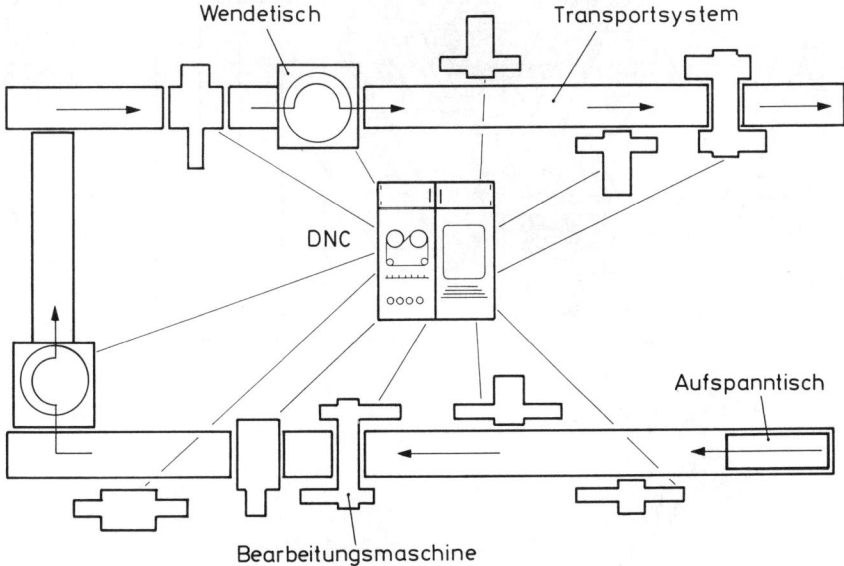

Bild 5.10   Flexible Fertigungslinie *(Quelle: [Kettner, Schmidt, Greim])*

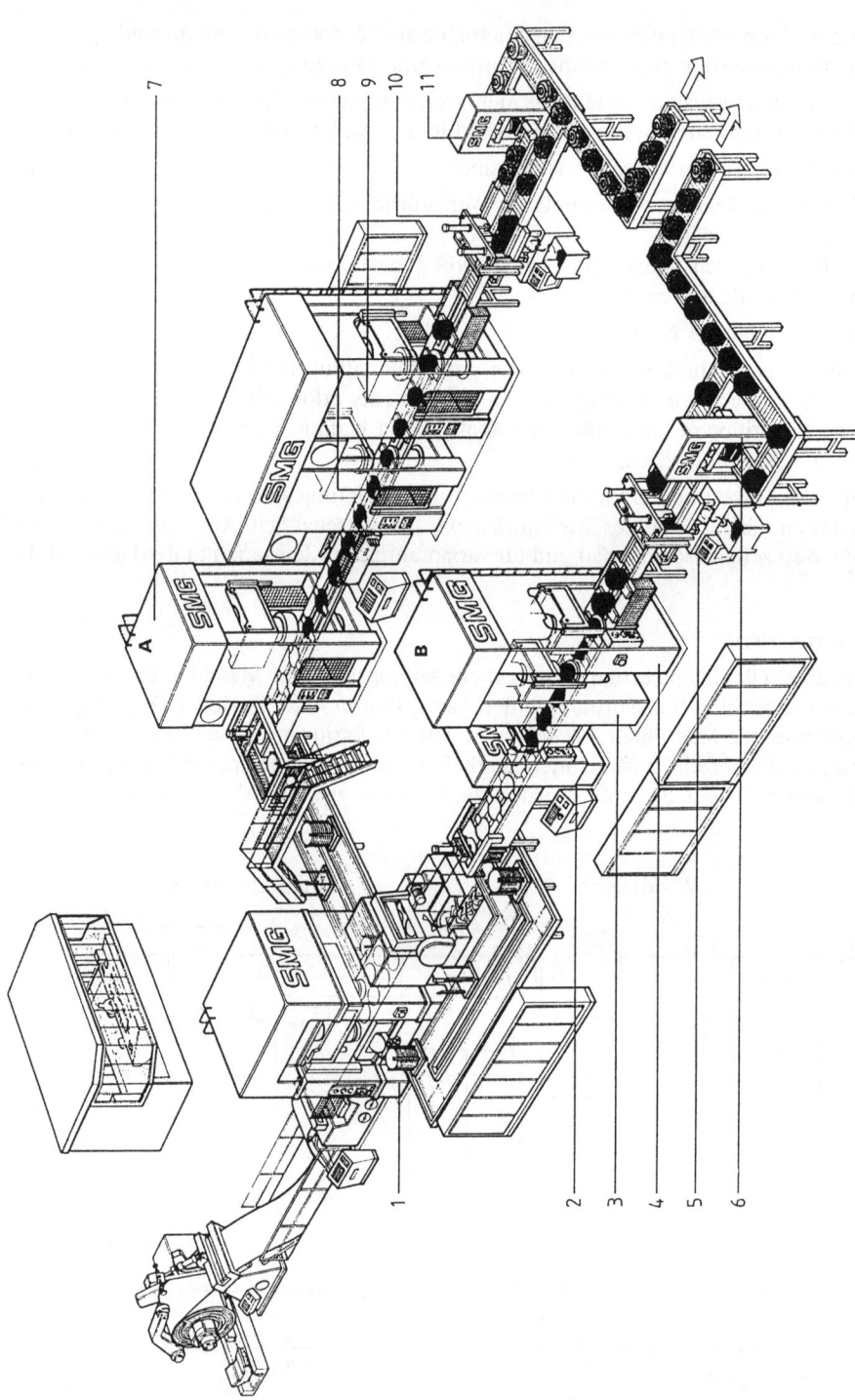

Bild 5.11   Flexible Fertigungslinie für eine Blechbearbeitung *(Quelle: [Tschätsch])*

1 Platinen-Stanzanlage, *2* Prägepresse, *3* und *4* Tiefziehpresse, *5* Beschneide- und Sickenautomat, *6* Lochpresse, *7* Prägepresse, *8* und *9* Tiefziehpresse, *10* Beschneide- und Sickenautomat, *11* Lochpresse

Wichtigster Vorteil ist die hohe Produktivität durch Fließfertigung, mit

- übersichtlichem Materialfluß,
- einfachen Transport- und Handhabungssystemen und
- kurzen Durchlaufzeiten.

Wichtigster Nachteil ist die eingeschränkte Flexibilität durch den vorgegebenen Ablauf.

Bild 5.11 zeigt eine Flexible Fertigungslinie für Blechbearbeitung. Weitere typische Beispiele sind Karosserierohbaustraßen in der Automobilindustrie.

Fließlinie

In einer Fließlinie sind die einzelnen Bearbeitungsstufen verkettet (Bild 5.12). Der Durchlauf der Aufträge durch die einzelnen Stationen ist getaktet, so daß zwischen den einzelnen Stationen kein ablaufbedingtes Liegen der Arbeitsgegenstände entsteht. Die Fertigungsdurchlaufzeit eines Auftrags durch eine Fließfertigung ist minimal, denn mit jedem Fertigungsfortschritt ist ein Transport verbunden, so daß die Bearbeitungszeit gleich der Durchlaufzeit wird. Fließlinien findet man vor allem in der Montage, z.B. die Endmontagelinien in der Autoindustrie.

Die wichtigsten Vorteile der Fließlinie sind:

- kurze Durchlaufzeiten,
- einfacher Werkstücktransport,
- einfache Fertigungssteuerung,
- kurzer Anlernaufwand,
- hohe Produktivität durch schnelle Einübung der Handgriffe.

Diesen Vorteilen stehen Nachteile gegenüber:

- Eine Änderung des Produktionsprogramms (z.B. Stückzahl) erfordert ein neues Auslegen der Arbeitsinhalte jeder Station (neue Abtaktung),
- der Ausfall einer Station blockiert die gesamte Linie (vgl. Kap. 7.2.4),
- schlechte Kapazitätsauslastung durch Abtaktverluste.

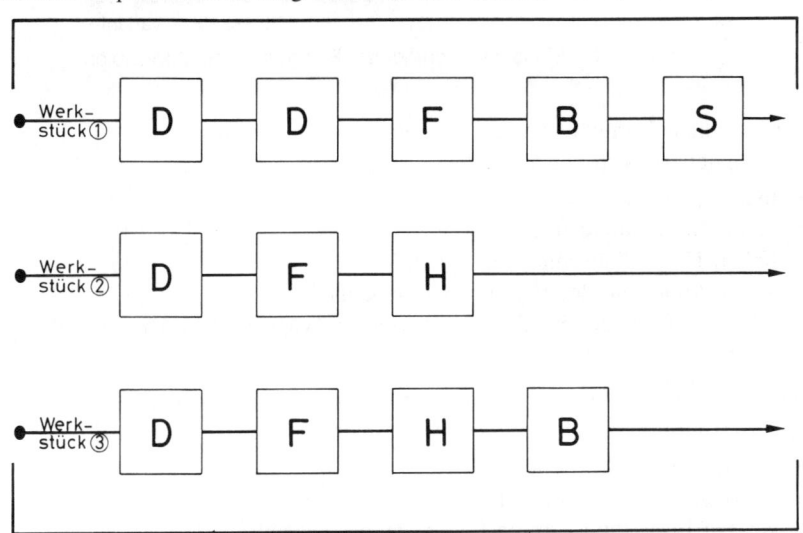

D=Drehmaschine F=Fräsmaschine H=Hobelmaschine B=Bohrmaschine S=Schleifmaschine

Bild 5.12:   Fließlinie *(Quelle: [Wiendahl])*

5.2.3 Auswahl des Fertigungsablaufprinzips

Die wichtigsten Kriterien zur Auswahl des Fertigungsablaufprinzips sind:

- Kapitalbindung im Anlage- und Umlaufvermögen,
- Durchlaufzeit als Faktor für Kapitalbindung und Markterfolg,
- Flexibilität, auf Änderungen zu reagieren.

Wie Bild 5.13 zeigt, sind durchlauforientierte Ablaufprinzipien um so wirtschaftlicher je größer die Stückzahl und je kleiner die Variantenstreuung der zu produzierenden Teile sind. Werden besondere Flexibilitätsanforderungen gestellt, wie z.B. in einer Einzelfertigung, sind technologieorientierte Ablaufprinzipien wirtschaftlich.

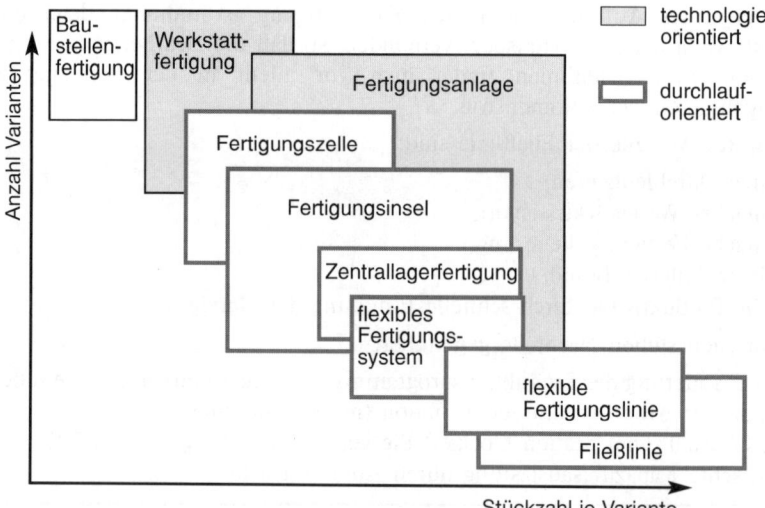

Bild 5.13 Einsatz verschiedener Fertigungsablaufprinzipien

Da der wesentliche Vorteil technologieorientierter Ablaufprinzipien die gute Kapazitätsauslastung ist, eignen sie sich vor allem für

- teure Anlagen,
- kleine Stückzahlen und
- hohen Flexibilitätsbedarf bezüglich
  - der Änderung des Fertigungsdurchlaufs,
  - Änderungen der Stückzahlen einzelner Typen und Varianten und
  - Änderungen der Fertigungstechnik.

Durchlauforientierte Ablaufprinzipien führen zu kürzeren Durchlaufzeiten und geringeren Beständen im Umlaufvermögen. Sie sind deshalb besonders geeignet für

- Produktion großer Serien,
- einfache Produktionsmaschinen,
- geringe Investitionssumme für Fertigungsanlagen,
- kurze geforderte Durchlaufzeit, wie z.B. Just-in-time-Fertigung (vgl. Kap. 5.4) sowie
- begrenzten Flexibilitätsbedarf.

Die Kapitalbindung im Fertigungsdurchlauf wird umso höher, je größer die Wertschöpfung ist. Ebenso führt eine hohe Produktionsstückzahl zu entsprechend hohen Beständen. Wegen der hohen Werte der montierten Teile und Baugruppen und wegen der vergleichsweise einfachen Fertigungstechnik werden Montagen meist als Fließsysteme ausgelegt. Die Teilefertigung jedoch, in der teure Produktionsanlagen oder Maschinen installiert sind, wird häufig in einer technologieorientierten Werkstattfertigung organisiert, um die Maschinen optimal auszulasten. Wegen der vergleichsweise billigen Rohmaterialien werden dafür höhere Durchlaufzeiten und Umlaufbestände akzeptiert.

Die Forderung nach kürzeren Lieferzeiten (vgl. Kap. 1, Durchlaufzeit als Marktfaktor) führt zu gestiegenen Erwartungen an die dispositive Logistik. Ein modernes Produktions-Planungs- und Steuerungssystem (PPS-System, vgl. Kap.8.2) soll auch in einer technologieorientierten Fertigungsstruktur kurze Durchlaufzeiten garantieren. Diese Anforderungen kann ein PPS-System in einer Werkstattfertigung normalerweise nicht erfüllen, so daß auch in der Teilefertigung zunehmend durchlauforientierte Strukturen wie Fertigungszellen oder Fertigungsinseln installiert werden.

5.2.4 Artteilung und Mengenteilung

Der gesamte Kapazitätsbedarf zur Fertigung eines Werkstücks multipliziert sich aus der zu produzierenden Menge und der benötigten Vorgabezeit zur Herstellung eines Werkstücks. Dieser Kapazitätsbedarf kann graphisch dargestellt werden in einem Kapazitätsfeld. Auf der Ordinate des Kapazitätsfeldes wird die Menge abgetragen, auf der Abszisse der Fertigungsdurchlauf in Minuten pro Stück. Die Fläche beschreibt dann die gesamte Kapazität in Minuten. Diese Kapazität muß jetzt auf die Kapazitätseinheiten, z.B. Stationen, Mitarbeiter, Maschinen oder Abteilungen aufgeteilt werden. Dabei bieten sich zwei grundsätzliche Möglichkeiten (Definitionen gemäß [REFA Komplexe Produktionssysteme S. 168]):

- Artteilung (Beispiel: Fließlinie):
  Verteilung eines Arbeitsauftrags auf mehrere Menschen und/oder Betriebsmittel derart, daß jeder einen Teil des Gesamtablaufs eines Auftrags an der Gesamtmenge ausführt.
- Mengenteilung (Beispiel: Einzelarbeitsplatz):
  Verteilung eines Arbeitsauftrags auf mehrere Menschen und/oder Betriebsmittel derart, daß jeder den Gesamtablauf an einer Teilmenge ausführt.

Im Bild 5.14 sind das Kapazitätsfeld mit Art- und Mengenteilung sowie die wichtigsten Eigenschaften der Art- und Mengenteilung dargestellt.

In der Praxis wird normalerweise weder die Art- noch die Mengenteilung in der extremen Form angewendet. Man wählt eine gemischte Struktur, d.h. eine Kombination aus Art- und Mengenteilung. Diese gemischte Struktur kann z.B. nach Rennerprodukten und Exoten getrennt sein. Die Exotenfertigung kann dabei gleichzeitig als Flexibilitätspuffer für Stückzahlschwankungen des Gesamtsystems dienen. Die Rennerfertigung wird dann durchlaufoptimiert, die Exotenfertigung speziell auf hohe Flexibilität ausgelegt. Teilsysteme, wie z.B. Vormontagen sollten über Puffer von der Endmontage entkoppelt werden. Störungen in der Vor- oder Endmontage wirken sich damit nicht so schnell auf das andere Teilsystem aus.

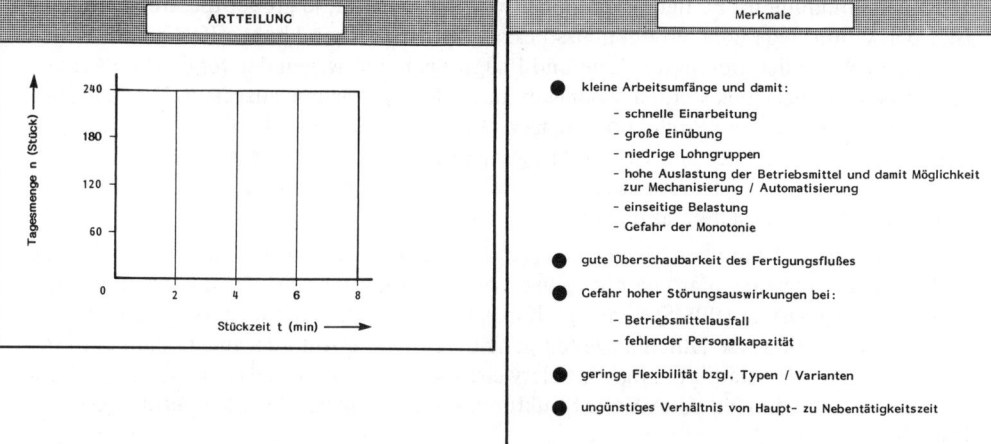

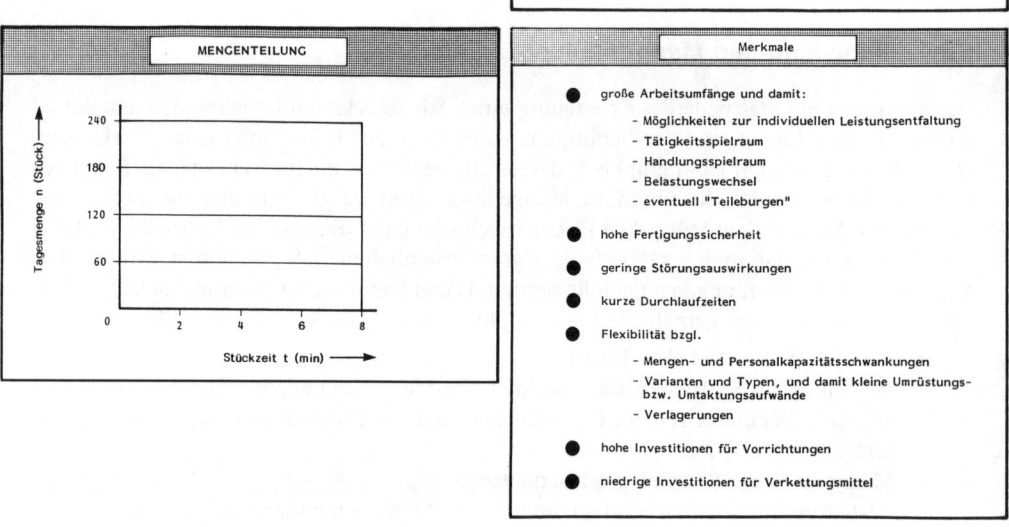

Bild 5.14   Charakteristische Merkmale der Art- und Mengenteilung *(Quelle: [Bullinger])*

Fertigungsbereiche mit geringem Investitionsbedarf sollten überdimensioniert werden. Das Anlagevermögen steigt dadurch nur unwesentlich, bei Stückzahlschwankungen oder zum Anlauf neuer Produkte bieten diese überdimensionierten Plätze jedoch eine Flexibilitätsreserve.

Spezielle Fertigungstechnologien werden sinnvollerweise konzentriert. Damit wird die Kapazitätsauslastung verbessert und die Wartung und Instandhaltung erleichtert.

Durch ein geschicktes Layout können mit den gleichen Betriebsmitteln sowohl Art- oder Mengenteilung wie auch gemischte Strukturen realisiert werden. Bild 5.15 zeigt Beispiele.

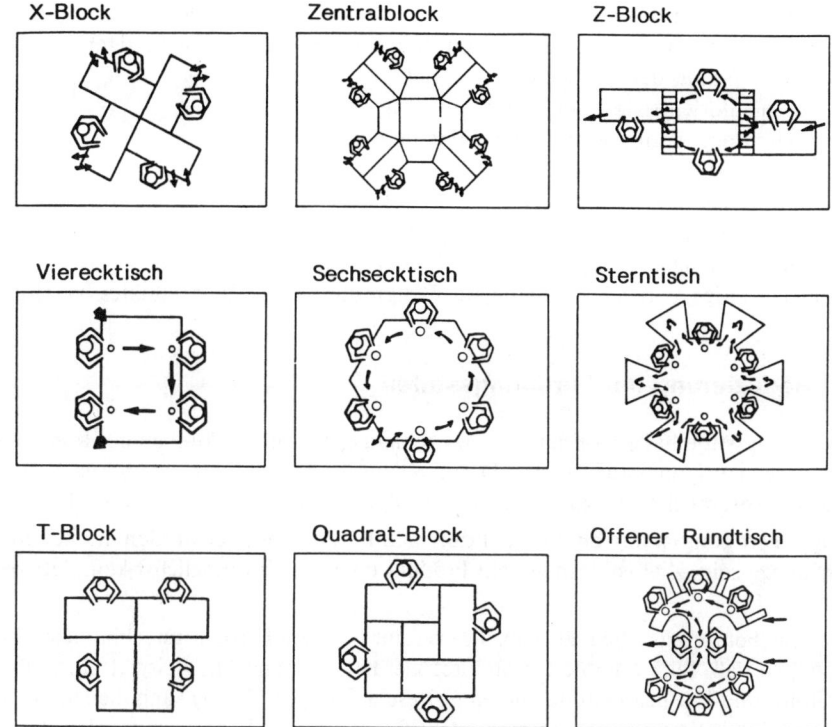

Bild 5.15   Prinzipanordnungen von Arbeitsplätzen, die in Art- oder Mengenteilung zu betreiben sind (Beispiele) *(Quelle: [Bullinger])*

5.3.   Verkürzung der Durchlaufzeit

Um die Durchlaufzeit zu verkürzen, sind technische und organisatorische Maßnahmen möglich.

Organisatorische Maßnahmen sind:

- Einsatz eines geeigneten Systems zur Fertigungsplanung und –steuerung und
- zuverlässiges Informationssystem über den Auftragsdurchlauf, z.B. durch Betriebsdatenerfassung (BDE).

Ein Fertigungsplanungs- und -steuerungssystem, bei dem das Ziel „Verkürzung der Durchlaufzeit" im Vordergrund steht, basiert auf einer

- bedarfsorientierten Materialdisposition,
- einer durchlauforientierten Kapazitätsplanung

und bietet

- eine reaktionsfähige Feinsteuerung.

Technische Maßnahmen zur Verkürzung der Durchlaufzeit sind:

- Verringerung der Fertigungsstufen durch
  - Komplettbearbeitung,
  - Verkettung,

- Verkleinerung der Losgröße,
  - – Losüberlappung (Weitergabe von Teillosen an die nächste Fertigungsstufe)
  - – Verkürzung der Rüstzeiten
- durchlauforientiertes Ablaufprinzip,
  - – Harmonisierung oder Taktung der Fertigung,
  - – Fließfertigung
- hohe Prozeßsicherheit durch
  - – gute Fertigungsqualität (vgl. Kap. 6)
  - – hohe Anlagenverfügbarkeit (vgl. Kap.7)
- gleichzeitige, parallele Fertigung der Baugruppen eines Endproduktes (vgl. Kap. 5.4).

5.3.1   Reduzierung der Fertigungsstufen

Jede Fertigungsstufe hat eine Eingangswarteschlange, die Schwankungen der Kapazitätsauslastung dieser Fertigungsstufe glättet. Deshalb sind die Liegezeiten vor und nach der Bearbeitung die wesentlichen Ursachen für die Fertigungsdurchlaufzeiten (Bild 5.16).

Je weniger Fertigungsstufen ein Produkt durchläuft, desto geringer werden die Zeiten in der Warteschlange sein. Ziel ist deshalb, ein Produkt oder ein Teil möglichst komplett zu bearbeiten.

Eine flexible Fertigungszelle (vgl. Kap. 5.2) vereint mehrere Fertigungstechnologien in einer Maschine, so daß Teile komplett bearbeitet werden können. Am Beispiel eines Teils mit Dreh-, Bohr- und Fräsbearbeitung und einer Beschriftung (Bild 5.17) kann die Durchlaufzeitverkürzung durch Komplettbearbeitung quantifiziert werden. Verglichen werden die Kosten und Durchlaufzeiten bei einer Fertigungslosgröße von 85 Stück für Komplettbearbeitung und konventionelle Fertigung.

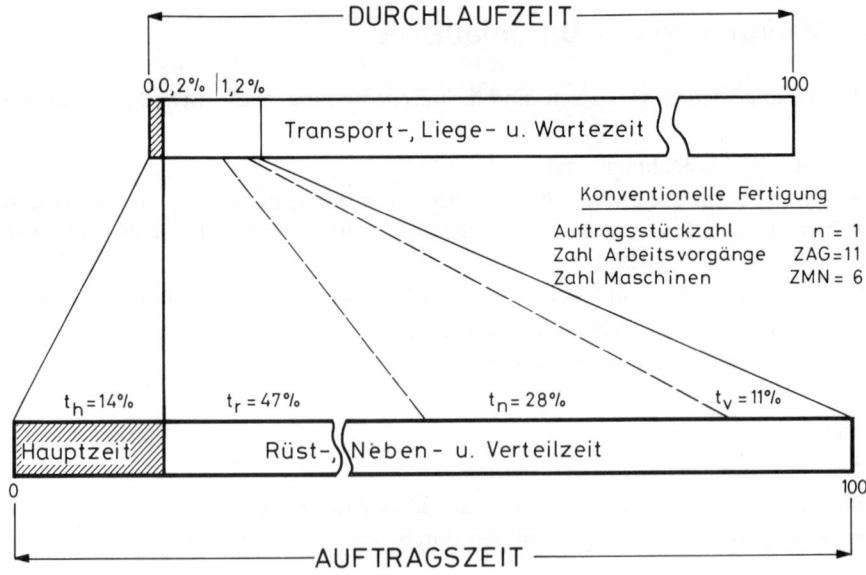

Bild 5.16   Aufteilung der Durchlaufzeit in einer Werkstattfertigung *(Quelle: [Wiendahl])*

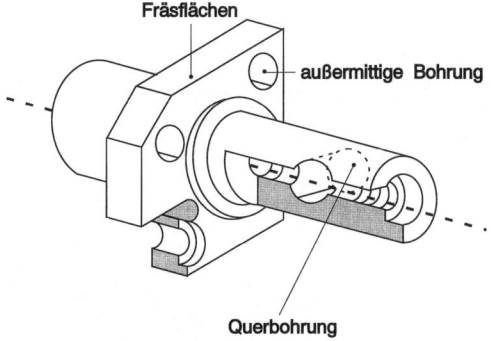

Bild 5.17   Skizze des Beispielteils für Komplettbearbeitung

Die Fertigungsstufen der konventionellen Fertigung sind:

- Drehen auf einer NC-Drehmaschine,
- Fräsen,
- Bohren, Senken, Reiben und Gewinde schneiden,
- manuelles Entgraten,
- Stempeln.

Dagegen sind die Fertigungsschritte einer Komplettbearbeitung:

- Drehen, Bohren, Gewinde schneiden, Teile-Nr. einrollen auf einer CNC-Drehzelle mit angetriebenen Werkzeugen,
- manuelles Entgraten.

Den Kostenvergleich beider Fertigungsalternativen zeigt Bild 5.18. Die Komplettbearbeitung ist trotz der komplexeren und damit teureren Maschine etwas billiger, weil gegenüber der konventionellen Bearbeitung Nebenzeiten, z.B. für Auf-und Abspannen der Werkstücke verkürzt werden können.

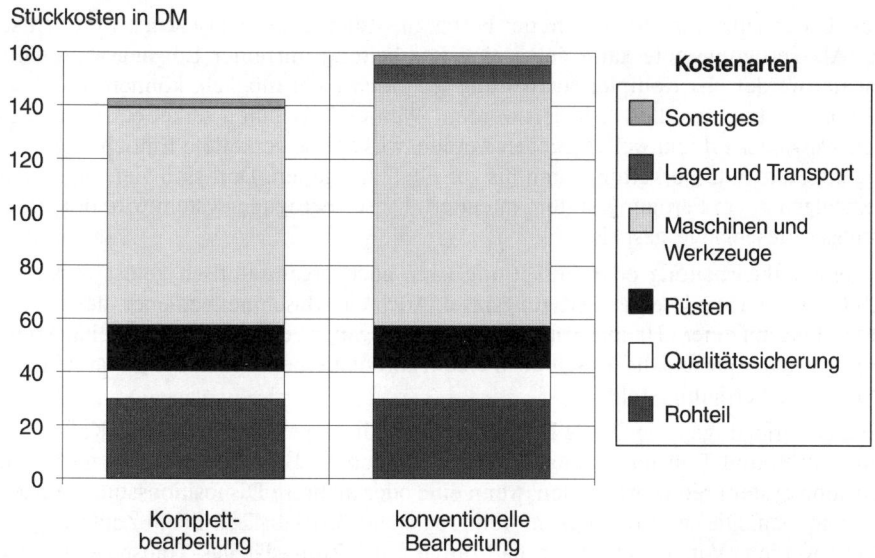

Bild 5.18   Kostenvergleich konventionelle Bearbeitung – Komplettbearbeitung (Beispiel)

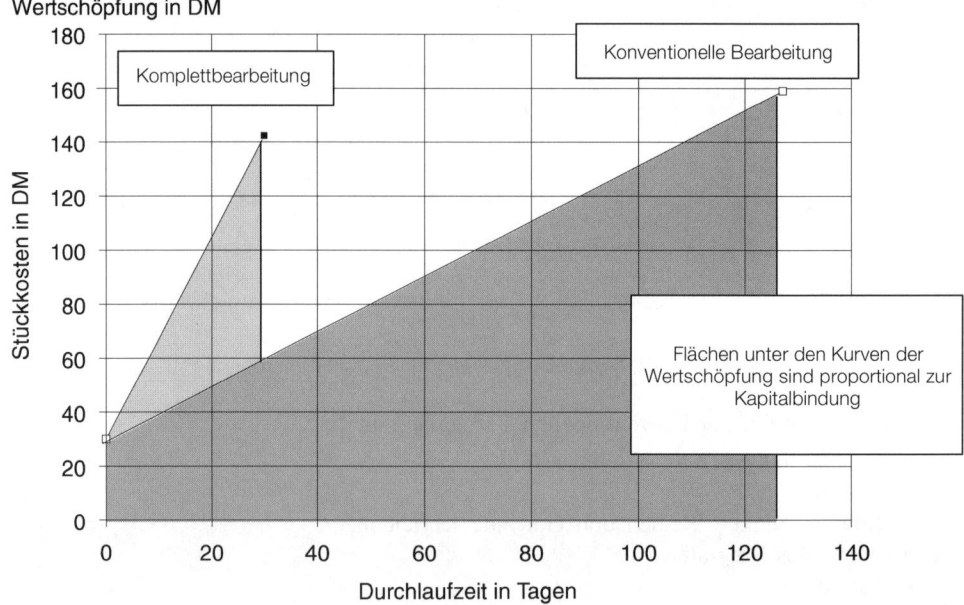

Bild 5.19   Vergleich der Kapitalbindung bei Komplettbearbeitung und
konventioneller Bearbeitung (Beispiel)

Die wesentlichen Vorteile zeigt aber Bild 5.19. Bei annähernd gleichen Stückkosten beträgt die Durchlaufzeit bei Komplettbearbeitung nur 1/4 der Durchlaufzeit durch die konventionelle Fertigung. Entsprechend ist in diesem Fertigungsauftrag nur 1/4 des Kapitals eines konventionell gefertigten Loses gebunden.

Da die Teile in nur einer Aufspannung bearbeitet werden, sind außerdem eine bessere Maßgenauigkeit durch engere Fertigungstoleranzen zu erwarten.

Für die Durchlaufzeit ist die Anzahl der Fertigungsstufen in der logistischen Kette entscheidend. Als Fertigungsstufe kann dabei eine Bearbeitung mit einer Eingangswarteschlange betrachtet werden. Ist Komplettbearbeitung technisch nicht möglich, können trotzdem die wirksamen Fertigungsstufen reduziert werden. Werden Maschinen verkettet, so daß die einzelnen Werkstücke direkt weitergegeben werden, wirkt diese verkettete Einrichtung wie eine Fertigungsstufe. Die Verkettung kann bis zur Fließlinie gehen. Dort sind viele verschiedene Arbeitsfolgen in ein Fertigungssystem integriert. Dieses Fertigungssystem wird nur aus einer Eingangswarteschlange gespeist.

Die Komplettbearbeitung oder Verkettung kann auch organisatorisch gelöst werden, z.B. durch Gruppenarbeit in einer Fertigungsinsel. Auch ein Maschinenbediener, der neben seiner Maschine auf einem Handarbeitsplatz Restarbeitsgänge verrichtet, z.B. Qualitätskontrolle oder Entgraten, während die Maschine in einem automatischen Ablauf Teile bearbeitet, reduziert dadurch Fertigungsstufen.

Analoge Überlegungen wie für die Fertigung gelten für die gesamte logistische Kette mit Fertigungs-, Prüf- und Transportarbeitsgängen. So können die Bestände in einem mehrstufigen Dispositionssystem reduziert werden, wenn eine oder mehrere Dispositionsstufen eingespart werden können. Dies ist z.B. möglich, wenn regionale Vertriebsläger in ein Zentrallager konzentriert werden. Voraussetzung ist, daß durch ein leistungsfähiges Transportsystem dem Kunden die gleiche Lieferzeit geboten werden kann.

5.3.2 Verkleinerung der Losgröße

In einem Fertigungslos wird immer nur ein Stück bearbeitet, während alle anderen Teile des Loses warten. Die Losgröße ist deshalb direkt proportional zur Wartezeit der Teile (vgl. Bild 5.20):

*Auftragszeit eines Loses = Losgröße * Zeit je Einheit + Rüstzeit*

Wartezeit eines Werkstücks = Auftragszeit - Zeit je Einheit
*= (Losgröße - 1) * Zeit je Einheit + Rüstzeit*

Die Wartezeit der Werkstücke wächst deshalb direkt mit der Losgröße.

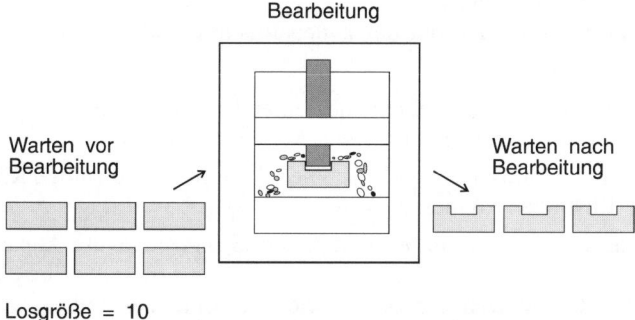

Bild 5.20   Durchlaufzeit und Losgröße

Die wirtschaftliche Losgröße ihrerseits hängt wieder von der Rüstzeit ab: Je länger die Rüstzeit, desto größer die wirtschaftliche Losgröße. Durch kürzere Rüstzeiten können die Bestände deshalb auf zwei verschiedene Arten verringert werden:

- Kleinere Losgrößen verringern die Bestände direkt;
- kürzere Rüstzeiten setzen Fertigungskapazität frei, so daß Warteschlangen vor einer Fertigungsstufe schneller abgebaut werden können.

Die Maßnahmen zur Rüstzeitverringerung sind für jede Fertigungstechnologie im Detail verschieden. Im konkreten Anwendungsfall können die Maßnahmen kombiniert werden durch Gestaltung von

- Organisation,
- Personal und
- Technik.

Organisatorische Maßnahmen sind z.B.:

- Koordination der Rüstaktivitäten, so daß Einrichter nicht an mehreren Stellen gleichzeitig gebraucht werden;
- Priorität für den Engpaß;
- Unterschiedliche Pausenregelung für Einrichter und Maschinenbediener,
- Rüstvorbereitung (Bereitstellen von Werkzeugen, Vorrichtungen, Material u.s.w.) vor der eigentlichen Rüsttätigkeit.

Personelle Maßnahmen konzentrieren sich vor allem auf Qualifikation und Ausbildung der Einrichter und Maschinenbediener sowie auf die Motivation der Mitarbeiter (z.B. Prämienentlohnung).

Technische Maßnahmen zur Verringerung der Rüstzeit sind z.B.

- hauptzeitparalleles Rüsten,
- Rüsthilfen,
- Schnellwechseleinrichtungen.

Nach einer Analyse aller zum Rüsten notwendiger Tätigkeiten können diese Tätigkeiten klassifiziert werden in

- Vorbereitung, ohne die Maschine stillzusetzen (externes Rüsten), z.B. Bereitstellen und Vermessen der Werkzeuge, Vorrichtungen, Prüflehren für den nächsten Fertigungsauftrag, Vorwärmen von Werkzeugen;
- Tätigkeiten, die das Stillsetzen der Maschine erfordern (internes Rüsten), z.B. Auswechseln des Werkzeugs;
- Probelauf der Maschine mit der neuen Rüstung und
- Nachbereitung.

Da alle Vorbereitungstätigkeiten während der laufenden Produktion erledigt werden können, geht hierfür bei richtiger Organisation keine Maschinenkapazität verloren.

Die Tätigkeiten, die ein Stillsetzen der Maschine erfordern, können durch Rüsthilfen verkürzt werden. Solche Rüsthilfen können z. B. sein:

- Standardisierte Größen für Werkzeuge und Spannzeuge, um Anpaßarbeiten zu verringern,
- geeignete Rüstwerkzeuge, z.B. angetriebene Schrauber und
- Hilfsmittel, z.B. Hebezeuge oder Wagen (vgl. Bild 5.21).

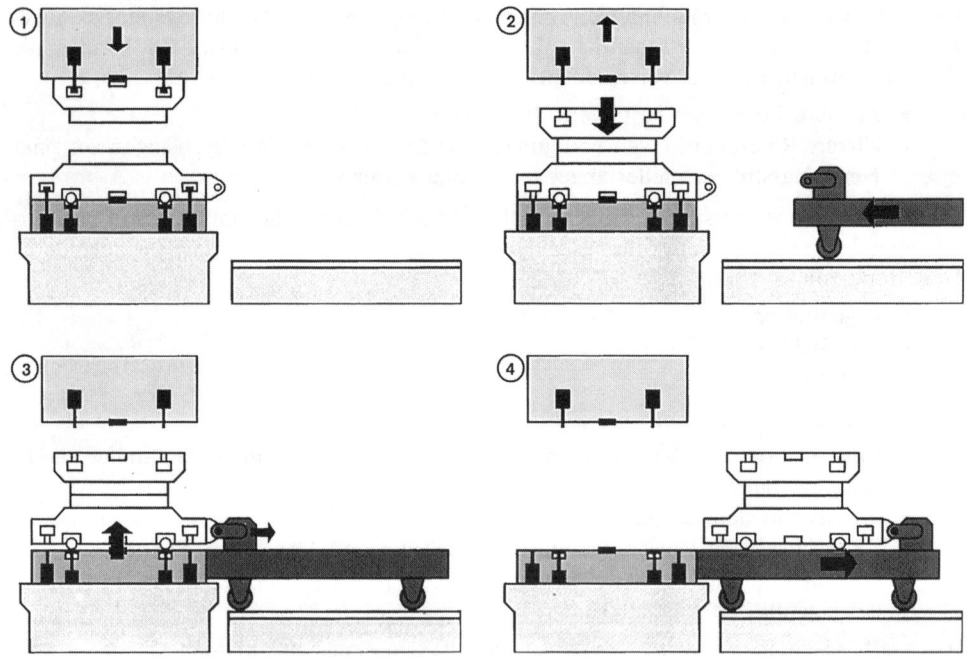

Bild 5.21   Vereinfachter Wechsel eines Umformwerkzeugs durch höhengleichen Wagen
(Quelle: [Tschätsch])

Schnellwechseleinrichtungen verkürzen die Fügezeit und die Zeit zum Einstellen und Justieren der einzubauenden Werkzeuge und Vorrichtungen. Technische Möglichkeiten sind z.B.:

- Anschläge zur Verkürzung der Justagezeit,
- Fügehilfen, wie Zentrierdorne, um Positionierzeiten zu verkürzen,
- Zentralstecker für Energieversorgung.

Mit dem Probelauf wird überprüft, ob mit der neuen Maschineneinstellung Werkstücke guter Qualität gefertigt werden und ob die Maschine richtig eingesetzt wird. Die Zeit für den Probelauf kann verkürzt werden z. B. durch

- schnelle Prüfung und Freigabe der Probewerkstücke, z.B. durch den Einsteller selbst, statt durch einen zusätzlichen Kontrolleur;
- definierte Rüstparameter, um Anpassungsarbeiten zu verkürzen.

Während die Produktion des neuen Fertigungsauftrags bereits läuft, kann die Rüstarbeit nachbereitet werden. Nachbereitung kann z. B. zum Aufräumen des ausgebauten Werkzeugs oder Werkzeugsatzes oder zur Dokumentation der Rüstparameter notwendig sein. Analog wie für Vorbereitung geht für Nachbereitung keine Maschinenkapazität verloren.

5.3.3 Gestaltung des Ablaufprinzips

Durch die Gestaltung des Ablaufprinzips können Maßnahmen zu Reduzierung der Fertigungsstufen und Vorteile verkleinerter Transportlosgrößen kombiniert werden:

- Harmonisierung der Bearbeitungszeiten für jede Arbeitsfolge, damit die Kapazitätsauslastung der Maschinen nicht zu gering wird,
- Weitergabe nach der Bearbeitung an die nächste Maschine in minimalen Transportlosen (Ideal: Losgröße 1).

Im Idealfall einer Fließfertigung werden die Werkstücke sofort nach der Bearbeitung an einer Maschine an die folgende Maschine weitergegeben. Bestände zwischen den Arbeitsgängen entstehen nicht mehr, so daß alle verketteten Arbeitschritte wie eine Fertigungsstufe wirken.

Immer wenn die Liefergeschwindigkeit oder die Liefermenge von der Verbrauchsgeschwindigkeit oder Verbrauchsmenge abweicht, entstehen Lager (vgl. Kap. 3.2). Entsprechend können durch Harmonisierung der Liefergeschwindigkeit und Liefermenge mit der Verbrauchsgeschwindigkeit und Verbrauchsmenge der folgenden Fertigungsstufe solche Lager vermieden werden.

Die Harmonisierung der Fertigung ist in einer Fließlinie realisiert: Jede Station hat die gleiche Taktzeit zur Verfügung. Nach Ablauf dieses Taktes wird das Produkt an die nächste Station zur Bearbeitung weitergegeben. Zwischen den einzelnen Stationen sind keine Lager mehr nötig, so daß die Bearbeitungszeit gleich der Durchlaufzeit wird. Die Arbeitsinhalte werden durch die Abtaktung möglichst gleichmäßig auf die Stationen verteilt (vgl. dazu [Schad]). Auch wenn eine strenge Taktung nicht immer zu realisieren ist, kann doch durch eine Vereinheitlichung der Durchlaufzeiten durch die Fertigungsstufen z.B. auf die Durchlaufzeit des Engpasses, die Fertigung harmonisiert werden.

Eine Weitergabe kleiner Transportlose wird erleichtert durch

- kurze Entfernungen zwischen den beteiligten Maschinen,
- Verkettung der Maschinen.

Auch die Verkettung der Stationen ist Bestandteil der Fließfertigung.

Die beiden Prinzipien, Harmonisierung und kleine Transportlose, sind zwar in einer Fließfertigung ideal realisiert. In abgeschwächter Form gelten sie aber für alle durchlauforientierten Ablaufprinzipien (Fertigungsinsel, Flexibles Fertigungssystem, Flexible Fertigungslinie, Fließlinie). In einer Fertigung nach durchlauforientierten Ablaufprinzipien sind deshalb kürzere Durchlaufzeiten zu erwarten, als bei technologieorientierten Ablaufprinzipien (vgl. Kap. 5.2).

Sicherheitsbestände sollen Störungen oder Qualitätsprobleme ausgleichen. Um diese Sicherheitsbestände zu senken oder ganz abzuschaffen, müssen solche Störungen oder Qualitätsprobleme vermieden werden. In den Kapiteln 6 „Qualitätssicherung" und 7 „Anlagenverfügbarkeit" werden Maßnahmen beschrieben, wie die Sicherheit des Fertigungsprozesses gesteigert werden kann.

Ein Endprodukt besteht aus unterschiedlichen Teilen und Baugruppen. Das Endprodukt ist erst montagefertig oder verkaufsfähig, wenn das letzte Teil oder die letzte Baugruppe bereitsteht. Durch parallele Fertigung der Baugruppen kann die Durchlaufzeit, und damit die Bestände, gesenkt werden. Im Idealfall werden Teile und Baugruppen zum spätest möglichen Zeitpunkt gefertigt, so daß sie gerade noch rechtzeitig zum Verkauf oder zur Endmontage bereitstehen. Diese Fertigung wird Just-in-time-Fertigung genannt.

5.4   Just-in-time-Fertigung

Die Just-in-time-Fertigung stellt den Idealfall der bestandsminimalen Zulieferung von Teilen dar. In der Montage, als der letzten Fertigungsstufe, sind die Teile bereits weitestgehend veredelt, die Kapitalbindung ist hier am größten. Just-in-time-Systeme findet man deshalb hauptsächlich für die Montage. Die benötigten Teile werden gerade rechtzeitig, also weder zu früh noch zu spät, zum Verbraucher oder zur Einbaustation angeliefert.

Ein System mit Just-in-time-Fertigung erfordert technische und organisatorische Gestaltung dieses Systems: Im Fertigungsfluß wird ein Leitprodukt definiert, in einer Automobilendmontage z.B. die Karosser e. Im einfachsten Fall hat das Leitprodukt einen genau bestimmten Fertigungsdurchlauf durch die Bereiche und Stationen ohne Verzweigungen.

Die Durchlaufzeit ist damit fest determiniert, in einer getakteten Fließlinie kann sie berechnet werden durch:

Durchlaufzeit = Anzahl Takte * Taktzeit

Da die Leitprodukte, z.B. die Karosserien, sich nicht überholen, kann der Bedarfszeitpunkt für ein bestimmtes Einbauteil bei determinierter Durchlaufzeit durch die Reihenfolge der Leitprodukte bestimmt werden. Die Reihenfolge wird damit zur Steuerinformation für die Anlieferung der Einbauteile. Die liefernden Abteilungen oder Betriebe bekommen eine Meldung über die Reihenfolge der Leitprodukte und liefern in der gleichen Reihenfolge die entsprechenden benötigten Baugruppen zu.

In dem Zeitraum zwischen der Meldung der Reihenfolge und dem benötigten Einbau in das entsprechende Produkt müssen die Zulieferteile

- gefertigt,
- transportiert und
- bereitgestellt

werden.

Um kleinere Störungen in Vor- oder Endfertigung nicht auf das Gesamtsystem durchschlagen zu lassen, entkoppeln kleine Puffer (im Minutenbereich) den Hauptfluß der Leitprodukte von den Nebenflüssen der gelieferten Teile.

Der technische und organisatorische Aufwand für eine Just-in-time-Fertigung ist erheblich, z.B. für:

- schnelles Informationssystem und Koordination der Fertigungssteuerung zwischen Endmontage und Vormontagen;
- zuverlässiges, schnelles Fertigungssystem für die Vormontage aller möglichen Varianten der zugelieferten Baugruppe;
- Qualitätssicherungssystem für die Vormontage und
- reaktionsfähiges und schnelles Transport- und Anliefersystem für vormontierte Baugruppen sowie
- hohe Verfügbarkeit und Zuverlässigkeit aller Teilsysteme (vgl. Kap. 7).

Für eine just-in-time Fertigung und Anlieferung sind geeignet

- teure,
- große und
- variantenreiche Teile.

Bei teuren Teilen verringert die kurze Durchlaufzeit die Kapitalbindung spürbar. Dadurch können sich Steuerungs- und Gestaltungsaufwand amortisieren. Die kurze Durchlaufzeit senkt neben den Beständen auch den Platzbedarf. Besonders große und voluminöse Teile können deshalb sinnvoll just-in-time geliefert werden. Standardteile, auch wenn sie groß und teuer sind, können auch konventionell mit minimalen Beständen bereitgestellt werden. Variantenreiche Teile dagegen müssen entsprechend der Just-in-time-Systematik exakt mit dem betreffenden Endprodukt gepaart werden.

Da bei großer Vielfalt verschiedenen Varianten (z.B. mehrere Tausend verschiedene Ausführungen) die Lieferfähigkeit nicht über Bestände garantiert werden kann, ist eine Just-in-time-Lieferung nur in Verbindung mit einer Just-in-time-Fertigung sinnvoll. Das bedeutet auch, daß Sicherheitsbestände zum Ausgleich von Störungen unwirtschaftlich groß sein müßten. Die Vorlaufzeit von wenigen Stunden ist sehr kurz, so daß die JIT-Fertigung mit hoher Qualität und Zuverlässigkeit produzieren muß.

Die hohe Zuverlässigkeit ist auch Bedingung für die Zulieferung. Just-in-time-Konzepte sind für interne und externe Zulieferung möglich. Die Prozeß-Sicherheit bei externer Anlieferung ist durch die Risiken, besonders auf dem Transportweg (Stauungen, Unfälle, Straßenglätte), geringer als bei interner Lieferung. Just-in-time-Konzepte mit externen Zulieferern eignen sich deshalb nur für Teile, die leicht nachrüstbar sind, z.B. Autositze oder Stoßfänger.

Teile, die nicht einfach nachzurüsten sind, sind entweder nicht für eine Just-in-time-Anlieferung geeignet oder müssen intern vorgefertigt werden. In der Automobilindustrie werden deshalb die Motoren erst kurz vor Einbau in die Karosserie im Endmontagewerk komplettiert.

Voraussetzung für ein Just-in-time-Fertigungssystem ist ein Fließsystem mit definierter Durchlaufzeit und definierter fester Reihenfolge

- für das Leitprodukt und
- für die Baugruppen.

Die zeitliche Synchronisation der Durchläufe ist beispielhaft im Bild 5.22 dargestellt.

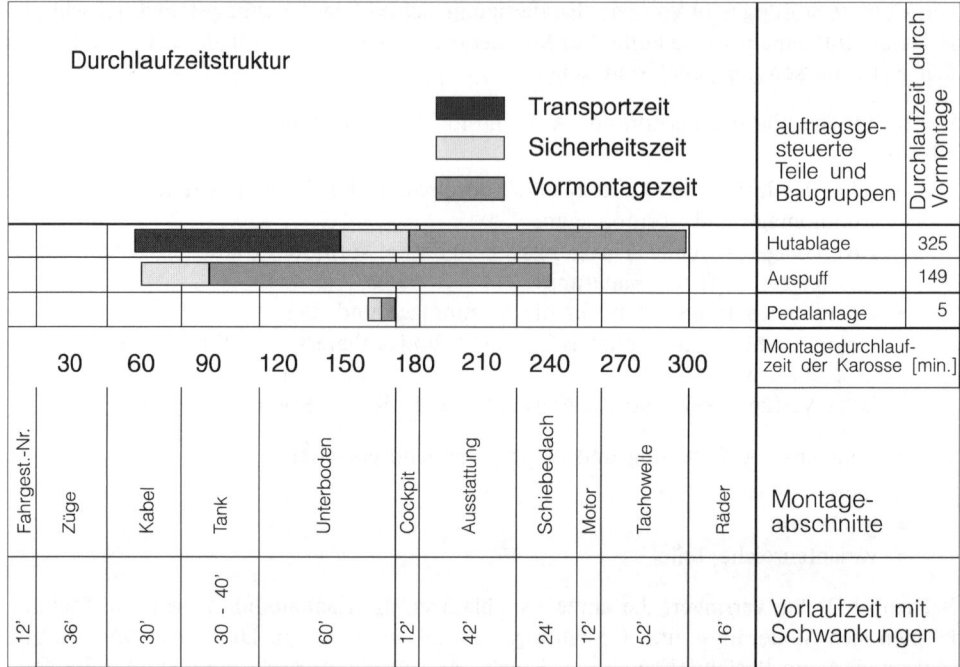

Bild 5.22   Durchlaufzeitsystematik für eine Just-in-time-Montage ausgewählter Baugruppen
(nach: [Graf, Koether, Schweizer])

Eine solche feste Durchlaufzeit und feste Reihenfolge ist jedoch unflexibel. Z.B. dürfen dann Produkte mit Fehlern nicht zur Nacharbeit ausgeschleust werden.

Wird aus Flexibilitätsgründen vom einfachsten Fall der JIT-Anlieferung abgewichen und die Reihenfolge oder Durchlaufzeit für das Leitprodukt oder für die Baugruppen verändert, muß der Aufwand für die Just-in-time-Fertigung und Anlieferung weiter erhöht werden.

Maßnahmen können sein:

- Aufnehmen der neuen Reihenfolge des Leitproduktes oder der Baugruppe,
- Verkürzung der benötigten Meldezeit,
- Veränderung des Fertigungsdurchlaufs,
- Umsortieren der Leitprodukte oder der Baugruppen entsprechend der neuen Reihenfolge.

Wird nach der Reihenfolgeänderung (z.B. durch Ausschleusen) die Reihenfolge wieder neu gemeldet, so verkürzen sich damit die verfügbaren Vorlaufzeiten. Die benötigte Vorlaufzeit besteht aus

- Fertigungszeit,
- Informationszeit,
- Transportzeit und
- Sicherheitszeit.

Entsprechend können die einzelnen Zeitanteile der benötigten Vorlaufzeit verkürzt werden. Maßnahmen dazu sind

- schnellere Informationsverarbeitung,

- beschleunigter Transport oder Verkleinerung der Transportlosgröße,
- Verkürzung der Fertigungs-Durchlaufzeit,
- auftragsneutrale Vorbearbeitung, danach reihenfolgegebundene Komplettierung der Baugruppe,
- Verringerung von Sicherheits- und Pufferzeiten.

Kompromisse zwischen Flexibilitätsanforderungen und Logistikanforderungen können zu einem veränderten Fertigungsdurchlauf führen. Um den Logistikaufwand nicht zu hoch werden zu lassen, kann z.B. die Ausschleusstelle an einen anderen Punkt des Fertigungsdurchlaufs verlegt werden, so daß weniger gravierende Auswirkungen auf die benötigte Vorlaufzeit zu berücksichtigen sind.

Im ungünstigsten Fall kann die verkürzte Vorlaufzeit nicht mehr für eine Just-in-time-Fertigung verwendet werden. Die Baugruppen würden dann reihenfolgeneutral vorgefertigt und in einen Sortierpuffer eingelagert. Von dort können sie mit sehr kurzer Vorlaufzeit abgerufen werden. Sind sehr viele Baugruppen von diesem Sortierprozeß betroffen, kann auch der umgekehrte Weg gegangen werden und das Leitprodukt wird durch einen Sortierpuffer wieder in die ursprüngliche Reihenfolge rücksortiert.

5.5   Fallbeispiel zur logistikgerechten Gestaltung einer Fertigung

Ausgangssituation

Bei einem Hersteller von Konsumgütern sollte die Fertigung restrukturiert werden. Da die Platzverhältnisse und der Arbeitsmarkt am Stammsitz in einer Großstadt (Werk I) eine weitere Expansion nicht zuließen, sollte ein bestehendes Werk in einem strukturschwachen Gebiet (Werk II) erweitert werden.

Damit bestand die Chance, die Fertigung des Gesamtunternehmens neu zu strukturieren und im Rahmen dieser Erweiterung den Ablauf im betroffenen Werk durchflußorientiert neu zu gestalten.

Aufgabe der Fertigungsstrukturierung ist eine Gruppierung und Zusammenfassung von Produkten und die passende Gestaltung der Fertigungsprozesse für diese Gruppen. Kriterien für diese Gruppierung in einem Unternehmen und in einem Werk sind:

- Stückzahlen und Stückzahlentwicklungen,
- geometrische Ähnlichkeit der Produkte,
- Ähnlichkeiten im Fertigungsprozeß,
- Kapazitätsauslastung teurer Anlagen,
- Wertschöpfung und Kapitalbindung.

Vorgehensweise

Das Projekt „Neustrukturierung der Fertigung im Werk II" wurde in folgenden Schritten erarbeitet:

1. Analyse des Produktionsprogramms
2. Analyse der Fertigungsstufen
3. Planung einer Fertigungsstruktur
4. Planung von Produktivitätsverbesserungen

5. Planung einer Fertigungssteuerung

6. Planung einer angepaßten Aufbau- und Ablauforganisation

7. Realisierung

Analyse und Gestaltung des Produktionsprogramms

Der Hersteller bietet dem Fachhandel ein variantenreiches Sortiment an. Durch die Orientierung auf Konsumgüter können mehrere tausend Fertigprodukte pro Tag hergestellt und verkauft werden.

Die Varianten unterscheiden sich durch

- Geometrie,
- Typenreihe,
- technische Funktion und
- Oberfläche und Farbe.

Ca. 10 Typenreihen sprechen unterschiedliche Käufergruppen und Märkte an. Es existieren zwei Standardreihen, in denen ca. 75% der Stückzahlen gefertigt werden. Innerhalb der Standardreihen verschiebt sich die Nachfrage von der bisher angebotenen Reihe zu einer erst kürzlich in den Markt eingeführten Produktreihe.

Durch die Kombination aus Geometrie, Typenreihe und technischer Funktion entsteht eine hohe Variantenvielfalt. Mit Hilfe einer ABC-Analyse lassen sich jedoch Renner ermitteln. Da jedes Teil in mehreren Oberflächen (z.B. verschiedene Farben) angeboten wird, erhöht sich die Variantenvielfalt weiter.

Varianten für eine Fabrik können reduziert werden durch

- Begrenzung des Sortiments,
- Strukturierung des Vertriebs- und Produktionsprogramms,
- Produktkonstruktion.

Sortimentsgestaltung wird durch den Vertrieb verantwortet und ist deshalb keine Aufgabe einer Fertigungsstrukturierung.

Bevor die Fertigung im Werk II neu gestaltet werden konnte, wurde das gesamte Produktionsprogramm neu strukturiert. Im Werk III werden geometrisch besonders große Produkte verschiedener Marken des Herstellers konzentriert. In diesem Werk wird weiterhin das untere Segment (Einsteigerprodukte) gefertigt.

Im Stammwerk (Werk I) werden aufwendige Produkte mit hohem Anteil an Regeltechnik hergestellt.

Im neu zu gestaltenden Werk II werden Großserien aus den beiden Standardtypenreihen gefertigt. Dazu kommen Vorfertigungen für die anderen Werke (siehe Fertigungsstufen).

Um die Fertigungsstrukturierung im Werk II zu vereinfachen, wurde die Konstruktion der beiden Typenreihen der Hauptumsatzträger vereinheitlicht.

Fertigungsstufen

Der Hersteller fertigt seine Produkte in folgenden Schritten:

- Sandkerne schießen für Gußkörper,
- Gießen,
- spanende Bearbeitung von Funktionsmaßen (Bohren, Drehen, Fräsen),
- Schleifen der Außenform,

- Polieren der Außenform,
- Lackieren oder Galvanisieren,
- Montage, Test und Verpackung.

Zulieferteile und Baugruppen werden vormontiert und in der Montage eingebaut.

Nach der Montage werden alle Endprodukte im Fertigwarenlager im Stammwerk I gesammelt und an die Kunden ausgeliefert.

Fertigungsstruktur

Die gemeinsame Gießerei und Kernmacherei für Werk I und II arbeitet seit längerem im Werk II. Da es keinen Grund gibt, die Gießerei zu verlagern oder eine zweite Gießerei zu installieren, werden in Werk II weiterhin Teile gegossen, die in den Werken I und II montiert werden.

Die Gußqualität (Poren, Lunker) zeigt sich erst beim Schleifen und Polieren der Außenkontur. Deshalb ist es sinnvoll, die spanende Bearbeitung und die Oberflächenbearbeitung (Schleifen und Polieren) für möglichst viele Gußteile räumlich und organisatorisch nahe an die Gießerei anzugliedern.

Entsprechend einer Aufteilung der im Werk II hergestellten Produkte nach Stückzahlklassen in „Renner" und „Exoten" wurde für Renner eine Fließfertigung und für Exoten eine flexible Fertigung installiert.

Kennzeichen der Rennerfertigung sind:

- hohe Mechanisierung,
- Losüberlappung (Transport kleiner Teillose zur nächsten Fertigungsstufe),
- abgestimmte Produktionsgeschwindigkeit (Harmonisierung),
- begrenzte Flexibilität,
- kurze Durchlaufzeiten.

Kennzeichen einer Exotenfertigung sind dagegen:

- weitgehend manuelle Arbeitsgänge,
- kleine Fertigungslose,
- hohe Flexibilität,
- starke Streuung der Produktionsgeschwindigkeiten einzelner Fertigungsstufen,
- längere Durchlaufzeiten.

Eine (möglichst verkettete) Fließfertigung oder produktorientierte Fertigungsinseln sind die optimalen Strukturen für eine Rennerfertigung, während Exoten in einer Werkstattfertigung hergestellt werden können.

Aus den Überlegungen zum Produktionsprogramm und zur Aufteilung der Fertigungsstufen auf die Werke ergibt sich für das Werk II folgende Fertigungsstruktur:

- Zentrale Gießerei mit Kernmacherei und Gußputzerei:
  - Gießkarusselle (Gießmaschinen mit höherer Mechanisierung und Produktivität) für Rennerprodukte,
  - Handgießplätze für Kleinserienprodukte,
  - Kernschießmaschinen in räumlicher Nähe zu den belieferten Gießmaschinen;
- Spanende Bearbeitung, Schleifen und Polieren:
  - Fertigungsinseln:
    - je eine Fertigungsinsel für Renner ähnlicher Geometrie,
    - eine weitere Fertigungsinsel für Exoten und sonstige Teile;

- Abgestimmte Automatisierung für die Fertigungsinseln:
  - Renner der Standardtypenreihen: Rundtaktmaschinen für spanende Bearbeitung, Vorschleifen und Polieren, Handarbeitsplätze für Fertigschleifen und Qualitätskontrolle;
  - Exoten: Rundtaktmaschinen für spanende Bearbeitung, manuelle Einzelarbeitsplätze für Schleifen und Kontrolle, CNC-gesteuerte Poliermaschinen, Handarbeitsplätze für Fertigschleifen und Qualitätskontrolle;
- Galvanik und Lackiererei:
  - Galvanikanlage zur Vorbehandlung von Lackierteilen und zur galvanischen Beschichtung,
  - Pulverlackieranlage mit fester Zuordnung Farbe – Kabine,
  - geometriegebundene Aufhängevorrichtungen, jeweils für mehrere Varianten geeignet;
  - Montage:
- parallele Fließlinien unterschiedlicher Kapazität mit Stationen für:
  - Endmontage,
  - Test,
  - Verpackung;
- Flexibler Einsatz der Mitarbeiter an den Linien;
- die Hälfte der Linien dauernd mit 4 verschiedenen Rennerprodukten belegt;
- die andere Hälfte der Linien werden je nach Auftrag umgerüstet, wobei nur das Material ausgetauscht wird;
- Materialversorgung aus dem neben der Montage angeordneten Bereitstellager.

Reduzierung von Durchlaufzeiten und Beständen

Fertigungsbestände können verringert werden durch:

- geringere Sicherheitsbestände:
  - höhere Anlagenverfügbarkeit,
  - höhere Qualitätssicherheit;
- geringere Durchlaufzeiten:
  - kleinere Lose,
  - kürzere Rüstzeiten,
  - verbesserte Verkettung,
  - weniger Fertigungsstufen;
- Fertigungsplanung und -steuerung:
  - bedarfsorientierte Materialplanung,
  - durchlauforientierte Kapazitätsplanung,
  - reaktionsfähige Feinsteuerung.

Zur Sicherung der Anlagenverfügbarkeit wurden im Werk II nur Anlagen bekannter Technologie eingesetzt, mit denen langjährige Erfahrungen vorliegen.

Die Gußqualität wurde durch organisatorische Maßnahmen verbessert: Gießer und Schleifer werden in einer gemeinsamen Prämienlohngruppe geführt. Damit ist eine schnelle Rückmeldung zwischen Verursacher möglicher Gußfehler und der Entdeckung der Fehler gewährleistet. Voraussetzung für die schnelle Rückmeldung ist eine kurze Zeitverzögerung durch kurze Durchlaufzeiten zwischen dem Entstehen des Fehlers (Gießen) und dem Entdecken des Fehlers (Polieren).

Ähnlich werden externe Schleifbetriebe integriert. Um Transportkosten zu sparen, erhielten früher die Schleifbetriebe ihre Rohteile vom Werk II und lieferten die geschliffenen Teile an das Werk I. Gußfehler und Schleifprobleme wurden dadurch nicht transparent. Heute liefern diese Lohnveredler wieder an ihren Auftraggeber, das Werk II, so daß Schleifergebnisse und Gußfehler von einer Stelle beurteilt werden.

Rüstzeiten in der Gießerei wurden durch eine verbesserte Rüstvorbereitung reduziert.

In der spanenden Bearbeitung können mit verbesserten Werkzeugen und durch die konstruktive Variantenreduzierung beide Typenreihen auf einer Maschine parallel bearbeitet werden. Bei Verschiebung der Stückzahlen zwischen den beiden Renner-Typen sind lediglich die typspezifischen Aufspannungen anzupassen. In Lackiererei und Montage werden Rüstarbeitsgänge an typgebundenen Anlagen weitgehend reduziert.

Im Bereich der Exotenfertigung sind die Unterschiede der Teile sehr groß. Die Rüstzeiten konnten durch ähnliche Maßnahmen verringert werden, wenn auch nicht im gleichen Maß wie für die Renner.

Die weitgehende Verkettung an Rundtaktmaschinen integriert mehrere Arbeitsgänge in eine Fertigungsstufe. Durch die Harmonisierung der Produktionsgeschwindigkeiten (Taktzeiten der Rundtaktmaschinen) können Teillose weitergegeben werden, ohne daß Maschinenkapazität ungenutzt bleibt. Die räumliche Nähe im Layout erleichtert diese schnelle Weitergabe.

Materialdisposition

Um möglichst flexibel auf Änderungen des Vertriebsprogramms mit geringen Fertigwarenbeständen reagieren zu können, muß die Fertigung ihr Produktionsprogramm schnell anpassen können. Speziell die Oberflächenbeschichtung multipliziert die Variantenvielfalt.

Die geforderte schnelle Reaktion des Werks II auf Nachfrageänderungen wird durch die Aufteilung der Materialdisposition in zwei Dispositionskreise erreicht:

- Kreis 1, bestandsorientierte Planung: Kernschießen, Gießen, spanende Bearbeitung, Schleifen und Polieren für Renner
- Kreis 2, bedarfsorientierte Planung: Oberflächenbeschichtung und Montage.

Exoten werden über ein Produktionsprogramm in allen Fertigungsstufen bedarfsorientiert disponiert.

Kundenbedarfe werden als Fertigungsaufträge im Dispositionskreis 2 kurzfristig erfüllt. Die notwendigen Halbfabrikate, polierte Teile, werden einem Zwischenlager entnommen. Ist der Meldebestand einer Teileposition im Zwischenlager unterschritten, wird ein Fertigungsauftrag für diese Position im Kreis 1 ausgelöst.

Im Kreis 2 werden auch zugelieferte Montageteile aus dem Zwischenlager ausgelagert. Ausgelagert werden nur komplette Gebinde. Rennerteile werden in der Montage verbraucht. Exotenteile werden als Anbruchgebinde wieder eingelagert und über eine Stücklistenauflösung nach Montageprogramm verbucht. Das früher übliche abgezählte Bereitstellen von Teilen und der damit verbundene Kommissionieraufwand entfällt damit.

Produktivitätssteigerung

Rüstzeitreduzierung und verbesserte Qualitätssicherung steigern auch die nutzbare Kapazität und damit die Produktivität.

Durch Arbeitsgestaltung konnte die Produktivität weiter gesteigert werden. Realisiert wurden hier

- manuelle Arbeiten des Maschinenbedieners (z.B. Entgraten oder Prüfen) parallel zur Maschinen-Prozeßzeit,
- Arbeitsplatzgestaltung,
- Abtaktung.

Ergebnisse

Für die Rennerprodukte konnte die Fertigungsdurchlaufzeit vom Kerne schießen bis zur Montage von 13 Wochen auf 6 Tage gesenkt werden. Entsprechend wurden die Fertigungsbestände dieser Produktgruppe um ca. 90% reduziert (Bild 5.23).

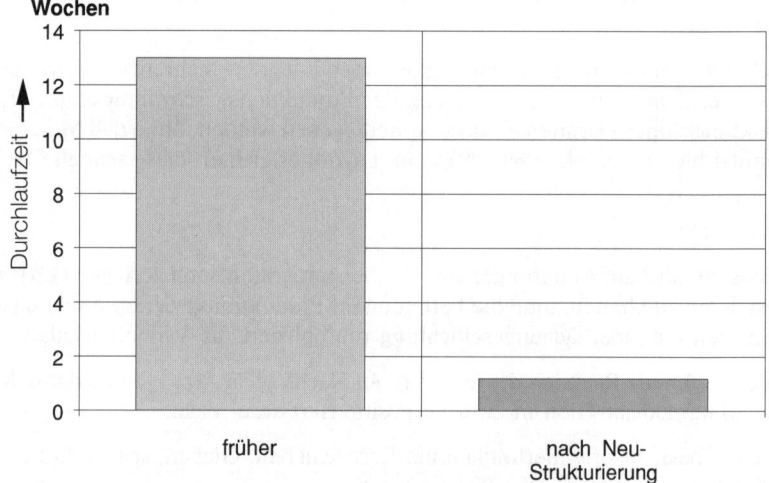

Bild 5.23   Vergleich der Fertigungsdurchlaufzeit der Rennerprodukte

Bessere Lieferfähigkeit durch schnellere Reaktionen auf Nachfrageänderungen sind nur schwer zu quantifizieren, haben aber die Marktposition des Unternehmens gestärkt.

Die Montagezeiten der Renner konnten um ca. 30% verringert werden.

Durch einen integrierten Ansatz zur Neustrukturierung der Fertigung konnte die Produktivität und die Kapitalbindung im Umlaufvermögen im Werk II deutlich verbessert werden. Wesentliche Schritte dazu waren:

- Strukturierung des Produktionsprogramms:
  - Stückzahlen,
  - Stückzahlentwicklungen,
  - geometrische Ähnlichkeit;
- Strukturierung der Produktion:
  - Aufteilung des Produktionsprogramms auf Werke,
  - Fließfertigung der Renner,
  - Werkstattfertigung für Exoten;

- Senken der Durchlaufzeiten:
  - Qualitätssicherung durch
    - Gruppenarbeit,
    - Regelkreise mit kurzen Informationswegen,
    - Prämienentlohnung;
  - Variantenreduzierende Konstruktion,
  - Rüstzeitminimierung,
  - Verkettung von Arbeitsfolgen;
- Materialdisposition:
  - Dispositionskreise,
  - Materialversorgung für Montage;
- Rationalisierung einzelner Arbeitsschritte:
  - Arbeitsplatzgestaltung,
  - Tätigkeiten während unbeeinflußbarer Maschinenzeit,
  - Abtaktung.

5.6 Übungsaufgaben

Aufgabe 5.1

In einem Schmiedebetrieb betragen die Rüstzeiten zum Wechseln der Schmiedegesenke (Werkzeuge) 8h. Aus der Fachliteratur wissen Sie, daß japanische Schmiede ihre Gesenke in wenigen Minuten wechseln können.

a) Welche finanziellen Auswirkungen hat diese lange Rüstzeit für den Schmiedebetrieb?

b) Was bedeutet das für die internationale Wettbewerbsfähigkeit des Betriebs?

c) Sie sollen eine Analyse der Rüstzeiten machen. Worauf achten Sie? Wie strukturieren Sie die Rüstzeit-Anteile?

d) Sie stellen fest, daß ca. 4 Std. der Rüstzeit gebraucht werden, um die Schmiedegesenke auf ca. 300° C vorzuwärmen. Nennen Sie 5 technische und/oder organisatorische Maßnahmen, um die Rüstzeit zu reduzieren.

Aufgabe 5.2

In Aufgabe 2.1 ist ein Materialfluß durch eine Fertigung beschrieben.

a) Wie wird das Fertigungsprinzip genannt, nach dem die Fertigung im Ist-Zustand organisiert ist?

b) Nach welchem Fertigungsprinzip wird bei vereinfachten Materialfluß (Aufgabe 2.1 f) und g)) gefertigt?

Aufgabe 5.3

Zur Herstellung von Reibbelägen für die Fahrzeugindustrie sind im wesentlichen folgende Fertigungsstufen notwendig (Fertigungsstufen, die besonders teure Betriebsmittel erfordern sind mit * gekennzeichnet):

- Erstellen der Mischung für den Reibbelag *,
- Aufpressen des Reibbelags auf eine Stahl-Trägerplatte,
- Aushärten der Pressteile im Wärmeofen *,
- Schleifen des Reibbelags,

- Lackieren der Trägerplatte,
- Beschriften der Trägerplatte,
- Montieren von Zusatzteilen,
- Verpacken.

Insgesamt werden ca. 200.000 Stück pro Tag hergestellt. Die 10 wichtigsten Typen umfassen ca. 150.000 Stück pro Tag.

Die Fertigung ist als Werkstattfertigung organisiert.

a) Nennen Sie bitte insgesamt 5 Vor- *oder* Nachteile der Werkstattfertigung.

b) Wie beurteilen Sie die Eignung einer Werkstattfertigung für die beschriebene Produktion?

c) Schlagen Sie 2 Alternativen für diese Fertigungsstruktur vor! Bitte begründen.

Aufgabe 5.4

Welche Zulieferteile sind für eine Fertigung und Zulieferung in der Abnahmereihenfolge (JIT-Fertigung und JIT-Anlieferung) geeignet?

Aufgabe 5.5

Bei einer geplanten JIT-Anlieferung von Montageteilen stellt sich heraus, daß die zur Verfügung stehende Vorlaufzeit kürzer ist, als die benötigte Vorlaufzeit. Nennen Sie 5 Maßnahmen, um die benötigte Vorlaufzeit zu verkürzen oder die zur Verfügung stehende Vorlaufzeit zu verlängern.

6 Qualitätssicherung

6.1 Lernziele

Der Leser kennt die Aufgabenstellungen der Qualitätssicherung und deren Verbindungen zur Logistik. Um bei der Planung von Logistiksystemen Qualitätsaspekte berücksichtigen zu können, kennt der Leser wichtige Methoden der Qualitätssicherung.

6.2 Qualitätssicherung und Logistik

Ziel der Logistik ist,

- die richtige Menge,
- der richtigen Objekte,
- am richtigen Ort,
- zum richtigen Zeitpunkt,
- in der richtigen Qualität

wirtschaftlich zur Verfügung zu stellen (vgl. Kap. 1.2.1).

Das Ziel „Wirtschaftlichkeit" kann präzisiert und ergänzt werden durch:

- Minimierung der Bestände zur Verringerung der Kapitalbindung,
- Minimierung der Logistikkosten und
- Minimierung der Fertigungs-Durchlaufzeit, um die individuellen Kundenbestellungen schnell erfüllen zu können.

Qualitätsziel ist, den Kunden mit der geforderten (vom Preis abhängigen) Qualität zu beliefern.

Die Qualität ist damit – ähnlich wie die Logistik – ein Marketinginstrument. Die Aufwendungen zur Qualitätssicherung sind außerdem wichtiger Teil der Herstellkosten.

Qualität wird in diesem Zusammenhang beschrieben als Beschaffenheit eines Produktes bezüglich seiner Eignung, festgelegte oder vorausgesetzte Erfordernisse zu erfüllen (in Anlehnung an DIN 55350). Ein Fehler eines Produktes liegt vor, wenn eine dieser festgelegten und vorausgesetzten Erfordernisse nicht erfüllt werden. Nach ihrem Auftreten werden Fehler unterschieden in

- systematische Fehler (z.B. falsche Einstellung der Maschine) und
- zufällige Fehler (z.B. Maßabweichungen durch Spiel an den Maschinenführungen).

In der industriellen Praxis werden die Qualitätsziele oft erreicht durch

- Sicherheitsbestände und
- Kontroll-Arbeitgänge.

Beide Maßnahmen widersprechen den Logistikzielen, Bestände und Durchlaufzeiten zu minimieren. So wirken Kontrollarbeitsgänge wie zusätzliche Fertigungsstufen. Die Eingangswarteschlange der Aufträge vor der Kontrolle verlängert die Durchlaufzeit der Fertigungsaufträge (vergleiche Kapitel 5.3.1). Von der Fertigung wird dabei oft beklagt: „Die Qualität hält sich an den Teilen fest".

Sicherheitsbestände sollen eine gleichmäßige Lieferfähigkeit trotz Störungen im Fertigungsprozeß gewährleisten. Mögliche Ursachen für Sicherheitsbestände sind:

- Störungen von Maschinen und Anlagen (vergleiche Kapitel 7),
- Fehler in der Fertigungssteuerung und Materialdisposition und
- Ausschuß und Nacharbeit.

Qualitätsprobleme, die als Ausschuß und Nacharbeit geplant und verbucht werden, führen zu Unsicherheiten bei der Mengenplanung. Wenn ein Fertigungsauftrag freigegeben wird, ist aufgrund der Qualitätsprobleme nicht planbar, wie viele Gutstücke produziert werden und wann aufgrund von Nacharbeiten der Auftrag fertiggestellt sein wird. Die Lieferfähigkeit wird dann über Sicherheitsbestände aufrechterhalten.

Ziel einer in die Logistik integrierten Qualitätssicherung ist eine Gesamtoptimierung der

- Marketingfunktion und
- der wirtschaftlichen Ziele (Kosten und Bestände)

im Unternehmen. Häufige Prüfarbeitsvorgänge und Sicherheitsbestände dienen dieser Gesamtoptimierung nicht. Dagegen erreicht eine Fertigung, die gute Qualität produziert drei wichtige Wettbewerbsvorteile

- Marketingvorteil: Marktstärke durch gute Produktqualität;
- Kostenvorteil: Kostenverringerung durch
  - verringerte Prüfkosten,
  - verringerte Nacharbeitskosten,
  - verringerten Ausschuß sowie
- Logistikvorteil: Geringere Kapitalbindung und schnelle Lieferfähigkeit durch
  - kurze Durchlaufzeiten mit
  - Konzentration auf wertschöpfende Fertigungsstufen

6.3   Systematisierung von Qualitätssicherungssystemen

Nach DIN-ISO 9004 lassen sich die Elemente eines Qualitätssicherungssystems in zwei Gruppen einteilen:

- Funktionsübergreifende und
- funktionsbezogene Elemente.

Zu den funktionsbezogenen Elementen gehören z.B.:

- Managementaufgaben,
- Sicherung der Wirtschaftlichkeit (Kosten für Prüfung, Nacharbeit und Ausschuß sowie für vermiedene Prüfungen und Fehlerbeseitigungen);
- Erstellen von Qualitätsnachweisen und
- Produktsicherheit und Haftung.

Diese funktionsbezogenen Elemente eines Qualitätssicherungssystems können als Aufgaben formuliert werden:

- Qualitätsprüfung,
- Dokumentation,
- Prozeßsicherung und
- Qualitätslenkung.

Funktionsübergreifende Aufgaben sind die Mitwirkung bei der Qualitätssicherung im

- Vertrieb,
- Entwicklung und Konstruktion,

- Beschaffung,
- Produktionsvorbereitung und Produktion,
- Lagerung, Verpackung, Versand und
- Kundendienst.

Die Mitwirkung bei der Lösung von Logistikproblemen ist damit Teil der funktionsübergreifenden Aufgaben der Qualitätssicherung.

6.4 Qualitätssicherung als Querschnittsfunktion im Unternehmen

6.4.1 Ablauforganisation

Während die Logistik den Materialfluß vom Wareneingang bis zum Warenausgang gestaltet und die Auftragsdurchlaufzeit plant, steuert und überwacht, ist es Aufgabe der Qualitätssicherung, diesen Durchlauf zu begleiten und die Qualität des Endprodukts sicherzustellen. (Bild 6.1).

Ebenso wie die Logistik ist die Qualitätssicherung eine Querschnittsfunktion im Unternehmen, die sich durch alle Bereiche durchzieht. Die Qualitätssicherung muß deshalb in die

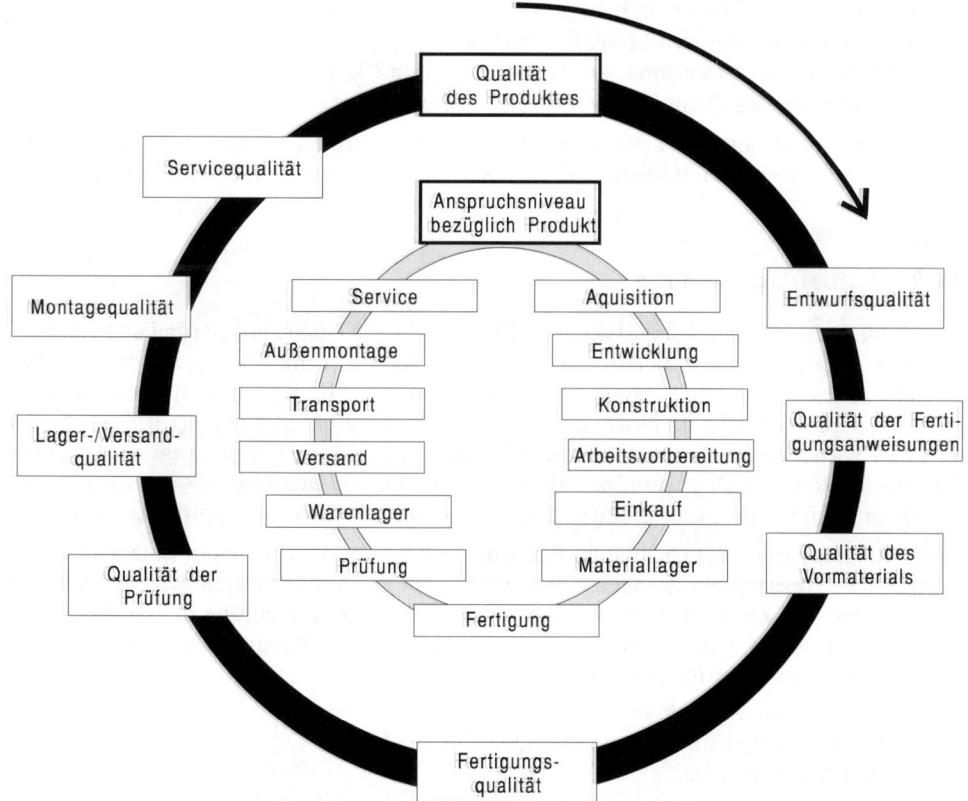

Bild 6.1   Qualitätssicherung als Teilaufgabe der gesamten Leistungserstellung

betrieblichen Abläufe integriert werden. Im Rahmen der täglichen Arbeit muß die Qualitätssicherung an vorgegebenen Punkten des Fertigungsdurchlaufs entscheiden, z.B. ob ein geliefertes Los akzeptiert wird oder ob ein Fertigungsprozeß freigegeben wird.

Innerhalb dieser Abläufe sind die Aufgaben der Qualitätssicherung:

- Gestaltung von Qualitätssicherungssystemen,
- Prüfungen (Eingangsprüfung, Zwischenprüfungen, Endkontrolle)
- Dokumentation und Auswertung von Qualitätsdaten
  - von Lieferanten,
  - der eigenen Fertigung und
  - von Kundenreklamationen;
- Qualitätsplanung und
- Qualitätslenkung.

Der Aufwand der Qualitätssicherung wird durch Qualitätskosten dokumentiert, die von der Qualitätssicherung verantwortet werden. Wirtschaftliche Erfolge sind meist nur als Kosteneinsparungen zu ermitteln.

Neben dieser direkten Verantwortung arbeitet – besonders im Rahmen der Qualitätsplanung – die Qualitätssicherung bei der Gestaltung von Fertigungs- und Logistiksystemen mit:

- Gestaltung der Fertigungsstruktur und der Prüfabschnitte (Kap. 5.2),
- Gestaltung der Fertigungsprozesse (Kap. 6.5.3.3),
- Auswahl von Förder- und Lagertechnik (Kap. 2 und 3),
- Auswahl von Förderhilfsmitteln (Kap. 4),
- Auswahl und Bewertung von Lieferanten (Kap.1.3.3),
- Förderung des Qualitätsbewußtseins der Mitarbeiter.

Diese Planungsaufgaben sind meist als Projekte organisiert. Ein Projekt wird neben dem Tagesgeschäft von einem interdisziplinär besetzten Team in einem begrenzten Zeitraum bearbeitet.

6.4.2 Aufbauorganisation

Unterschiedliche Aufbauorganisationen sind üblich, um die Qualitätssicherung in die Unternehmensorganisation einzubinden. Die Qualitätssicherung kann als eigener Bereich der Geschäftsführung oder des Vorstands organisiert sein; sie kann jedoch auch in den Bereich Produktion integriert sein. In letzter Zeit haben gerade Großunternehmen (z.B. Volkswagen AG) den Vorstandsbereich Qualitätssicherung aufgelöst und die entsprechenden Aufgaben dem Produktionsbereich zugeordnet. Begründet wird diese Organisationsänderung damit, daß Qualität konstruiert und produziert werden muß, jedoch nicht erprüft werden kann.

Wegen der Bedeutung der Qualität für den Unternehmenserfolg wird häufig eine Stabsabteilung für den Vorsitzenden der Geschäftsführung oder des Vorstandes eingerichtet. Oft fordern Kunden von Zulieferbetrieben diese Stabsstelle, um die Einhaltung der Qualitätsstandards zu überwachen. Diese Stabsabteilung trägt keine direkte Verantwortung für die Qualität, sondern übernimmt folgende Aufgaben:

- Erstellen eines Qualitätssicherungssystems,
- Definieren und überwachen von Qualitätsstandards,
- Berichtswesen,
- Koordination der Maßnahmen zur Qualitätssicherung,
- Schlichtung von Interessengegensätzen der Linienabteilungen.

6.5 Aufgaben der Qualitätssicherung

6.5.1 Qualitätsprüfung

Durch Prüfung der Produkte auf Fehler soll das Ziel, den Kunden mit Produkten in der geforderten Qualität zu beliefern, erreicht werden. Prüfen beschreibt dabei eine Untersuchung und Bewertung (gut/schlecht). Man unterscheidet dabei

- Sichtprüfung,
- Maßkontrolle,
- Funktionsprüfung.

Bei einer Sichtprüfung wird das Produkt von einem Prüfer visuell beurteilt (eine Erweiterung auf eine sensorische Prüfung ist möglich). Qualitative Merkmale können so geprüft werden, wie z.B. Sauberkeit oder richtiger Einbau eines Teils. Kann die physikalische Eigenschaft eines Produkts oder Teils gemessen werden, kann die Qualität objektiv beurteilt werden. Funktionsprüfungen beurteilen die Funktionserfüllung, ohne auf die konstruktiven Vorgaben der Teile oder Baugruppen einzugehen. So kann z.B. die Motorleistung gemessen werden, ohne die Passungen von Kolben und Zylindern zu überprüfen.

Während Prüfen nur beurteilt, ob die Qualität erfüllt ist oder nicht (binäres Merkmal), kann durch Messen der Produkte die tatsächliche Streuung und Toleranz der Fertigung ermittelt werden.

Aufgabe der Prüfplanung ist es, festzulegen,

- wie geprüft wird (Prüfmethode) und
- wo geprüft wird (Prüfort oder Prüfabschnitt).

Die Prüfmethode sollte möglichst objektiv sein, um Schwankungen in der subjektiven Beurteilung des Prüfers auszuschließen. Durch die Wahl des Prüfabschnitts sollen Fehler frühzeitig erkannt werden. Damit sollen aufwendige Nacharbeiten oder Ausschuß vermieden werden. Zu häufiges Prüfen würde jedoch den Durchlauf behindern und die Prüfkosten erhöhen.

Dabei ist es falsch, anzunehmen, daß durch sorgfältige Prüfung Fehler mit Sicherheit auszuschließen seien.

Gründe können sein:

- das Merkmal ist nicht prüfbar,
- die Prüfmethode erkennt nicht alle Fehler, die sie erkennen sollte („Schlupf"),
- die Prüfmethode meldet Gutteile als fehlerhaft (falscher Alarm),
- das Merkmal kann nur durch eine zerstörende Prüfung geprüft werden.

Merkmale, die nicht geprüft werden können, aber für den Kunden wichtig sind, sind z.B. Lebensdauer oder Störanfälligkeit. Die Prüfung aller qualitativen Eigenschaften hängt von der Beurteilung des Prüfers ab. Diese Beurteilung kann schwanken, so daß Prüfungen zu großzügig oder zu scharf ausfallen können. Nur durch zerstörende Prüfung kann z.B. die Festigkeit, Härte oder Korrosionsbeständigkeit des Materials geprüft werden.

Qualität muß konstruiert, geplant und gefertigt werden. Trotzdem kann auf Prüfungen nicht verzichtet werden, z.B. um systematische Fehler frühzeitig zu erkennen oder um das Qualitätsniveau der laufenden Fertigung zu erkennen (vgl. Kap. 6.5.4).

Durch eine rationellere Gestaltung der Prüfarbeitsvorgänge können Kosten und Bestände gesenkt werden. Ansätze dazu bieten:

- Prüfautomatisierung,
- Stichprobenprüfung,
- Entfall einzelner Prüfungen,
- Integration der Prüfarbeitsvorgänge in den Fertigungsprozeß,
- Werkerselbstkontrolle.

Durch Automatisierung von Prüfarbeitsgängen können zumindest Personalkosten gespart werden. Meistens ist mit so einer Automatisierung auch eine sichere Prüfung mit weniger Prüffehlern oder weniger Schlupf möglich. Beispiele bieten programmierbare Mehrkoordina-ten-Meßmaschinen oder Funktionsprüfungen von Bauteilen, wie z.B. die Funktionsprüfung von Armaturentafeln durch Prüfcomputer.

Bei einer Stichprobe wird von den Eigenschaften einer kleinen Auswahl der Werkstücke eines Loses auf die Eigenschaften des gesamten Fertigungsloses geschlossen. Die Richtigkeit dieser Qualitätsaussagen kann über Wahrscheinlichkeiten berechnet werden. Durch Stichproben-prüfung können systematische Fehler entdeckt werden. Nach Ablehnung eines Loses können mit einer Hundertprozentkontrolle die guten Werkstücke aussortiert werden. Da die Ablehn-ung eines Loses der Ausnahmefall sein sollte, wird insgesamt der Prüfaufwand durch Stich-probenprüfung drastisch reduziert. Stichprobenprüfungen werden häufig im Wareneingang abgenommen.

Oftmals ist es möglich, Kontrollen ganz abzuschaffen. Wenn der Zulieferer seine Produkte vor Versand an den Kunden prüft, ist eine erneute Wareneingangsprüfung beim Kunden über-flüssig. Prüfvorschriften und die Verrechnung von Fehlerkosten müssen im Liefervertrag geregelt werden. Durch den Entfall einzelner Prüfungen werden zwei Ziele erreicht: Die Prüf-kosten werden verringert und es entfällt eine Fertigungsstufe, so daß zusätzlich die Durchlauf-zeit verringert wird.

Prüfarbeitsgänge können in die Fertigung integriert werden, z.B. durch Vermessen eines Werkstücks in der Werkzeugmaschine. Ebenso können Prüfarbeitsgänge zeitlich parallel zur Fertigung ausgeführt werden, so daß z.B. ein Werkstück geprüft wird, während ein anderes Werkstück des gleichen Loses bearbeitet wird. In beiden Fällen reduziert sich die Anzahl der Fertigungsstufen, so daß eine verringerte Durchlaufzeit zu erwarten ist.

Diese Integration von Prüfarbeitsgängen kann durch eine Werkerselbstkontrolle realisiert werden. Neben dem Effekt der verkürzten Durchlaufzeit ist eine höhere Motivation und höhere Verantwortung des Werkes zu erwarten. Die Selbstkontrolle, ggf. unterstützt durch eine entsprechende Entlohnung, gibt dem Werker die Möglichkeit, Fehler oder Qualitätspro-bleme, die frühzeitig erkannt werden, sofort abzustellen. So kann ein Werker nach dem Rüsten seiner Maschine das Probewerkstück selbst beurteilen und die Maschine zur Ferti-gung freigeben. Hat das Probewerkstück nicht die geforderte Qualität, kann der Maschinen-einrichter die Rüstung verbessern, ohne auf Prüfergebnisse einer gesonderten Qualitätskon-trolle warten zu müssen. Um ein gleichmäßiges Prüf- und Qualitätsniveau zu sichern, muß die Werkerselbstkontrolle durch stichprobenartige Kontrollen der Werkstücke (Audits) abgesi-chert werden.

6.5.2 Dokumentation

Die Dokumentation der Fertigungsprozesse bzw. Prüfergebnisse wird oft vom Kunden vorge-schrieben. Eine Dokumentation der Qualitätsdaten ist weiterhin notwendig, um Ansprüchen aus Produkthaftung entgegentreten zu können, denn bei Produkthaftung ist die Beweislast umgekehrt. Nicht der Kunde muß die Fehler des Produktes nachweisen, sondern der Hersteller muß die Fehlerfreiheit beweisen. Die Fehlerdokumentation bietet außerdem eine wertvolle Datenbasis, um Schwachstellen zu erkennen und um Maßnahmen zur Qualitätsverbesserung zu planen.

Obwohl keine direkte Maßnahme zur Verbesserung der Qualität, ist diese Dokumentation Aufgabe der Abteilung Qualitätssicherung.

6.5.3 Qualitätsplanung

Mit der Qualitätsplanung gestaltet die Qualitätssicherung zusammen mit anderen Fachabteilungen Produkte und Fertigungsprozesse. Im Folgenden werden ausgewählte Methoden zur Qualitätsplanung beschrieben.

6.5.3.1 Quality Function Deployment – QFD

Bei der Gestaltung eines Produktes müssen aus den Kundenwünschen (Lastenheft) die Produkteigenschaften (Pflichtenheft) definiert werden. Dabei sind folgende Probleme zu lösen:

- Sicherung des Kundenbezugs während des gesamten Gestaltungsprozesses bis zur Produktion,
- übersichtliche Dokumentation der Produktplanung,
- horizontale und vertikale Kommunikation der Projektbeteiligten.

Mit QFD – Quality Function Deployment (Qualitäts-Funktions-Zuordnung) werden die Anforderungen der Kunden (externe Qualitätsforderung) in einem mehrstufigen Prozeß umgesetzt in Anweisungen für Prozesse und Prüfungen im Unternehmen. Die Stufen dieses Umsetzungsprozesses sind:

- vom *was* zum *wie*:
  Eigenschaften des Produktes aus Kundensicht (was) werden meßbare Größen des Produktes (wie) zugeordnet.
- was-wie-*Beziehungen*
  In einer Matrix werden die was-wie-Beziehungen dargestellt und die Stärken zwischen den was- und wie-Paaren visualisiert.
- *Wechsel-Beziehungen*
  Die meßbaren Größen des Produktes (wie) können einander ergänzen oder sie können sich widersprechen. Durch Darstellung der Wechselbeziehungen werden mögliche Konkurrenzsituationen offensichtlich. Gezielte Innovationen werden angeregt, um solche Konflikte zu vermeiden.
- *wie viel:*
  Die meßbaren Größen (wie) werden quantifiziert; durch einen Vergleich mit den quantifizierten Meßgrößen der Wettbewerbsprodukte kann die Marktpositionierung des geplanten Produktes dargestellt werden.

Bild 6.2 zeigt ein fiktives Beispiel einer Zuordnungsmatrix, wegen der Form auch „Qualitätshaus" genannt.

Die genannten vier Stufen müssen mehrfach durchlaufen werden, bis die beschreibenden Größen operationalisiert sind und in Arbeitspläne und Prüfpläne für Fertigprodukt, Baugruppen und Einzelteile umgesetzt werden können.

QFD ist eine Methode zur Gestaltung der Teamarbeiten zur Konstruktion und Planung neuer Produkte. Durch eine effektive Teamarbeit kann die Entwicklungszeit verkürzt werden, weil Konstrukteure, Fertigungsplaner, Logistikplaner und Qualitätsfachleute gleichzeitig Produkt

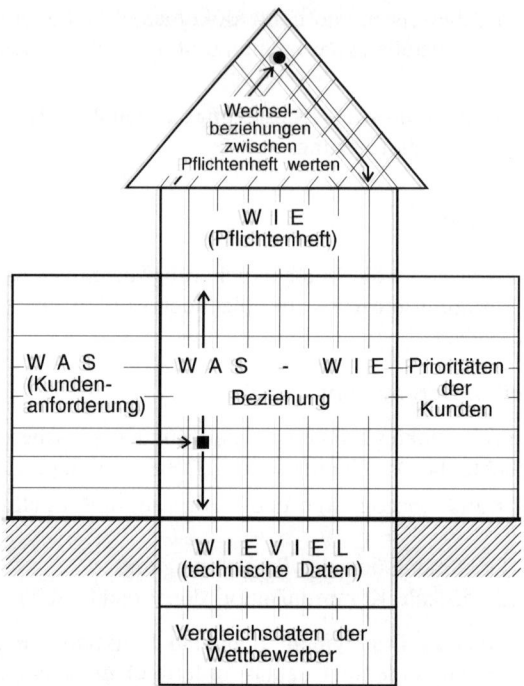

Bild 6.2   Qualitäts-Funktions-Zuordnung mit einem OFD-Schema – Qualitätshaus

und Herstellungsprozeß gestalten (Simultanous Engineering). Mißverständnisse zwischen Marketing, Konstruktion, Fertigung und Qualitätswesen können im Arbeitsteam schnell geklärt werden. Mögliche technisch-wirtschaftliche Konflikte einzelner technischer Werte des Produktes können mit QFD gezielt vermieden werden.

6.5.3.2 Konstruktions-FMEA

Zu den Aufgaben der Qualitätssicherung gehört die Mitwirkung bei Konstruktion, Einkauf, Planung und Fertigung. Dabei beginnt die Qualität bei den Kundenanforderungen, die von der Konstruktion umgesetzt werden müssen. Nicht nur die Fertigungskosten werden von der Konstruktion stark beeinflußt, sondern auch die Qualitätskosten. Nach einer Faustregel verhalten sich die Kosten, einen Fehler zu finden und zu beseitigen wie 1:10:100, also z.B.

- in der Konstruktion   1 DM,
- in der Fertigung   10 DM,
- beim Kunden   100 DM.

Ein Hilfsmittel, eine qualitätssichere Konstruktion zu finden, ist die FMEA, (Failure Mode and Effects Analysis, Fehler-Möglichkeit und –Einflußanalyse). Potentielle Fehler werden dabei nach

- Auftreten (mögliche Ursachen),
- Bedeutung (mögliche Folgen),
- Entdeckung (mögliche Prüfung)

mit Zahlen zwischen 1 und 10 bewertet.

Tabelle 6.1 Kriterien zur Bewertung des Auftretens eines Fehlers in der FMEA [FORD Konstuktions-FMEA]

Wahrscheinlichkeit für das Auftreten eines Fehlers	Mögliche Fehlerrate	Bewertungs-punkte
SEHR GERING Es ist unwahrscheinlich, daß ein Fehler auftritt	0	1
GERING Die Konstruktion entspricht generell früheren Ent- würfen, für die verhältnismäßig geringe Fehlerzahlen gemeldet werden	1/20000 1/10000	2 3
MÄSSIG Die Konstruktion entspricht generell früheren Ent- würfen, bei denen gelegentlich, aber nicht in größe- rem Maße Fehler auftraten	1/2000 1/1000 1/200	4 5 5
HOCH Die Konstruktion entspricht generell Entwürfen, die in der Vergangenheit immer wieder Schwierigkeiten verursachten	1/100 1/20	7 8
SEHR HOCH Es ist nahezu sicher, daß Fehler in größerem Umfang auftreten werden	1/10 2/2	9 10

Eine niedrige Bewertung bedeutet, daß der Fehler unkritisch ist. Eine hohe Bewertung beschreibt eine hohe Bedeutung des Fehlers, eine hohe Auftrittswahrscheinlichkeit oder eine schwierige Entdeckung des Fehlers.

Die drei Bewertungszahlen werden miteinander zu einer Risikozahl multipliziert. Ist diese Risikozahl größer als 100, müssen Maßnahmen getroffen werden, um diesen Fehler sicher abzustellen. Die Tabellen 6.1 bis 6.3 listen die Bewertungen der Auftrittswahrscheinlichkeit, der Auswirkungen und der Entdeckungwahrscheinlichkeit auf.

Da die FMEA eine qualitative Methode ist, ist die Vergabe der Bewertungspunkte subjektiv. Wird von Kunden die Durchführung einer FMEA gefordert, ist deshalb die Wahl des Bewertungsniveaus häufiger Anlaß für Meinungsverschiedenheiten.

Konstruktive Lösungen, die als kritisch erkannt worden sind, werden im weiteren Vorgehen überarbeitet. Die FMEA greift dazu auf Methoden zur Gestaltung von Produkten zurück, wie sie z.B. in der Wertanalyse nach DIN 69910 beschrieben sind. Vorbereitete Formulare unterstützen die Projektabwicklung durch Vorgabe von Aktivitäten und Terminen. Damit wird die Dokumentation von FMEAs ein wichtiger Vorrat an Ideen und betrieblichem Know-how zur Gestaltung von qualitätssicheren Produkten.

Kennzeichen der FMEA sind:

- Integration verschiedener Abteilungen (Konstruktion, Qualitätssicherung, Fertigung, Logistik),
- Teamarbeit,
- systematisches Vorgehen,
- Delegation von Teilaufgaben.

Tabelle 6.2   Kriterien zur Bewertung der Bedeutung eines Fehlers in der FMEA [FORD Konstuktions-FMEA]

Auswirkung eines Fehlers	Bewertungs-punkte
SEHR GERING Es ist unwahrscheinlich, daß der Fehler irgendeine wahrnehm-bare Auswirkung auf das Verhalten des Produktes oder Systems haben könnte. Der Kunde wird den Fehler wahrscheinlich nicht entdecken.	1
GERING Der Fehler ist unbedeutend und der Kunde wird nur geringfügig belästigt. Der Kunde wird wahrscheinlich nur eine geringe Beein-trächtigung des Produktes oder des Systems bemerken.	2 3
MÄSSIG Mittelschwerer Fehler, der Unzufriedenheit bei einigen Kunden auslöst. Der Kunde fühlt sich belästigt oder ist verärgert. Der Kunde wird eine Leistungsbeeinträchtigung des Produktes oder des Systems bemerken.	4 5 6
HOCH Große Unzufriedenheit des Kunden durch nicht funktionierende Teile oder durch Fehler an Teilen, die von gesetzlichen Vor-schriften betroffen sind.	7 8
SEHR HOCH Äußerst schwerwiegende Fehler, der möglicherweise die Sicher-heit und/oder die Einhaltung gesetzlicher Vorschriften beein-trächtigt.	9 10

Tabelle 6.3   Kriterien zur Bewertung der Fehlerentdeckung in der FMEA [FORD Konstuk-tions-FMEA]

Wahrscheinlichkeit, daß ein Fehler den Kunden erreicht	Wahrschein-lichkeit	Bewertungs-punkte
SEHR GERING Es ist unrealistisch zu erwarten, daß der Fehler während einer Prüfung eines Tests oder einer Montage nicht entdeckt wird.	0% – 5%	1
GERING	6% – 15% 16% – 25%	2 3
MÄSSIG	26% – 35% 36% – 45% 46% – 55%	4 5 6
HOCH	56% – 65% 66% – 75%	7 8
SEHR HOCH	76% – 85% 86% – 100%	9 10

6.5.3.3 Prozeß-Sicherung

Wenn ein Fehler nach der Fertigung festgestellt wird, ist es bereits zu spät. Wichtiger ist die entsprechende Gestaltung des Fertigungsprozesses, so daß weniger Fehler auftreten. Dazu werden die Fehler unterteilt (vgl. Bild 6.3) in

- zufällige Fehler und
- systematische Fehler.

Zufällige Fehler können durch vielfältige, nicht ständig auftretende Ursachen entstehen. In der Summe ist keine Abhängigkeit eines Fehlers von einer einzelnen Meßgröße erkennbar. Können Fehlerursachen, z.B. Fertigungsparameter, ermittelt werden, so daß die Zufalls- streuung der Qualitätsmeßgröße kleiner wird, wird dadurch die Prozeßfähigkeit verbessert.

Systematische Fehler, wie z.B. die fehlerhafte Einstellung der Maschine können durch Über- wachung des Fertigungsprozesses oder durch Stichproben relativ schnell gefunden werden. Eine entsprechende Organisation (vgl. Kap. 6.5.4) unterstützt die schnelle Beseitigung dieses Fehlers. Werden systematische Fehler schnell erkannt und beseitigt, wird dadurch die Prozeß- sicherheit erhöht.

Am Beispiel eines Sportschützen können die Begriffe

- Prozeßfähigkeit und
- Prozeßsicherheit

verdeutlicht werden (Bild 6.3): Die linke Schießscheibe stammt von einem ungeübten Schüt- zen, dessen Schießergebnisse stark streuen. In der Sprache der Qualitätssicherung ist der (Schieß-) Prozeß nicht prozeßfähig. Die mittlere Schießscheibe zeigt keine bessere Ringezahl (Schießergebnis) als die linke Scheibe. Trotzdem ist erkennbar, daß diese Scheibe von einem besseren Schützen geschossen wurde, denn alle Treffer liegen sehr nahe zusammen. Die Pro- zeßfähigkeit ist hier sichtbar. Durch eine bessere Prozeßsicherung, z.B. nachstellen der Visier- einrichtung kann ein gutes Ergebnis wie in der rechten Schießscheibe erreicht werden. Die rechte Scheibe wurden von einem guten Schützen mit optimal eingestelltem Sportgerät geschossen. Das gute Ergebnis ist durch hohe Prozeßfähigkeit und hohe Prozeßsicherheit erreicht worden.

An diesem Beispiel wird auch klar, daß zuerst eine hohe Prozeßfähigkeit erreicht werden muß, bevor die geforderte Prozeßsicherheit garantiert werden kann. Erst muß der Schütze trainieren, dann erst führt eine präzise Visiereinrichtung zum gewünschten Erfolg.

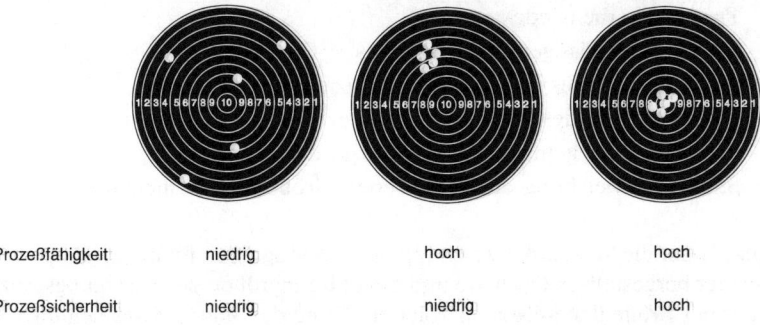

Prozeßfähigkeit	niedrig	hoch	hoch
Prozeßsicherheit	niedrig	niedrig	hoch

Bild 6.3   Prozeßsicherung durch Eingrenzung zufälliger Fehler am Beispiel eines Sportschützen

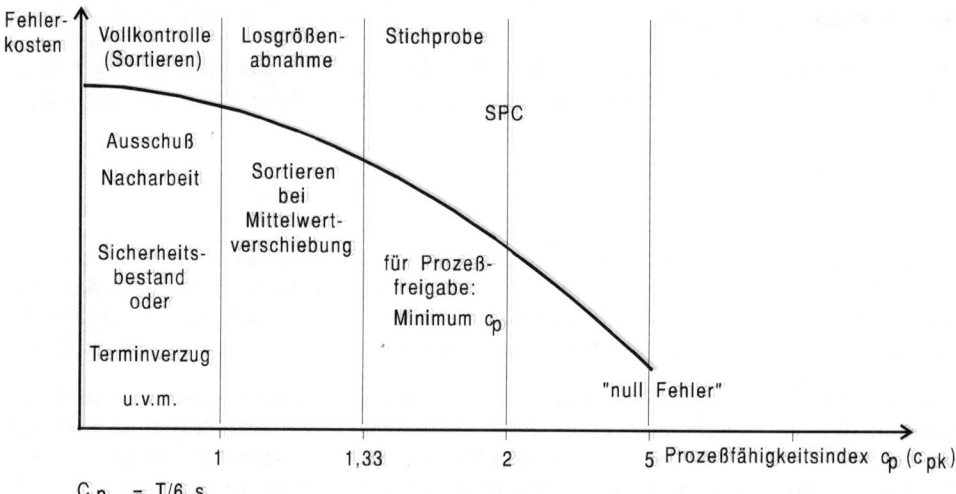

Bild 6.4   Fehlerkosten und Prozeßsicherheit

Kennzeichen eines fähigen Fertigungsprozesses ist, daß die zufälligen Schwankungen der Werkstückmaße mit sehr hoher Wahrscheinlichkeit kleiner sind, als die zulässige Toleranz des Teils. Nur in einem fähigen und sicheren Fertigungsprozeß kann der Prüfaufwand mit den daraus resultierenden Kosten und Beständen verringert werden (Bild 6.4).

$$C_p = \frac{T}{6*s} = \frac{OT - UT}{6*s}$$

$$C_{pk} = \min\left(\left| \frac{OT - \overline{x}}{3*s} \right| ; \left| \frac{UT - \overline{x}}{3*s} \right| \right)$$

mit

C_p	Prozeßfähigkeitsindex
C_{pk}	Prozeßsicherheitsindex
T	Breite des zulässigen Toleranzfeldes = OT - UT
OT	obere Grenze des zulässigen Toleranzfeldes
UT	untere Grenze des zulässigen Toleranzfeldes
$\overline{x}$	Mittelwert der gemessenen Größen in der Stichprobe
s	Standardabweichung der gemessenen Größe in der Stichprobe

Die Varianz s^2 oder die Standardabweichung s sind Kenngrößen für die zufällige Streuung der Meßgrößen der hergestellten Produkte und damit Kenngrößen des Fertigungsprozesses. Ein Quotient aus der Breite der zulässigen Toleranz T und der Standardabweichung s beschreibt den Prozeßfähigkeitsindex C_p. Dieser Wert beschreibt die Größe der Streuung der Meßwerte relativ zur Größe des zulässigen Toleranzfeldes und wird als Gütekriterium für den Herstellungsprozeß verwendet. Ein Fertigungsprozeß mit ausreichender Prozeßfähigkeit hat einen C_p-Wert von mindestens 1. Bei einer Normalverteilung der zufälligen Fehler kann dann die Fehlerhäufigkeit kleiner als 0,15% sein. Gefordert werden zukünftig kleinere Fehlerwahrscheinlichkeiten mit Prozeßfähigkeitsindices von $C_p > 1,33$.

Die grundsätzliche Eigenschaft der Prozeßfähigkeit muß durch eine korrekte Einstellung der Fertigungsparameter in einer hohen Prozeß-Sicherheit realisiert werden. Wenn der Prozeßsicherheitsindex C_{pk} größer als 1 bzw. 1,33 ist, kann gute Qualität auch ohne anschließende Hundertprozentprüfung garantiert werden (vgl. Kap. 6.5.4).

Um die Prozeßsicherheit zu verbessern wird in zwei Schritten vorgegangen:

1. Steigerung der Prozeßfähigkeit durch Verringerung der Streuung der Meßwerte aufgrund von zufälligen Fehlern;

2. Gewährleisten der Prozeßsicherheit durch Überwachung des Fertigungsprozesses im laufenden Betrieb und Sicherung eines ausreichenden Abstandes der Meßwerte von den Toleranzgrenzen (vgl. Kap. 6.5.4)

Um die Streuung der Meßwerte durch zufällige Fehler zu verkleinern (also die Prozeßfähigkeit zu verbessern, Schritt 1), müssen Fehlerursachen analysiert werden.

Analyse der Fertigungsparameter – Ishikawa-Diagramm

Ziel der Analyse ist, möglichst vollständig die Parameter zu beschreiben, die den Fertigungsprozeß beeinflussen. Da jeder Prozeßparameter zu einer potentiellen Fehlerursache wird, muß eine möglichst vollständige Beschreibung angestrebt werden. Fehlerursachen und Prozeßparameter lassen sich dann in einer Baumstruktur darstellen (Ishikawa-Diagramm) (Beispiel in Bild 6.5). Das interdisziplinär besetzte Arbeitsteam unterteilt die möglichen Prozeßparameter in Einflüsse

• des Menschen,
• der Maschine, des Werkzeugs oder der Anlage,
• des Materials,
• der Methode und
• der Umgebung.

Die Einflußgrößen können dann vom Arbeitsteam nach ihrer Bedeutung gewichtet werden. Die wichtigsten Parameter werden untersucht und gestaltet. Sie können aber auch mit statistischer Versuchsplanung genauer untersucht werden.

Statistische Versuchplanung

Mit Hilfe einer statistischen Versuchsplanung können die vermuteten Einflußgrößen des Fertigungsprozesses ermittelt und gestaltet werden, um so die bisher zufälligen Streuungen des Fertigungsprozesses reduzieren zu können.

Die Arbeitsschritte dieser Methode sind:

• Vorauswahl relevanter Einflußgrößen:
    – Aufstellung der Fertigungsparameter und Darstellung als „Parameterbaum" (Ishikawa-Diagramm),
    – Benennung von (vermuteten) relevanten Parametern (Vorauswahl durch Experten);

- Versuchsplanung:
  - Benennen von zwei (Meß-)Werten jedes Fertigungs-Parameters,
  - Benennung eines Meßwertes für die Qualität des Teils oder des Produktes,
  - Erstellen eines Versuchsplans zur gemeinsamen Untersuchung der Wirkung der Prozeßparameter;
- Versuchsdurchführung;
- Versuchsauswertung:
  - Ermittlung der Signifikanz jedes Parameters (Rausch-Signal-Abstand),
  - Bewertung der Kosten
    - zur Überwachung der Parameter,
    - zur Gestaltung der Parameter,
  - Auswahl der kostenminimalen Parameterkombination.

Am Beispiel eines Schleifprozesses soll diese Vorgehensweise verdeutlicht werden.

Kritische Größe dieses Prozesses ist die Rundheit des Teils nach dem Rundschleifen. Die geforderte Toleranz kann nicht sicher eingehalten werden, so daß ein hoher Prüf- und Sortieraufwand entsteht.

In einer Gruppenarbeit haben Experten aus Fertigung und Qualitätssicherung mögliche Einflußgrößen auf den Schleifprozeß zusammengetragen. Das folgende Bild 6.5 zeigt als Ergebnis den Parameterbaum.

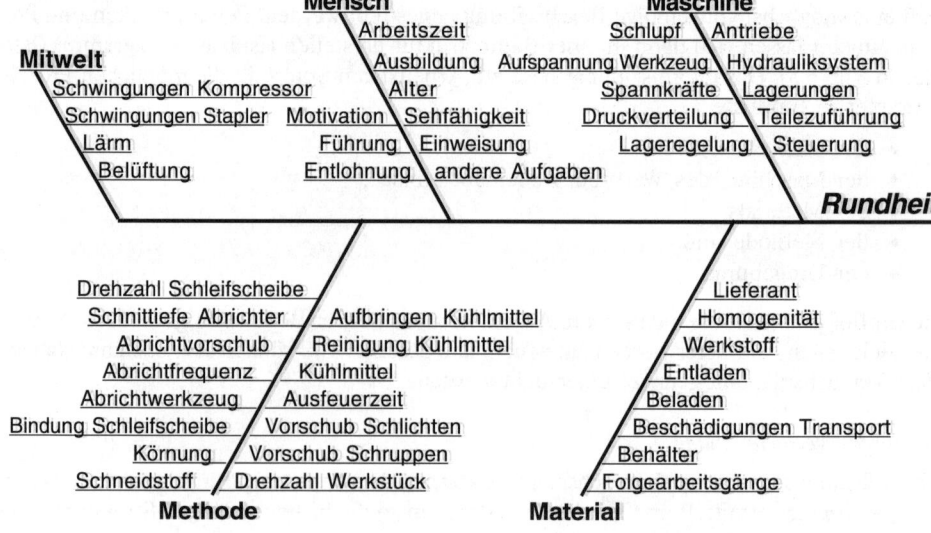

Bild 6.5   Parameterbaum für Rundschleifen – Beispiel

Eine vorab durchgeführte Schwingungsmessung an der Maschine zeigte ein Frequenzmuster, das der Frequenz des Antriebsmotors für das Hydraulikaggregat entspricht. Schwingungen des Hydraulikaggregats können das Schleifergebnis verschlechtern. Erfahrungswerte der Fertigung lassen einen bedeutenden Einfluß der Ausfeuerzeit vermuten. Als Ausfeuern wird das Schleifen ohne Vorschub bezeichnet. Damit sollen Maßänderungen abgebaut werden, die während der Bearbeitung durch elastische Verformung von Werkstück, Aufspannung und Maschine auftreten können.

In einer Versuchsreihe wird zunächst untersucht, welchen Einfluß das Hydraulikaggregat und die Ausfeuerzeit haben. Um das Hydraulikaggregat während des Schleifens stillsetzen zu können, muß ein Druckspeicher an die Maschine angebaut werden. Die Ausfeuerzeit läßt sich im NC-Programm verändern.

Tabelle 6.4 zeigt die Versuchsreihe.

Tabelle 6.4   Versuchsplan für Rundschleifen

Versuchsreihe	Hydraulik-aggregat	Ausfeuerzeit	Kombination	Rundheit [μm]
1	an	kurz	1	3,5
2	an	lang	2	1,6
3	aus	kurz	2	1,7
4	aus	lang	1	1,4

Zur Durchführung des Versuchs muß das qualitative Merkmal „kurz" und „lang" quantifiziert werden, z. B. kurz = 10 sec und lang = 25 sec. Mit den Maschineneinstellungen der vier Versuchsreihen werden mehrere Werkstücke geschliffen. Als Versuchsergebnisse sind die Durchschnittswerte in der Spalte Rundheit angegeben.

Ein Vergleich der Versuchsergebnisse zeigt, daß eine gute Qualität entweder durch Abschalten des Hydraulikaggregats oder durch eine lange Ausfeuerzeit zu erreichen ist. Diese Aussage kann durch einen Vergleich der Mittelwerte der Versuchsergebnisse für den Parameter „Hydraulikaggregat" und für den Parameter „Ausfeuerzeit" quantifiziert werden:

Für das Hydraulikaggregat wird der Unterschied berechnet durch:

Durchschnitt Aggregat an   –   Durchschnitt Aggregat aus =
(3,5 + 1,6):2   –   (1,7 + 1,4):2 = 1,0

Für die Ausfeuerzeit sind die entsprechenden Werte (Ausfeuerzeit kurz – Ausfeuerzeit lang):

(3,5 + 1,7):2 - (1,6 + 1,4):2 = 1,1

Die Spalte „Kombination" dient zur Überprüfung einer Abhängigkeit zwischen den beiden Parametern. Der Vergleich der Mittelwerte der Kombinationsmerkmale 1 und 2 deutet auf einen gewissen Einfluß:

(3,5 + 1,4):2 - (1,5 + 1,7):2 = 0,8

Diese Berechnungen können auch visualisiert werden. Das Bild 6.6 zeigt die erreichte Rundheit bei kurzer und langer Ausfeuerzeit.

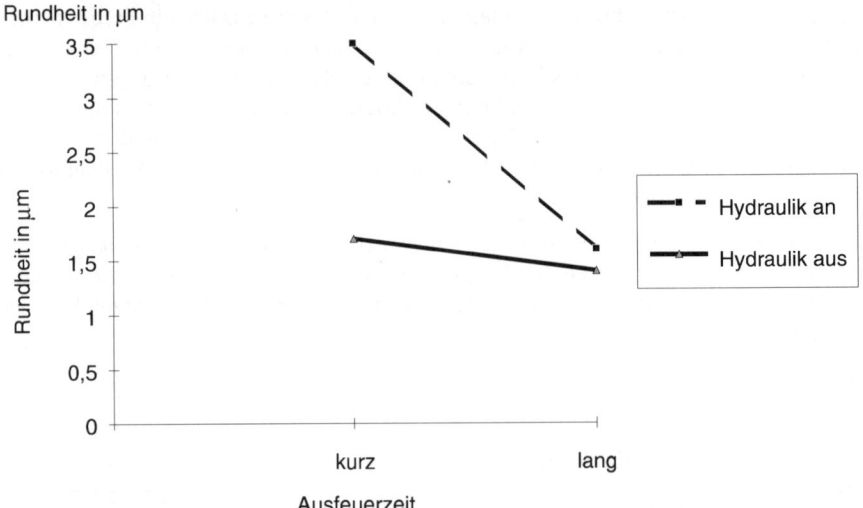

Bild 6.6   Fertigungsparameter und ihr Einfluß auf das Schleifergebnis (Versuchsergebnis) – Beispiel

Die Aussagen über Signifikanz können mit varianzanalytischen Methoden verifiziert werden (vgl. dazu z.B. [Bamberg Baur]).

Da eine Rundheit besser als 2,0 µm durch eine lange Ausfeuerzeit oder durch Abschalten des Hydraulikaggregats erreicht werden kann, müssen die Versuchsergebnisse auch wirtschaftlich interpretiert werden. Als Konsequenz können entweder die Schleifmaschinen mit einem Hydraulikdruckspeicher nachgerüstet werden oder ein längere Ausfeuerzeit programmiert werden. Welche Alternative die wirtschaftlich günstigere ist, hängt von der Kapazitätsnutzung ab. Eine längere Ausfeuerzeit verlängert die Prozeßzeit und kostet damit Kapazität. Ist der Schleifprozeß ein Engpaß, können mit den Investitionen in zusätzliche Druckspeicher Investitionen für eine Kapazitätserweiterung durch zusätzliche Maschinen gespart werden.

Dieses Beispiel deutet die Leistungsfähigkeit der statistischen Versuchplanung nur an. Verfügbar sind auch Versuchspläne für mehr als 2 Parameter (näheres z.B. bei [Krottmaier]).

Ähnliche Versuchpläne können auch in der Konstruktion zur Vorgabe von Toleranzen eingesetzt werden. Untersucht werden dann die Wirkungen von z.B. Materialien, Toleranzen oder Oberflächen auf wichtige Eigenschaften eines Produktes. Die Auswertung nach wirtschaftlichen Kriterien legt dann die Konstruktionsvorgaben so fest, daß sie die Fertigung kostenminimal erfüllen kann.

Mit der statistischen Versuchplanung können *gleichzeitig* mehrere Einflußgrößen untersucht werden. Daraus ergeben sich folgende Vorteile:

- weniger Versuche ,
- schnellere Durchführung der Versuche,
- Erkennen von Abhängigkeiten,
- Möglichkeit, eine kostengünstige Parameterkombination zu wählen,
- statistische Absicherung der Ergebnisse.

Prozeß-FMEA

In der Prozeß-FMEA wird die Bedeutung des Fertigungsprozesses für die Qualität untersucht. Die Prozeßsicherheit beschreibt die Wahrscheinlichkeit, daß ein Fehler auftritt.

Ähnlich wie die Konstruktions-FMEA werden in der Prozeß-FMEA die drei Größen

- Wahrscheinlichkeit für das zufällige Auftreten des Fehlers,
- Bedeutung und Auswirkung des Fehlers sowie
- Wahrscheinlichkeit für das Erkennen des Fehlers vor der Auslieferung

bewertet und die einzelnen Bewertungszahlen zu einer Risikoprioritätszahl multipliziert. Ist diese Zahl größer als Hundert, muß der Fertigungsprozeß neu gestaltet werden. Die Bewertungskriterien für die Fehlerauswirkung und für die Wahrscheinlichkeit, den Fehler zu entdecken, sind bei Konstruktions- und Prozeß-FMEA ähnlich (vgl. Tabellen 6.2 und 6.3). Die Bewertung für die Fehlerwahrscheinlichkeit der Prozeß-FMEA zeigt Tabelle 6.5.

Tabelle 6.5   Bewertungskriterien für Fehlerwahrscheinlichkeiten in der Prozeß-FMEA [FORD Prozeß-FMEA]

Wahrscheinlichkeit für das Auftreten eines Fehlers in einem Fertigungsprozeß	*Mögliche Fehlerrate*	*Bewertungspunkte*
SEHR GERING Die Prozeß-Fähigkeit liegt mit $\bar{x} \pm 4s$ innerhalb der Spezifikation ($C_p > 1,33$).	1/10000	1
GERING Der Prozeß ist unter statistischer Kontrolle. Die Prozeßfähigkeit liegt mit $\bar{x} \pm 3s$ innerhalb der Spezifikation ($C_p > 1,0$).	1/5000 1/2000 1/1000 1/500	2 3 4 5
MÄSSIG Mit früheren Fertigungsverfahren vergleichbar, die gelegentlich, aber nicht in einem wesentlichen Umfang, Fehler aufwiesen. Der Prozeß ist unter statistischer Kontrolle, die Prozeß-Fähigkeit liegt mit $\bar{x} \pm 2,5s$ innerhalb der Spezifikation ($C_p > 0,83$).	1/200	6
HOCH Mit früheren Fertigungsverfahren vergleichbar, die oft zu Fehlern führten. Der Prozeß ist unter statistischer Kontrolle, die Prozeß-Fähigkeit liegt mit $\bar{x} \pm 2,5s$ oder weniger innerhalb der Spezifikation ($C_p < 0,83$).	1/700 1/50	7 8
SEHR HOCH Es ist nahezu sicher, daß Fehler auftreten werden.	1/20 1/10	9 10

6.5.3.4 Qualitätszirkel

Planungs- und Konstruktionsabteilungen beschäftigen sich vorwiegend mit längerfristigen Planungen, Umstellungen und Produktverbesserungen. Kleine, einfach zu realisierende Verbesserungen in der laufenden Produktion werden kaum realisiert.

Die Mitarbeiter kennen ihre Produktionsprozesse und Produktionsanlagen aus der täglichen Erfahrung. Durch Gruppenarbeit der Produktionsmitarbeiter in Qualitätszirkeln wird diese Erfahrung genutzt. Im Qualitätszirkel werden Qualitätsprobleme und ihre möglichen Ursachen zusammen mit der Qualitätssicherung und einem Moderator diskutiert. Gemeinsam formulierte Verbesserungsvorschläge helfen bei der Sicherung der Fertigungsprozesse. Sofern keine anderen Bereiche betroffen sind, können die Mitarbeiter des Qualitätszirkels ihre Verbesserungsvorschläge direkt einführen.

Für eine erfolgreiche Arbeit der Qualitätszirkel sollte sichergestellt sein:

- Vorbereitung der Mitarbeiter auf Ziele, Aufgaben und Spielregeln;
- Schulung der Moderatoren (Moderatorentraining),
- Planerische Unterstützung (Methoden des Industrial Engineering, der Prozeßsicherung und der Prüfplanung),
- Einfließen lassen von Qualitätszirkel-Verbesserungen in laufende (langfristige) Planungsergebnisse (das Rad nicht zweimal erfinden),
- Vermeidung von Konkurrenz zwischen Planung und Qualitätszirkel durch
  - Integration der Planer,
  - Aufgabenabgrenzung, z.B. langfristige Planungen durch Planungsabteilungen und kurzfristig einsetzbare Verbesserungen durch Qualitätszirkel;
- Anreizsystem durch
  - schnelle sichtbare Erfolge,
  - schnelle Umsetzung,
  - Umsetzung durch Werker selbst,
  - Prämien und Prämienentlohnung.

Qualitätszirkel können wichtige Motivatoren sein. Als Sekundäreffekt können damit auch Qualitätsprobleme, die durch die Mitarbeiter verursacht werden, wie z.B. Bedienungsfehler, verringert werden.

6.5.3.5 Qualitätsplanung mit Lieferanten

Da bei sinkender Fertigungstiefe der Zulieferanteil steigt, muß die Qualitätssicherung bei der Auswahl der Zulieferer beteiligt sein. Aufgaben hierbei sind:

- Festlegen des Qualitätsniveaus und der Prüfvorschriften,
- Beurteilung des Lieferanten und seiner Fertigungsprozesse,
- Durchführung von Qualitätssicherungsmaßnahmen mit dem Lieferanten.

Um den eigenen Fertigungsprozeß von Störungen freizuhalten, können auch recht extreme Qualitätssicherungsmaßnahmen mit dem Lieferanten vereinbart werden. So können z.B. die Schrauben für die automatische Montage einzeln geprüft und in kleinen Plastiktüten bereitgestellt werden. Dadurch soll vermieden werden, daß eine fehlerhafte Schraube, die sich bei automatischer Montage verklemmen kann, die Produktion stillsetzt.

Lieferantenbewertungen gehören zum Standard der Automobilindustrie und werden auch in anderen Branchen eingeführt (vgl. Kap. 1.3.3.2). Eine wesentliche Bedeutung spielt dabei die Qualität, die der Lieferant bieten kann. Dazu muß der Lieferant seinerseits Qualitätssicherungsmaßnahmen und die entsprechenden Methoden, wie z.B. FMEA nachweisen.

Lieferanten können dabei auch Unterstützung vom Kunden bekommen für gemeinsame Qualitätssicherungsprogramme.

Allerdings liegt in Maßnahmen zur Steigerung der Qualitäts- und Prozeßsicherheit ein großer Teil des Prozeß-Know-hows und damit der Marktstärke des Lieferanten. Voraussetzung für gemeinsame Qualitätssicherungsprogramme sind deshalb langfristige und partnerschaftliche Kunden-Lieferanten-Beziehungen.

Diese Partnerschaft erleichtert auch die Teilung des Gewinns aus gemeinsam entwickelten Verbesserungsmaßnahmen.

6.5.4   Qualitätslenkung durch statistische Prozeßkontrolle SPC

Ziel der Qualitätslenkung ist, den Fertigungsprozeß innerhalb des vorgegebenen Toleranzfeldes zu halten. Gelingt dies, erreicht man eine „Null-Fehler-Produktion". Voraussetzung dazu ist:
- ein qualitätsfähiger Prozeß (vgl. Kap. 6.5.3.3) und
- eine schnelle Prüfung, um systematische Fehler frühzeitig zu erkennen (vgl. Kap. 6.5.1).

Prinzip der Qualitätslenkung ist, während der laufenden Fertigung Teile zu messen und die Meßergebnisse über der Zeitachse graphisch darzustellen (Statistische Prozeßkontrolle SPC). Hilfsmittel sind Prozeßregelkarten, die entweder manuell oder mit Rechnerunterstützung (z.B. kombiniert mit automatischer Meßwerterfassung und -speicherung) geführt werden können. Bild 6.7 zeigt das Beispiel einer $\overline{X}$/R-Karte. In diese Karte werden die Mittelwerte und Spannweiten mehrerer Stichproben eingetragen.

Der Mittelwert zeigt die Lage der Meßwerte der produzierten Teile im Toleranzfeld. Ein beherrschter Fertigungsprozeß produziert Teile innerhalb des Toleranzfeldes. Der Prozeß gilt als beherrscht, wenn die Warngrenzen oder Eingriffsgrenzen, die enger als die Toleranzgrenzen gesetzt sind, von den Meßwerten nicht berührt werden und die durchschnittlichen Meßwerte nahe an der Mitte des Toleranzfeldes liegen.

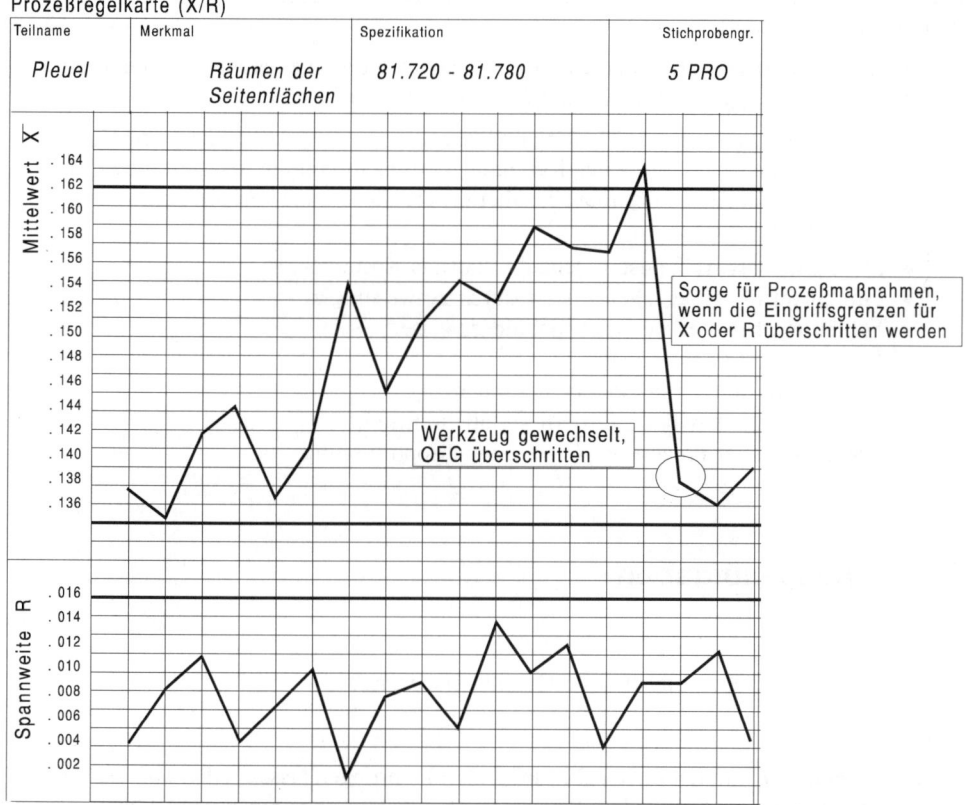

Bild 6.7   Beispiel für eine Prozeßregelkarte [FORD Statistische Prozeßregelung]

Die Spannweite zeigt, wie stark die Meßergebnisse streuen. Diese Größe ist ein gut handhabbares Maß, wie gut die Verfahrensparameter gesteuert werden.

Wird eine Eingriffsgrenze im x-Diagramm oder im R-Diagramm überschritten, müssen Fertigungsparameter verändert werden. Ein Eingreifen ist weiterhin vorgeschrieben, wenn systematische Fehler erkennbar werden, z.B.:

- eine lange Folge von Meßwerten liegt über oder unter dem Mittelwert,
- längere Trends sind erkennbar,
- die Häufigkeitsverteilung der Meßwerte in der Stichprobe weicht von der zu Grunde gelegten Häufigkeitsverteilung ab.

Im Beispiel Bild 6.7 wurde ein verschlissenes Werkzeug gewechselt, weil der Mittelwert die obere Eingriffsgrenze überschritten hatte.

Wie gut die Prozeß-Sicherheit ist, wird durch den C_{pk}-Wert quantifiziert (vgl. Kap. 6.5.3.3)

6.5.5 Überprüfung und Anpassung des Qualitätssicherungs-Systems

Die Gestaltung des Qualitätssicherungssystems wird von der Abteilung Qualitätssicherung verantwortet. Das Unternehmen bewegt sich in einem dynamischen Umfeld mit sich ändernder Produkt- und Fertigungstechnik sowie ständigen Veränderungen der Kunden- und Lieferantenbeziehungen. Entsprechend muß das Qualitätssicherungssystem regelmäßig überprüft und angepaßt werden.

Eine übliche Methode ist der Qualitäts-Audit. Dabei werden die eigenen Produkte im Vergleich zu Konkurrenzprodukten regelmäßig aus Kundensicht bewertet.

Heute schon hilft eine integrierte Planung und Gestaltung von Qualitätssicherung- und Logistiksystemen, das Ziel einer optimalen Kundenbedienung mit minimalen Beständen zu erreichen. Ein totales Qualitätsmanagement TQM erfordert gravierende Verhaltensänderungen im betrieblichen Alltag, z.B.:

- Mitarbeiter als Aktivposten sehen – statt als Kostenfaktor,
- Führen durch einbeziehen – statt durch Anweisungen,
- Fehlerursachen finden – statt Schuld zuweisen,
- Fakten – statt Vermutungen,
- Fehler verhüten – statt Fehler beseitigen,
- Verbesserungsaktivitäten fördern – statt bremsen,
- Optimieren von Prozessen – statt Bereichsoptimierung.

6.6 Übungsaufgaben

Aufgabe 6.1

Welche logistische Bedeutung hat die Qualitätssicherung?

Aufgabe 6.2

Reklamationen von Kunden über Fehl- und Falschlieferungen lassen auf Qualitätsprobleme in der Kommissionierung schließen. Welche Möglichkeiten sehen Sie, die Qualitätssicherheit der Kommissionierung zu erhöhen?

Aufgabe 6.3

An einer Engpaß-Maschine tauchen immer wieder Qualitätsprobleme auf, die nach ihrer Entdeckung in der Montage große Kosten verursachen (z.B. Stillstand der Montage, Kapazitätsverlust am Engpaß, Ausschuß- und Nacharbeitskosten). Was können Sie tun, um das Qualitätsproblem zu lösen? Unterscheiden Sie dabei in kurzfristig, mittelfristig und langfristig realisierbare Maßnahmen.

7 Anlagenverfügbarkeit

7.1 Lernziele

Der Leser kennt die Bedeutung der Anlagenverfügbarkeit für die nutzbare Fertigungskapazität und damit für die Logistik. Er kennt Maßnahmen zur Steigerung der Verfügbarkeit und kann die Auswirkung vorbeugender Instandhaltung auf Bestände und Durchlaufzeiten beurteilen.

7.2 Anlagenverfügbarkeit und Logistik

7.2.1 Problemstellung

Die Logistikziele (vgl. Kap. 1.2.1) fordern sichere Fertigungsprozesse. Neben der Qualitätssicherheit (vgl. Kap. 6) ist Kennzeichen eines sicheren Fertigungsprozesses, daß die Produktionsanlagen zweckbestimmt genutzt werden. Erst damit wird es möglich, zur richtigen Zeit in der richtigen Menge zu liefern. Wenn die Verfügbarkeit der Produktionsanlagen nicht sicher ist, muß die Lieferfähigkeit durch Sicherheitsbestände gewährleistet werden.

Sicherheitsbestände sind nicht immer möglich. So können z.B. in eine Modellreihe eines Mittelklassefahrzeugs ca. 30.000 verschiedene Sitze eingebaut werden. Diese Variantenvielfalt entsteht durch Kombinatorik aus der Sitzgeometrie, z.B. rechts und links, aus Stoffbezügen und aus Sonderausstattungen wie z.B. elektrische Sitzverstellung oder Sitzheizung.

Eine solche Menge von Sitzvarianten kann nicht wirtschaftlich im Sicherheitsbestand gehalten werden. Die Sitze werden deshalb von einem externen Zulieferer just-in-time gefertigt und an den Endhersteller geliefert (zum JIT-Konzept vgl. Kap.5.4). Voraussetzung für solche Fertigungs- und Lieferkonzepte ist ein weitgehend störungsfreies Fertigungs- und Distributionssystem.

Aus Logistiksicht besonders kritisch ist die Verfügbarkeit des Produktionssystems, das einen Engpaß darstellt. Der Engpaß in einem Fertigungsdurchlauf bestimmt die maximale Kapazität des gesamten Fertigungsprozesses. Kapazität, die z.B. durch eine Störung am Engpaß verloren geht, ist nicht wieder aufzuholen und führt direkt zum Umsatzverlust und der daraus folgenden Gewinnschmälerung. Sicherung des Fertigungsprozesses bedeutet deshalb vor allem auch Sicherung der Verfügbarkeit (vgl. Kap 7.2.2) des Engpasses.

Die Sicherung der Verfügbarkeit von Fertigungs-, Transport- und Lagersystemen ist eine Ingenieuraufgabe und kann unterteilt werden in

- Planung der Anlagen und
- Betrieb und Instandhaltung der Anlagen.

Beide Aufgaben haben Auswirkungen auf die Logistik, wie z.B. die Höhe der Sicherheitsbestände. Beide Aufgaben haben aber auch direkte Logistik-Komponenten.

Bei der Planung von Logistiksystemen ist die Verfügbarkeit der Systeme Teil der Planungsaufgabe. Eine leistungsfähige Instandhaltung kann eine Maßnahme sein, die Verfügbarkeit der Gesamtanlage und des Engpasses zu sichern. Die Instandhaltung verursacht jedoch auch Kosten im Logistikbereich. So binden z.B. auch Ersatzteillager Kapital und verursachen Lagerkosten für Lagereinrichtung und Lagerverwaltung.

Aufgabe einer in die Logistik integrierten Sicherung der Anlagenverfügbarkeit ist, ein Optimum aus Anlagenaufwand, Instandhaltungsaufwand und Logistikaufwand in Kosten, Anlagevermögen und Beständen zu finden.

7.2.2 Begriffe

Die Verfügbarkeit einer Anlage beschreibt den Zeitanteil, in dem die Anlage einsatzbereit ist.

Betriebszeit = Zeit der Einsatzfähigkeit + Störzeit + Reparaturzeit

$$Verf\ddot{u}gbarkeit = \frac{Zeit\ der\ Einsatzf\ddot{a}higkeit}{Betriebszeit} = 1 - \frac{St\ddot{o}rzeit + Reparaturzeit}{Betriebszeit}$$

Die Betriebszeit ist die Zeit, während der die Anlage üblicherweise betrieben wird, wie z.B. die Schichtzeit der Produktion. Die Fertigungsanlage kann entweder einsatzfähig, gestört oder in Reparatur sein; die Betriebszeit setzt sich also aus den Zeiten für Einsatzfähigkeit, den Störzeiten und den Reparaturzeiten zusammen. Während der Störzeit kann die Anlage ihren Zweck nicht erfüllen, z.B. also nicht produzieren. Während der Reparaturzeit wird die Anlage gewartet oder instandgesetzt (Begriffe vgl. Kap. 7.3.1).

Kenngrößen für die Verfügbarkeit sind die Zeit zwischen dem Auftreten von zwei Fehlern, Time Between Failure TBF und die Zeit zum Reparieren dieses Fehlers Time To Repair TTR. Die Time To Repair TTR ist der Zeitraum, während der die Anlage gestört ist und repariert wird. Diese beiden Zeiten, TBF und TTR sind Zufallsvariable und können durch eine entsprechende Wahrscheinlichkeitsverteilung beschrieben werden. Typische Kenngrößen für Pflichtenhefte sind die mittlere Zeit zwischen Fehlern MTBF sowie die durchschnittliche Reparaturzeit MTTR. Die durchschnittliche Verfügbarkeit einer Anlage kann damit berechnet werden durch:

MTBF Durchschnittlicher Zeitraum zwischen dem Auftreten von zwei Fehlern
       Mean Time Between Failure

MTTR Durchschnittliche Störzeit und Reparaturzeit
       Mean Time To Repair

$$Verf\ddot{u}gbarkeit = \frac{MTBF}{MTBF + MTTR}$$

Im Gegensatz zur Verfügbarkeit beschreibt die Zuverlässigkeit lediglich die Wahrscheinlichkeit, daß eine Anlage während eines Zeitraums einsatzbereit ist. Die Zuverlässigkeit ist also die Gegenwahrscheinlichkeit zur Ausfallwahrscheinlichkeit.

Zuverlässigkeit = 1 - Ausfallwahrscheinlichkeit

Die Dauer der Störung und der Reparatur werden in der Kenngröße Zuverlässigkeit nicht berücksichtigt.

Die Verfügbarkeit kann durch die Gestaltung der Anlage und ihrer Elemente wesentlich beeinflußt werden. Bild 7.1 systematisiert die Möglichkeiten zur Verbesserung der Anlagenverfügbarkeit.

7.2.3 Störungsreduktion

Störungsreduktion bedeutet, daß weniger Störungen auftreten; unter Störungskompensation sind Maßnahmen beschrieben, wie die Auswirkung von Störungen klein gehalten werden kann.

MÖGLICHKEITEN ZUR VERBESSERUNG DER ANLAGENVERFÜGBARKEIT

STÖRUNGSREDUKTION

STÖRUNGSKOMPENSATION

Verbesserung der Stationen	Verbesserung der Instandhaltung	Verbesserung der Anlagenstruktur	Verbesserung des Fertigungsablaufs
optimale Technologie auswählen	Reservebaugruppen und Servicepersonal bereitstellen	Stationen entkoppeln	Bearbeitungsreihenfolge ändern
Zuverlässigkeit der Baugruppen erhöhen	Diagnosesysteme verwenden	Fertigungsaufgabe auf parallele Stationen aufteilen	Fertigungsaufgabe auf andere Stationen übertragen
Austauschbau vorsehen			

Bild 7.1   Möglichkeiten zur Verbesserung der Anlagenverfügbarkeit

Maßnahmen zur Verbesserung der Zuverlässigkeit einzelner Anlagenbaugruppen und die Auswahl einer optimalen Technologie verringern die Ausfallwahrscheinlichkeit dieser Systemelemente. Bei Elektromotoren an Förderanlagen könnte z.B. ein Wechselstrom-Motor (Kurzschlußläufer) verwendet werden, der keine Kohlebürsten hat. Da dieser Motor, im Gegensatz zum Gleichstrommotor, weniger Verschleißteile hat, ist seine Verfügbarkeit in der Regel höher.

Die Reparaturzeit kann verkürzt werden, wenn eine defekte Baugruppe schnell gegen eine funktionierende ausgetauscht werden kann. Unabhängig von Ausfallzeiten der Anlage kann die defekte Baugruppe instand gesetzt werden und als Ersatzbaugruppe für die nächste Störung bereitstehen. Austauschbau wird durch eine Baukastenkonstruktion (vgl. Kap. 1.3.1) erleichtert.

Ein Spezialfall des Austauschbaus sind redundante Teilsysteme. Solche Teilsysteme stehen für einen Störfall bereit und können die Aufgabe des ausgefallenen Teilsystems sofort übernehmen. Man unterscheidet dabei

- „heiße" Redundanz und
- „kalte" Redundanz.

Eine heiße Redundanz ist ständig betriebsbereit und bearbeitet die Aufgaben des normalen Systems mit. Beispiel sind Prozeßrechner, z.B. für die Lagerverwaltung und –steuerung, die auf zwei unabhängigen Rechnern die Steuer- und Verwaltungsalgorithmen parallel abarbeiten. Da ein Rechner genügt, ist das Lager auch bei Ausfall eines Rechners voll betriebsfähig.

Eine kalte Redundanz ist dagegen erst im Einsatz, wenn das erste System ausfällt. Z.B. können in einem Transportsystem mehr Fahrzeuge eingeplant sein, als zur Erfüllung der Transportaufgabe notwendig sind, um auch bei Ausfall von Fahrzeugen genügend Kapazität zur Verfügung zu haben. Kalte Redundanzen können auch als Reserven für Spitzenbelastungen eingesetzt werden.

Auch eine schnelle Verfügbarkeit von Reservebaugruppen und von Servicepersonal verkürzt die Reparaturzeit. Die Gestaltung des Ersatzteillagers und die Sicherung der Verfügbarkeit von Ersatzteilen ist ein Logistikproblem. Die Verfügbarkeit von Servicepersonal ist ein organisatorisches Problem, dessen mögliche Lösungen und in Kap. 7.3.3 beschrieben werden.

Diagnosesysteme können entweder die Fehlersuche im Störfall erleichtern und damit die Reparaturzeit verringern oder sie werden im Rahmen der vorbeugenden Instandhaltung (vgl. Kap. 7.3.3) eingesetzt, um mögliche Ausfälle frühzeitig zu erkennen. So werden z.B. in FTS-Fahrzeuge Diagnosesysteme eingebaut, um Fehler in der elektronisch aufwendigen induktiven Spurführung schnell zu erkennen.

7.2.4 Störungskompensation

Störungskompensation verringert die Auswirkungen einer Störung. Da eine Störung einer technischen Anlage aber immer auch eine Störung des Betriebsablaufes bedeutet, ist aus Sicht der Logistik die Störungskompensation immer nur die zweitbeste Lösung gegenüber der Störungsreduktion.

Wird die Fertigungs- oder Transportaufgabe auf parallele Stationen verteilt, verringert sich bei Ausfall einer Station zwar die Kapazität, es bleibt aber eine Restleistungsfähigkeit erhalten. Teil einer Lagerverwaltung ist immer die Querschnittseinlagerung (vgl. Kap. 3.5), die dafür sorgt, daß mehrere Behälter eines Teils in verschiedene Regalgassen eingelagert werden. Da die Regalbediengeräte (RBG) parallel arbeiten, kann auch nach Ausfall eines RBG ein Behälter dieses Teils ausgelagert werden.

Gerade aus logistischer Sicht werden für Fertigungsdurchläufe Fließsysteme angestrebt (vgl. Kap. 5.3.3). Nachteil von solchen verketteten Fließsystemen ist, daß bei Ausfall einer Station der gesamte Fertigungsdurchlauf gestört ist. Bild 7.2 zeigt die Gesamtverfügbarkeit und Ausbringung bei Reihenschaltung der Stationen. Im Vergleich dazu zeigt Bild 7.3 die Verfügbarkeiten und Ausbringungen bei Stationen in Parallelschaltung.

Stationen für automatische Montage haben oft eine geringere Verfügbarkeit als das restliche manuelle Montagesystem. Diese Montageautomaten werden deshalb besonders sorgfältig ausgelegt und gegenüber der weiteren Montagelinie abgepuffert („entkoppelte Abschnitte" in Bild 7.1).

Die Fahrwerke einer Elektrohängebahn (EHB) auf einem Förderkreis sind im Sinn der Verfügbarkeit in Reihe geschaltete Systemelemente. Eine Störung eines Fahrwerks kann das gesamte EHB-System blockieren. Um solche Ausfälle zu verringern, werden z.B. die Fahrwerke von Elektrohängebahnen regelmäßig automatisch überprüft (Diagnosesysteme). Erkennt das Diagnosesystem einen möglichen Ausfall des EHB-Fahrwerks, z.B. weil die Kohlebürsten des Gleichstrommotors abgenutzt sind, wird das Fahrwerk automatisch ausgeschleust, damit eine Störung des Antriebsmotors nicht den gesamten Materialfluß lahm legt. Fällt trotzdem ein Fahrwerk aus, kann der Reibradantrieb ausgekuppelt werden und das defekte Fahrwerk wird von einem anderen Fahrwerk abgeschleppt, damit der Förderkreis möglichst bald wieder frei befahrbar ist („Austauschbau" in Bild 7.1).

Entkoppelte Abschnitte einer Fertigungsanlage verhindern, daß Störungen in einem Abschnitt sofort zu Stillstandszeiten in den anderen Abschnitten führen. Die Entkoppelung kann nur im Rahmen der Pufferkapazität wirken; da viele Störungen aber schnell behoben werden können, bieten auch kleine Puffer von wenigen Minuten wirksame Verbesserungen. Puffer entkoppeln außerdem Bereiche mit streuenden Arbeitszeiten von einer starren Taktbindung. Die Pufferfunktion ist meist in die Fördertechnik integriert (vgl. Kap. 2.3, Eigenschaft „Aufstauen").

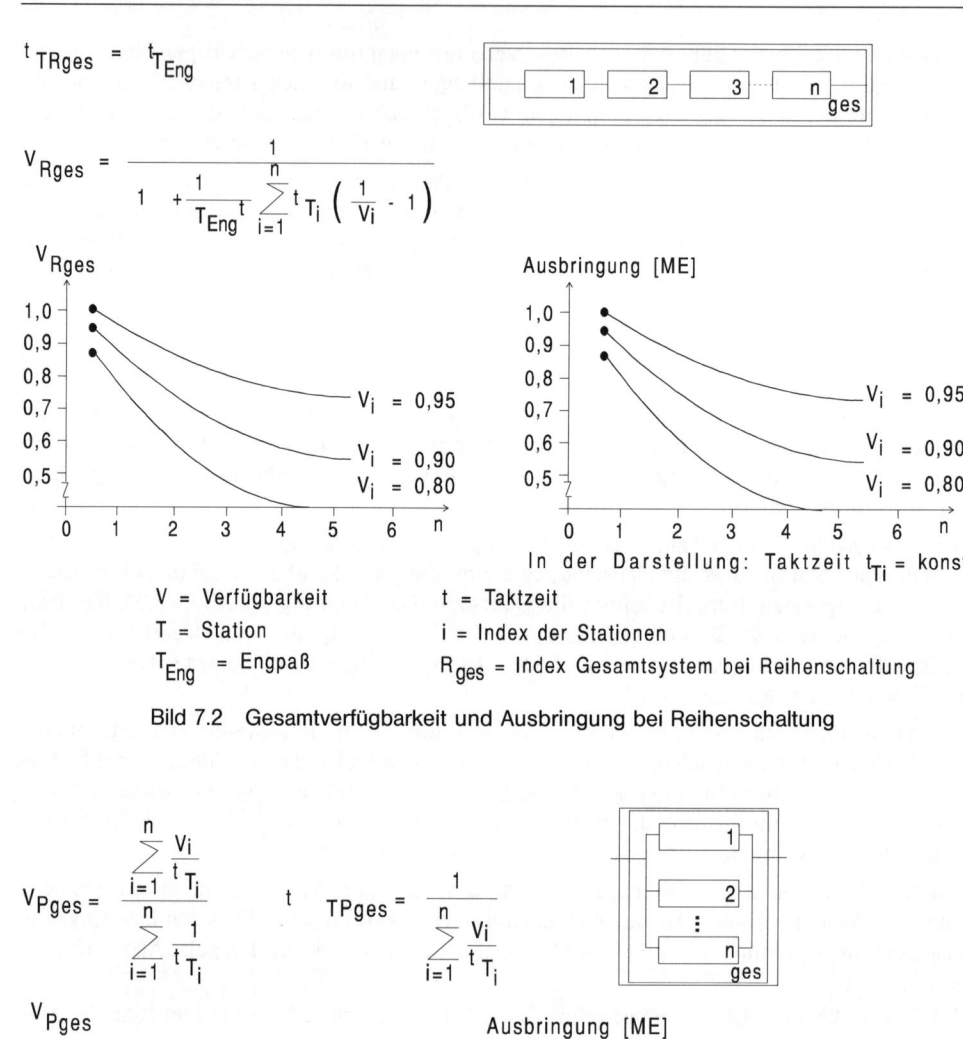

$$^t T_{TRges} = \; ^t T_{Eng}$$

$$V_{Rges} = \cfrac{1}{1 + \cfrac{1}{^t T_{Eng}} \sum_{i=1}^{n} {}^t T_i \left(\frac{1}{V_i} - 1 \right)}$$

V = Verfügbarkeit   t = Taktzeit

T = Station   i = Index der Stationen

T_{Eng} = Engpaß R_{ges} = Index Gesamtsystem bei Reihenschaltung

Bild 7.2   Gesamtverfügbarkeit und Ausbringung bei Reihenschaltung

$$V_{Pges} = \cfrac{\displaystyle\sum_{i=1}^{n} \frac{V_i}{^t T_i}}{\displaystyle\sum_{i=1}^{n} \frac{1}{^t T_i}} \qquad ^t T_{TPges} = \cfrac{1}{\displaystyle\sum_{i=1}^{n} \frac{V_i}{^t T_i}}$$

V = Verfügbarkeit   t = Taktzeit

T = Station   i = Index der Stationen

                         P_{ges} = Index Gesamtsystem bei Parallelschaltung

Bild 7.3   Gesamtverfügbarkeit und Ausbringung bei Parallelschaltung

Kann die Bearbeitungsreihenfolge, z.B. durch Vorziehen von Arbeitgängen geändert werden, ist zumindest der Fertigungsdurchlauf und -fortschritt gesichert, obwohl eine Station ausgefallen ist. Allerdings muß die ausgefallene Arbeitsfolge nachgeholt werden, was zu Kapazitätsspitzen dieser Station führen kann. Im Rahmen von Notfallstrategien kann eine solche Alternative als „Schubladenplan" erstellt werden.

Ebenso kann es zu einer Notfallstrategie gehören, Fertigungsaufgaben auf andere Stationen zu verteilen. Für JIT-Anlieferungen von externen Zulieferern kommen z.B. nur Baugruppen in Betracht, die außerhalb des normalen Montageablaufs nachgerüstet werden können (vgl. Kap. 5.4). Da die Transportrisiken über öffentliche Straßen eine Reduktion von Transportstörungen begrenzen, müssen externe JIT-Teile notfalls nachgerüstet werden, um einen Stillstand des Montagebandes zu vermeiden. Bevor nachgerüstet wird, stehen aber zusätzliche Kleintransporter bereit (kalte Redundanz), die eine Lieferung übernehmen können.

Wie Bild 7.1 zeigt, gibt es eine Fülle von technischen Maßnahmen zur Sicherung der Anlagenverfügbarkeit. Aufgabe des Ingenieurs und des Planungsteams ist es, ein Produktionssystem mit seinen Fertigungs- und Logistikkomponenten so zu gestalten, daß eine Verfügbarkeit mit minimalem wirtschaftlichem Aufwand erreicht wird.

Bild 7.1 zeigt weiterhin, daß Instandhaltung eine von mehreren Möglichkeiten ist, die Anlagenverfügbarkeit zu sichern.

7.3 Instandhaltung als Aufgabe der Betriebsführung

7.3.1 Begriffe

Nach DIN 31051 wird Instandhaltung unterteilt in

- Wartung: Bewahrung des Soll-Zustandes,
- Inspektion: Überprüfen des Ist-Zustandes und Feststellen von
                      Abweichungen zum Soll-Zustand und
- Instandsetzung: Wiederherstellen des Soll-Zustandes.

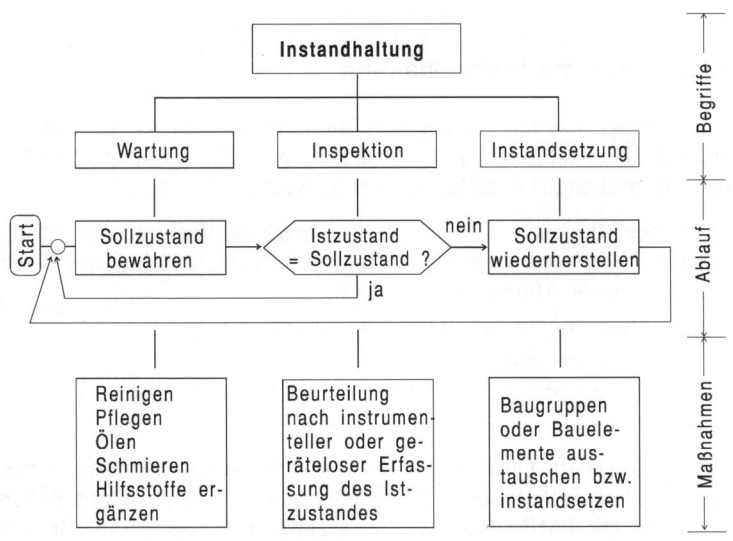

Bild 7.4   Begriffe der Instandhaltung

Instandhaltung kann als Dienstleistung intern oder extern erbracht werden (vergleiche Kapitel 1.3.4 Produktdifferenzierung durch zusätzliche Dienstleistungen). Im folgenden wird die Instandhaltung unter dem Blickwinkel der internen Dienstleistung betrachtet.

7.3.2   Aufgaben der Instandhaltung

Ziele und Aufgaben der Instandhaltung sind:

- Sicherung der Anlagenverfügbarkeit,
- Sicherung der Arbeitssicherheit,
- vermeiden von Umweltbelastungen.

Aus Sicht der Logistik ist die wichtigste Aufgabe, Störungen zu vermeiden und zu beseitigen. Die Störung kann dabei durch Verschleiß, durch Fehlbedienung oder durch eine Schwachstelle von Anlagenteilen verursacht sein.

Daraus ergeben sich die wichtigsten funktionsbezogenen Aufgaben der Instandhaltungsabteilung:

- Ablauforganisation der Instandhaltungsaufgaben (vgl. Kap. 7.3.3),
- Instandhaltungs-Planung,
- Wartung,
- Inspektion,
- Instandsetzung.

Funktionsübergreifend wirkt die Instandhaltung bei der Planung von Fertigungs-und Logistiksystemen. Ergebnisse dieser Planung bestimmen die Anlagenverfügbarkeit und fließen z.B. in die Investitionsplanung oder in die Kapazitätsplanung ein.

Zusätzlich übernimmt die Instandhaltungsabteilung oft weitergehende Anlagenbetreuung, wie z.B. Umbau von Maschinen zur Anpassung an neue Produkte oder Installation neuer Maschinen und Anlagen.

7.3.3   Organisation der Instandhaltung

Die aufgezeigten Möglichkeiten Störungsreduktion und Störungskompensation beschreiben quantifizierbare Einflußfaktoren. Die Quantifizierung ist über Vergangenheitsdaten, Bool'sche Algebra, Wahrscheinlichkeitstheorie und Versuche möglich.

Darüber hinaus beeinflussen nicht quantifizierbare Einflußfaktoren die Verfügbarkeit von Fertigungssystemen. Am wichtigsten ist dabei die Einsatzbereitschaft des Bedienungs- und Instandhaltungspersonals. Motivatoren sind z.B.

- die Einbindung der Mitarbeiter in die Arbeitsgruppen,
- die Führung durch den Vorgesetzten,
- die Kompetenz und Verantwortung für die Fertigungsanlage,
- Prämienentlohnung.

Neben der Motivation ist die Qualifikation des Instandhaltungspersonals und des Bedienpersonals von entscheidender Bedeutung. Dazu gehören auch Erfahrung und Beherrschung der Fertigungsmethode. Die FMEA (vgl. Kap. 6.5.3.2) bewertet deshalb die Beherrschung und die Bekanntheit des Fertigungsprozesses.

7.3.3.1 Ablauforganisation

Die Ablauforganisation für Instandhaltungsaufgaben regelt:

- Welche Aufgaben mit welcher Priorität zu erledigen sind,
- wer diese Aufgaben übernimmt,
- wie die Aufgaben erteilt und abgerechnet werden,
- wie die Änderungen an Anlagen (veränderter Soll-Zustand) dokumentiert werden.

So ist festzulegen, wie Störungen erkannt und gemeldet werden, wie die Arbeit des Instandhaltungspersonals verteilt wird und wie die Aufträge verwaltet werden. So kann z.B. die Verfügbarkeit des Engpasses gesteigert werden, wenn dem Instandhaltungspersonal die Engpaßsituation bekannt ist und Störungen an Engpässen mit hoher Priorität beseitigt werden.

Diese Ablauforganisation ist normalerweise in einem Instandhaltungsplan oder einem Instandhaltungsbuch schriftlich fixiert.

Vorbeugende Instandhaltung

Wesentliche Frage im Rahmen der Instandhaltungsaufgaben ist die Frage nach der „vorbeugenden Instandhaltung". Durch regelmäßige Wartung und Inspektion können Fehler frühzeitig erkannt werden. Die Instandsetzung kann dann veranlaßt werden, bevor der Fehler zum Stillstand der Anlage führt. So zählt z.B. die automatische Diagnose der EHB-Fahrwerke zur vorbeugenden Instandhaltung, denn die Fahrwerke werden regelmäßig inspiziert und ggf. vorbeugend ausgeschleust, damit eine Blockierung der Förderanlage durch ein fehlerhaftes Fahrwerk sicher vermieden werden kann.

Aus Sicht der Logistik sind die wichtigsten Vorteile der vorbeugenden Instandhaltung:

- Die Instandhaltung kann in die Kapazitätsplanung des PPS-Systems aufgenommen werden,
- sichere Qualität der Produkte durch einen sicheren Fertigungsprozeß,
- vermeiden von Folgeschäden,
- Instandhaltungsarbeiten kosten keine Kapazität, wenn sie außerhalb der normalen Betriebszeiten erledigt werden können (dafür aber höhere Lohnkosten durch Wochenend- oder Nachtarbeit).

Die Nachteile der vorbeugenden Instandhaltung sind:

- Die Inspektionen kosten Zeit (Kapazität) und Geld (Personalkosten oder sonstige Diagnosekosten), auch wenn keine Fehler entdeckt werden;
- die Teile werden vorbeugend, manchmal zu früh, ausgetauscht.

Für eine logistikgerechte Fertigung sind sichere Fertigungsprozesse Voraussetzung. Die vorbeugende Instandhaltung ist Teil der Prozeßsicherung. Besonders an Engpässen ist sie Voraussetzung, um ungeplante Kapazitätsverluste zu vermeiden. Eine vorbeugende Instandhaltung ist nicht notwendig bei

- unkritischen Fertigungsprozessen,
- ausreichender (Reserve-)Kapazität.

7.3.3.2 Aufbauorganisation

In der Aufbauorganisation wird festgelegt, welche Kompetenzen und Verantwortungen zur Erfüllung der Instandhaltungsaufgaben den einzelnen Fertigungs-, Logistik- und Instandhaltungsabteilungen zugeordnet sind und wie diese Abteilungen hierarchisch gegliedert sind. Allgemein verbindliche Empfehlungen zur Aufbauorganisation der Instandhaltung sind nicht möglich.

Zentralisierung und Dezentralisierung

Wichtiger Gestaltungsspielraum besteht bei der Frage nach der Zentralisierung von Instandhaltungsaufgaben. Diese Zentralisierung oder Dezentralisierung betrifft

- das Instandhaltungs-Personal und
- die Ersatzteilbewirtschaftung.

Grundsätzliche Vorteile der Zentralisierung sind:

- Geringere Bestände an Ersatzteilen als bei dezentraler Lagerung,
- bessere Auslastung der Handwerker durch zentrale Auftragsverwaltung und –steuerung,
- höhere Produktivität der Handwerker durch höhere Spezialisierung,
- einfachere Zuordnung von Verantwortlichkeit.

Dagegen sind Vorteile der Dezentralisierung, also einer produktionsnahen Instandhaltung:

- Schnellere Einsatzbereitschaft,
- kürzere Zugriffszeit auf das Instandhaltungspersonal,
- weniger Interessenkonflikte zwischen Instandhaltung und Fertigung.

In den Betrieben findet man weder Zentralisierung noch Dezentralisierung in Reinform. Vorteilhafte Mischformen für die Ersatzteilhaltung zeigen folgende Tendenzen:

- Zentrale Ersatzteillagerung: teure Teile, selten gebrauchte Teile;
- dezentrale Ersatzteillagerung: billige Teile, Kleinteile, oft gebrauchte Teile, wie z.B. Verschleißteile.

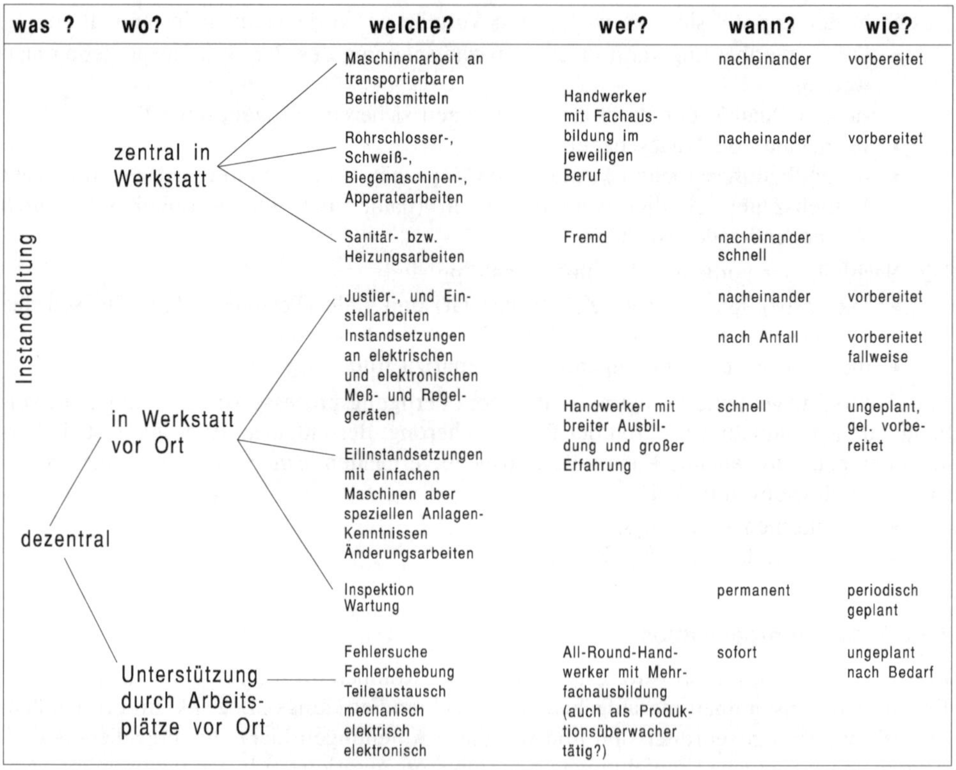

was ?	wo?	welche?	wer?	wann?	wie?
Instandhaltung	zentral in Werkstatt	Maschinenarbeit an transportierbaren Betriebsmitteln		nacheinander	vorbereitet
		Rohrschlosser-, Schweiß-, Biegemaschinen-, Apperatearbeiten	Handwerker mit Fachausbildung im jeweiligen Beruf	nacheinander	vorbereitet
		Sanitär- bzw. Heizungsarbeiten	Fremd	nacheinander schnell	
	dezentral / in Werkstatt vor Ort	Justier-, und Einstellarbeiten		nacheinander	vorbereitet
		Instandsetzungen an elektrischen und elektronischen Meß- und Regelgeräten		nach Anfall	vorbereitet fallweise
		Eilinstandsetzungen mit einfachen Maschinen aber speziellen Anlagen-Kenntnissen Änderungsarbeiten	Handwerker mit breiter Ausbildung und großer Erfahrung	schnell	ungeplant, gel. vorbereitet
		Inspektion Wartung		permanent	periodisch geplant
	Unterstützung durch Arbeitsplätze vor Ort	Fehlersuche Fehlerbehebung Teileaustausch mechanisch elektrisch elektronisch	All-Round-Handwerker mit Mehrfachausbildung (auch als Produktionsüberwacher tätig?)	sofort	ungeplant nach Bedarf

Bild 7.5   Organisation der Instandhaltung

Auch das Instandhaltungspersonal ist je nach Aufgabe einer Fertigungsabteilung oder einer zentralen Instandhaltungsabteilung zugeordnet:

- Zentralabteilung: Spezialisten, Hilfstruppe zur Unterstützung in gravierenden Fällen (Feuerwehr);
- dezentrale Tätigkeiten: einfache Routinearbeiten, Beseitigung einfacher Störungen, zeitkritische Anwendungen.

Zentralfunktionen können sowohl auf der Personal- wie auf der Ersatzteilseite auch extern zugekauft werden. So empfiehlt sich z.B. für komplexe Anlagen eine Wartung durch Spezialisten des Anlagenherstellers, die mit speziellen Plänen, Werkzeugen und Kenntnissen ausgestattet sind. Dezentrale Funktionen können auch durch die Produktion verantwortet werden. Das Ersatzteillager für Verschleißteile würde dann von der Produktion verwaltet, einfache Wartungsarbeiten und Störungsbeseitigung wird vom Produktionspersonal übernommen. Solche zusätzlichen Tätigkeiten (job enrichment) werden auch zur Motivation der Produktionsmitarbeiter verwendet.

7.3.4 Wirtschaftlichkeit der Instandhaltung

Die Instandhaltung ist eine Dienstleistung zur Unterstützung der Produktion und Logistik. Ein leistungsfähiges Abrechnungssystem vorausgesetzt, kann für diese Dienstleistung ein wirtschaftliches Ergebnis, z.B. als Gewinn oder Rendite ermittelt werden.

Gewinn oder Kapitalfreisetzung (Finanzierung) kann die Instandhaltung erreichen durch

- sichere Fertigungs- und Logistikprozesse bezüglich Stückzahl und Qualität,
- sichere Kapazitätsnutzung an Maschinen und Personal ohne Reservekapazität,
- vermiedene Sicherheitsbestände.

Das wirtschaftliche Ergebnis der Dienstleistung Instandhaltung wird belastet durch Kosten und Kapitalbedarf für

- Instandhaltungspersonal,
- Wartungsverträge,
- Kapazitätsbelegung der Produktionsanlagen,
- Ersatzteile.

Der Aufwand zur Erfassung der betriebswirtschaftlichen Daten ist in der Regel zu groß, als daß sich ein Betriebsergebnis der Instandhaltung ermitteln ließe. Die folgenden Empfehlungen können helfen, die Dienstleistung Instandhaltung integriert in die Produktion und Logistik wirtschaftlich zu erbringen.

Der Engpaß bestimmt die gesamte Ausbringung und damit den Umsatz. Oberste Priorität hat die Einsatzfähigkeit des Engpasses. Maßnahmen dazu sind:

- Vorbeugende Instandhaltung,
- Priorität bei der Störungsbeseitigung (Auftragsvergabe an das Instandhaltungspersonal),
- Mitwirkung bei Maßnahmen zur Ausweitung des Engpasses und zur Steigerung der Verfügbarkeit am Engpaß;
- Durchführen der Instandhaltungs-Maßnahmen außerhalb der Schichtzeit, dafür evtl. Zuschläge, z.B. für Wochenendarbeit für des Instandhaltungspersonals.

Die meisten Störungen können in kurzer Zeit behoben werden. Katastrophen, die aufwendig repariert werden müssen, sind selten. Oftmals dauert es deshalb länger, den Instandhalter an die gestörte Anlage zu bringen, als die Störung selbst zu beseitigen.

Kleinreparaturen und Wartungsarbeiten müssen deshalb möglichst dezentral und fertigungsnah organisiert sein:

- Dezentrale Wartung,
- dezentrale Beseitigung von Kleinstörungen,
- Prämienentlohnung für Werker und Instandhaltungspersonal mit Prämierung der Kapazitätsnutzung.

Da die Mitarbeiter ihre Anlagen gut kennen, können Wartungsarbeiten und die Beseitigung von kleineren Störungen auch direkt den Maschinenbedienern übertragen werden. Voraussetzung dafür ist eine entsprechende Einweisung.

Zentralfunktionen der Instandhaltung können durch externe Vergabe von Instandhaltungsaufgaben entlastet und unterstützt werden. Geeignet dafür sind Aufgaben für

- Spezialisten,
- geplanter Spitzenbedarf (Flexibilitätsausgleich), z.B. für die Neuinstallation von Anlagen,
- Bevorratung exotischer oder besonders teurer Ersatzteile mit Express-Lieferung in das eigene Unternehmen.

Auch wenn die Instandhaltungsaktivitäten in die Logistik- und Fertigungsaufgaben integriert sind, darf nicht vergessen werden, daß Instandhaltung nur eine von mehreren Möglichkeiten ist, die Verfügbarkeit von Produktionsanlagen und Logistiksystemen zu sichern.

7.4   Übungsaufgaben

Aufgabe 7.1

Die Vorräte eines Teils sind in einem Regallager in zwei Behältern gelagert.

Wie kann durch Parallelschaltung von Elementen des Systems Lager der Zugriff auf das Teil auch bei Störungen zuverlässig gestaltet werden? Beschreiben Sie dazu 3 verschiedene Lösungen.

Aufgabe 7.2

Nennen Sie 5 Beispiele aus Förder- und Lagertechnik, wie die Verfügbarkeit einer Anlage gesichert wird und nennen Sie dazu das allgemeine Prinzip zur Sicherung der Verfügbarkeit.

Aufgabe 7.3

Welche Aufgaben gehören zur Instandhaltung?

Aufgabe 7.4

Welche Vor- und Nachteile hat vorbeugende Instandhaltung?

Aufgabe 7.5

Für welche Anlagen empfehlen Sie vorbeugende Instandhaltung?

8 Rechnergestützte Planungsmethoden

8.1 Lernziel

Der Leser kennt die Begriffe und Einsatzgebiete rechnerunterstützter Methoden zur Konstruktion, Planung, Fertigung und Qualitätskontrolle. Er kann beurteilen, welche CIM-Komponenten für die Logistik wichtig sind und kennt die wichtigsten Anwendungen computerunterstützter Planungsmethoden in der Logistik.

8.2 Zusammenfassung der wichtigsten Begriffe

Informationen, wie z.B. Produktinformationen, Arbeitspläne oder Meßprotokolle begleiten den industriellen Fertigungsprozeß. Bei konventioneller Fertigung werden diese Informationen von Menschen ermittelt, verarbeitet und archiviert. Ziel ist, Informationsfluß und -verarbeitung rationeller zu gestalten. Hilfsmittel dazu sind Computer, die Mitarbeiter und Entscheider unterstützen und Informationen ermitteln, weiterverarbeiten und speichern. Im Idealfall des CIM (Computer Integrated Manufacturing) läuft dieser den Fertigungsprozeß begleitende Informationsverarbeitungsprozeß voll automatisch.

Neben dem technischen Aufwand für eine computerintegrierte Fertigung wie z.B. Rechner, Peripheriegeräte und Netzwerke ist auch organisatorischer Aufwand nötig. Dieser organisatorische Aufwand wird bei der Planung und beim Einsatz von computergestützten Planungsmethoden meist übersehen oder unterschätzt.

CAD – Computer Aided Design

„CAD ist ein Sammelbegriff für alle Aktivitäten, bei denen die EDV direkt oder indirekt im Rahmen von Entwicklungs- und Konstruktionstätigkeiten eingesetzt wird. Dies bezieht sich im engeren Sinn auf die graphisch-interaktive Erzeugung und Manipulation einer digitalen Objektdarstellung, z.B. durch die zweidimensionale Zeichnungserstellung oder durch die dreidimensionale Modellbildung" [REFA, Komplexe Produktionssysteme]. Vorteile von CAD sind:

- Einfache Wiederverwendung von Konstruktionen und Zeichnungen z.B.
  - Änderungen,
  - Variantenkonstruktion,
  - Parameterkonstruktion,
  - Elementbibliotheken.
- Integration verschiedener Informationen über Zeichnungsschichten, die Layer (z.B.: CAD-Fabrikplanung, Kapitel 8.4.1).

CAE – Computer Aided Engineering

Beim CAE werden die traditionellen Ingenieurmethoden der Berechnungen von Rechnern unterstützt. Dadurch erschließen sich neue Methoden, die bei traditioneller Rechnung zu aufwendig durchzuführen wären, z.B.

- finite Elemente Methode zur Berechnung von Bauteilfestigkeiten oder
- Simulation von Materialflußsystemen zur Untersuchung des dynamischen Systemverhaltens (vgl. Kapitel 8.4.3).

CAP – Computer Aided Planning

„CAP bezeichnet die EDV-Unterstützung bei der Arbeitsplanung. Hierbei handelt es sich um Planungsaufgaben, die auf den konventionell oder mit CAD-erstellten Arbeitsergebnissen der Konstruktion aufbauen, um Daten für Teilefertigungs- und Montageanweisungen zu erzeugen" [REFA, Komplexe Produktionssysteme].

Vorteile von CAP sind:

- Rationalisierung der Planungsarbeit z.B. durch
  - Automatisierte Entscheidungen (z.B. Entscheidungstabellen),
  - einfachere Variantenplanung,
  - Entlastung von Routinearbeit wie z.B. schreiben der Arbeitspläne.
- Verbesserung der Planungsergebnisse durch bessere Methoden und genauere Daten.

CAM – Computer Aided Manufacturing

Ergebnisse des CAP sind Arbeitspläne und Steuerinformationen für die Betriebsmittel in der Fertigung. „CAM bezeichnet die EDV-Unterstützung zur technischen Steuerung und Überwachung der Betriebsmittel bei der Herstellung der Objekte im Fertigungsprozeß" [REFA, Komplexe Produktionssysteme].

Wichtigster Vorteil des CAM ist eine Beschleunigung der Fertigungsvorbereitung und eine Steigerung der Fertigungsqualität durch eine vereinfachte Erstellung der NC-Programme durch

- Nutzung der Geometriedaten aus dem CAD und
- Nutzung der Technologiedaten aus dem CAP.

CAT – Computer Aided Testing

CAT beschreibt den automatischen, computerunterstützten Test von Programmen oder komplexen Vorgängen wie z.B. auch das Verhalten einer Produktionsanlage bei verschiedenen Systemzuständen. Dadurch soll eine nachvollziehbare, produktive und vollständige Überprüfung komplexer Systeme erreicht werden.

CAQ – Computer Aided Quality Assurance

CAQ bezeichnet die EDV-gestützte Erstellung von Prüfplänen, Prüfprogrammen und Kontrollwerten sowie die Durchführung rechnerunterstützter Meß- und Prüfverfahren.

Vorteile sind eine bessere und sicherere Qualitätsüberwachung und Qualitätssicherung durch

- Nutzung der Konstruktionsdaten zur Erstellung von Prüfprogrammen,
- Prüfung mit rechnerunterstützten Prüf- und Meßeinrichtungen,
- Überwachung der Prüfmerkmale am Werkstück,
- Verarbeiten der Meß- und Prüfdaten für die Qualitätssicherung (z.B. Zeitreihen oder Untersuchung der Fehlerursachen).

CIM – Computer Integrated Manufacturing

„CIM beschreibt den integrierten EDV-Einsatz in allen mit der Produktion zusammenhängenden Betriebsbereichen. CIM umfaßt die Informationstechnologische Zusammenwirkung zwischen CAD, CAP, CAM, CAQ und PPS" [REFA, Komplexe Produktionssysteme]. Dabei ist ein reibungsfreier Informationsfluß Voraussetzung für eine automatische Informationsverarbeitung in Rechnersystemen. Bild 8.1 zeigt schematisch, daß die wesentlichen CIM-Elemente die Produktionsplanung und -steuerung (PPS) und CAD/CAM sind.

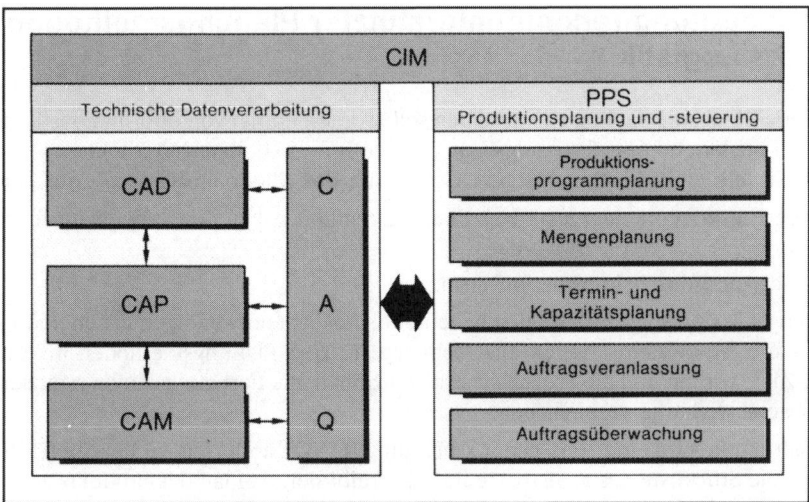

Bild 8.1   Begriffsdefinition CIM *(Quelle:[REFA Komplexe Produktionssysteme])*

PPS – Produktionsplanung und -steuerung

„PPS (Produktionsplanung und -steuerung) bezeichnet den Einsatz rechnerunterstützter Systeme zur organisatorischen Planung, Steuerung und Überwachung der Produktionsabläufe. .. Die PPS-Hauptfunktionen sind:

- Produktionsprogrammplanung,
- Mengenplanung,
- Termin- und Kapazitätsplanung,
- Auftragsveranlassung und
- Auftragsüberwachung."

([REFA, Komplexe Produktionssysteme])

Auch ein PPS-System soll die Fertigungsplanung und -steuerung vereinfachen und die Planungsqualität verbessern. Häufige Probleme mit PPS-Systemen beruhen auf falschen Stammdaten, unvorhergesehenen Störungen und auf einer hohen Komplexität des Fertigungssystems mit einem netzartigen Materialfluß.

CIL – Computer Integrated Logistics

Analog zum CIM sprechen manche Autoren von CIL, um die Integration aller logistischen Informationsflüsse zu beschreiben. Kern eines CIL-Konzeptes ist das PPS-System. Weitere Teilsysteme können sein:

- Einkaufs- und Bestellabwicklung mit den entsprechenden Datenbanken,
- Kommunikation mit Lieferanten über Datenfernübertragung (DFÜ),
- Steuerung von Transport- und Lagersystemen mit Bestandsverwaltung und permanenter Inventur,
- Vertriebsdaten mit Informationen und Steueralgorithmen zur Bestellabwicklung und Distributionslogistik.

CAI – Computer Aided Industry

CAI erhebt den Anspruch, die Informationsverarbeitung in einem Unternehmen für den technischen, logistischen und für den kaufmännischen Informationskreis umfassend zu automatisieren und zu integrieren.

8.3   Bedeutung rechnerunterstützter Planungsmethoden für die Logistik

Die Materialflüsse, die die Logistik gestalten soll, werden immer von Informationsflüssen ausgelöst oder begleitet. Diese fertigungsbegleitenden Informationen sind die Voraussetzungen, die Logistikziele einer kostengünstigen Gestaltung des Materialflusses zu erreichen.

Durch den Einsatz computergestützter Planungsmethoden kann das allgemein formulierte Ziel der Logistik konkretisiert werden:

  Bestände durch Information ersetzen.

Für die Logistik sind solche Methoden bedeutend, die dazu notwendigen Daten und Informationen liefern. Außerdem können alle rechnergestützten Planungsmethoden im Sinne der Logistik-Ziele wirken und die Prozeßsicherheit erhöhen, die Fertigungsstufen reduzieren und die Auftragsabwicklung vereinfachen.

Die Konstruktion wird einerseits in der Zeichnung (CAD), anderseits in der Stückliste dokumentiert. Die Stückliste des Konstrukteurs beschreibt den Aufbau des Produkts aus funktioneller Sicht (vgl. Kapitel 1.2). Aus dieser funktionsorientierten Stückliste werden die Strukturstückliste und daraus wieder die Einkaufsstückliste abgeleitet. Diese Stücklisten sind Teil der Stammdaten, die im PPS-System zur Materialplanung und Terminplanung verwendet werden.

Durch CAP werden die Fertigungsprozesse der eigen gefertigten Teile geplant. Ergebnis sind Fertigungsstufen, Bearbeitungsprozesse, Bearbeitungszeiten und Kapazitätsbedarfe. Logistiküberlegungen sollten bei den Planungsentscheidungen eine wichtige Rolle spielen.

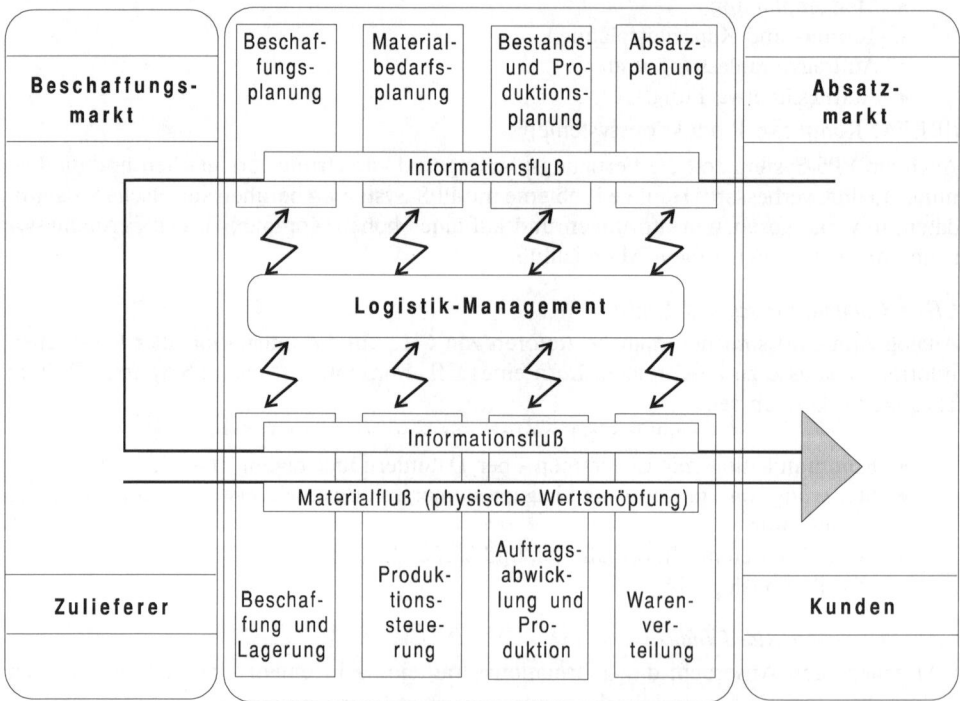

Bild 8.2   Logistik gestaltet Material- und Informationsflüsse

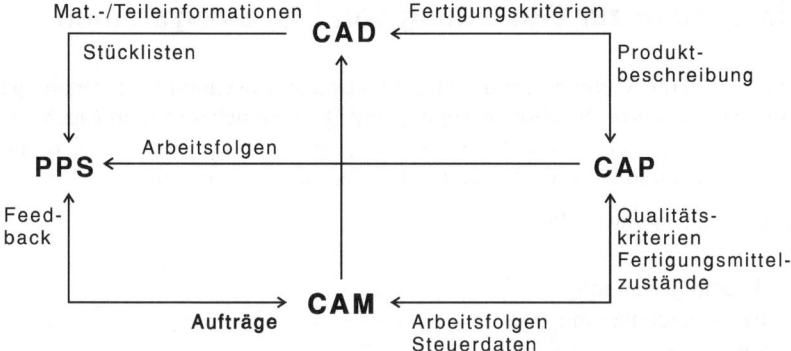

Bild 8.3 Funktionsintegration der wichtigsten rechnergestützten Techniken

Die Planungsergebnisse sind in den Arbeitsplänen, die auch einen Teil der Stammdaten darstellen dokumentiert.

CAM und CAQ sollen die Sicherheit des Fertigungsprozesses verbessern. Eine höhere Prozeßsicherheit erlaubt eine Reduzierung der Sicherheitsbestände und hilft so, die Logistikziele zu verwirklichen.

Das PPS-System nutzt diese Stammdaten für die Material-, Kapazitäts- und Terminplanung. Durch Einsatz von Computern soll die Qualität der Stammdaten verbessert werden. Entsprechend kann die Leistungsfähigkeit des PPS-Systems und die Zuverlässigkeit der Planung besser werden. Die Planungsalgorithmen des PPS-Systems sollen eine bessere und zuverlässigere Planung und Steuerung als eine manuelle Planung gewährleisten.

Durch eine Integration der rechnerunterstützten Planungsmethoden in ein CIM-System erhofft man sich eine weitere Straffung und Rationalisierung des mit Fertigung und Logistik verbundenen Informationsverarbeitungsprozesses. Einsparungspotentiale stecken in den Schnittstellen der Datenübergabe zwischen einzelnen Anwendungen sowie in der Datenqualität und der Qualität der Algorithmen.

Die hohen Erwartungen an rechnergestützte Planungsmethoden und ihre Vorteile für die Logistik haben sich bisher jedoch kaum erfüllt. CAD-CAM-CAQ-Anwendungen haben in Einzelfällen die Marktreife erreicht und werden z.B. im Formenbau oder in der Automobilindustrie erfolgreich eingesetzt. Diese mehr technologisch orientierten Systeme haben jedoch nur eingeschränkte Auswirkungen auf die Logistik.

Für einen der logistischen Kernbereiche, die dispositive Logistik werden mehrere hundert PPS-Systeme angeboten. Einsatzberichte belegen jedoch, daß die Einführung eines PPS-Systems allein keine gravierende Verbesserung des Materialflusses und der Bestände bringen kann. Da ein PPS-System immer nur den realen Materialfluß und Fertigungsdurchlauf abbilden kann, liegen die Kostensenkungspotentiale nicht im PPS-System, sondern in der Gestaltung der Fertigungsprozesse, der Fertigungsstruktur, des Auftragsdurchlaufs und des Materialflusses. Voraussetzungen für den Einsatz von PPS-Systemen ist eine hohe Qualität der Stammdaten, die im realen Betriebsgeschehen nur schwierig zu realisieren ist.

Im besten Fall erlauben aktuelle Daten im PPS-System ein genaues Abbild der Fertigungsdurchläufe und gestalten diese unter den gegebenen Randbedingungen. Im schlechtesten (aber nicht ausgeschlossenen) Fall stimmt das Abbild im PPS-System nicht mit der Realität überein und das PPS-System führt ein Eigenleben.

8.4   Methoden zur Gestaltung von Logistiksystemen

Neben den indirekten Vorteilen für die Logistik aus der Anwendung von rechnergestützten Planungsmethoden in Konstruktion, Fertigung und Qualitätssicherung kann auch die Logistik und Logistikplanung direkt vom Computereinsatz profitieren. Zur Gestaltung von Logistiksystemen werden insbesondere CAD- und CAP-Methoden eingesetzt.

- CAD: Fabrik-Layout-Planung.
- CAP:
  - Beladungsplanung,
  - Fahrtroutenplanung und
  - Simulation

8.4.1   CAD-Fabrik-Layout-Planung

Eine logistikgerechte Layoutplanung wird in drei Stufen erstellt (vgl. Kap. 2.2) (Bild 8.4):
- Analyse des Transportbedarfs, Dokumentation als Materialflußmatrix;
- Grobplanung eines Layouts, Dokumentation als Blocklayout und als Entfernungsmatrix;
- Detailplanung der Halleneinrichtung, Dokumentation als Layout.

Das Layout dokumentiert die Planungsergebnisse des Materialfluß- und Fabrikplaners. Die Vorteile beim Einsatz von CAD-Systemen können auch für die Fabrikplanung genutzt werden wie z.B.:

- Integration verschiedener Fachabteilungen,
- Verhinderung von Datenredundanz,
- Vereinfachung von Datenzugriffen,
- einfachere Änderungen und
- Entlastung von Routinetätigkeiten (zeichnen).

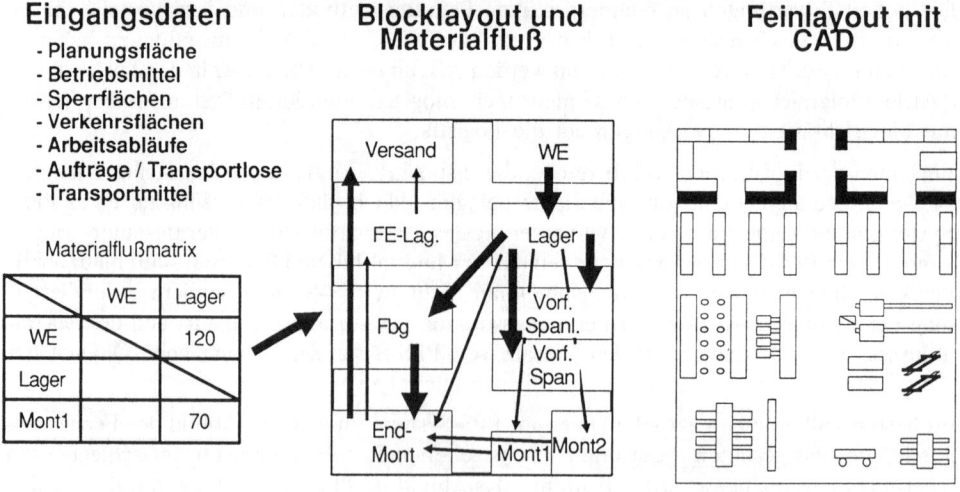

Eingangsdaten
- Planungsfläche
- Betriebsmittel
- Sperrflächen
- Verkehrsflächen
- Arbeitsabläufe
- Aufträge / Transportlose
- Transportmittel

Materialflußmatrix

	WE	Lager
WE		120
Lager		
Mont1		70

Blocklayout und Materialfluß

Versand   WE
FE-Lag.   Lager
           Vorf. Spanl.
Fbg   Vorf. Span
End-Mont   Mont1 Mont2

Feinlayout mit CAD

Bild 8.4   Ablauf einer logistikgerechten Layoutplanung ([Horn, Klein])

Die CAD-Layout-Planung läßt sich sinnvoll einsetzen, um die Pläne der verschiedenen Fachabteilungen zu integrieren:

- Gebäudeplan,
- Ver- und Entsorgungspläne,
- Materialfluß und Fördertechnik,
- Fertigungsfluß sowie
- Sozialflächen und Personalwege.

Bild 8.5 zeigt ein mit CAD erstelltes Layout eines FTS-Fahrkurses. Gut zu erkennen ist der Platzbedarf des Fahrzeugs in Kurven.

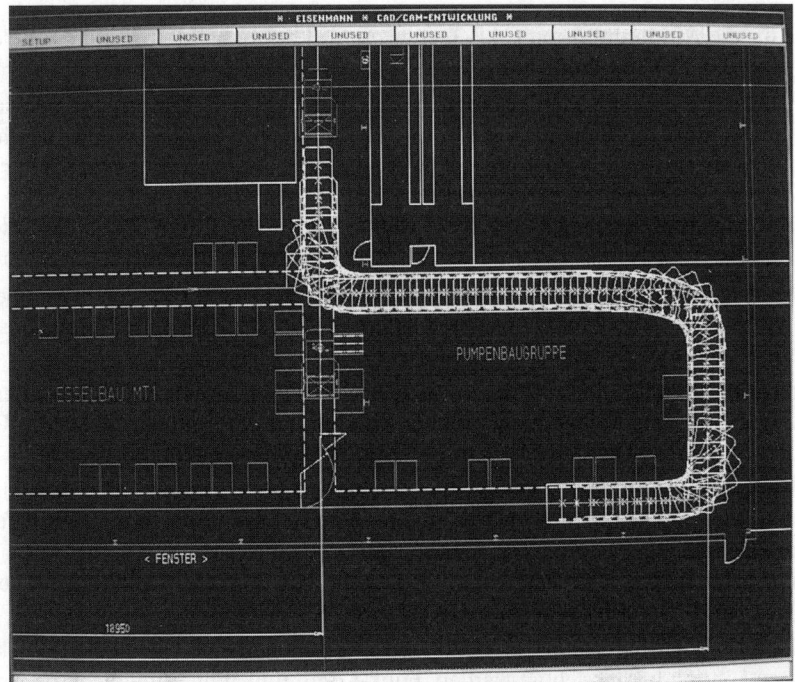

Bild 8.5   CAD-Layout eines FTS-Fahrkurses *(Werkfoto: Eisenmann KG)*

Die möglichen Rationalisierungsreserven der CAD-Layout-Planung lassen sich jedoch nur realisieren, wenn wichtige technische und organisatorische Systemanforderungen erfüllt werden, wie z.B.:

- Praxisbezogene, durchgängige Planungsstrukturen und –abläufe;
- Einheitliche Arbeitserleichterungen mit
  - Element- und Symbolbibliotheken,
  - Befehlsmakros,
  - Unterstützung des Daten- und Planungszugriffs durch Suchkriterien;
- Einheitliche Datenbasis durch
  - Redundanzfreie und widerspruchsfreie Pläne,
  - Regelung von Datenzugriff, Datenhoheit und Planungsfreigabe durch ein Zeichnungsverwaltungssystem;

- Integration anderer rechnergestützter Planungssysteme:
    - Externe Schnittstellen des CAD-Systems zu anderen CAD-Systemen, um externe Planungsbüros einbinden zu können,
    - Austausch von Verwaltungsdaten des Zentralrechners (Host) mit technischen Planungsdaten des CAD-Systems.

Neben dem technischen Aufwand zur Auswahl eines CAD-Layoutplanungs-Systems und dem apparativen Aufwand ist organisatorische Aufwand zur Vereinheitlichung der Arbeitsmethoden und zur Datenorganisation notwendig, der jedoch meist unterschätzt wird.

8.4.2 Beladungs- und Fahrtroutenplanung

Beispiele für die Anwendung von CAP-Techniken für Logistikprobleme sind die Beladungsplanung und die Fahrtroutenplanung.

Bei der Beladungsplanung werden vorgegebene Behälter und Kartons unterschiedlicher Größe in einen größeren Behälter wie z.B. einen LKW oder einen Seecontainer geschachtelt. Ziel ist dabei meist die Optimierung der Raumnutzung. Nebenbedingungen können z.B. sein:

- eine gleichmäßige Verteilung des Ladungsgewichts (z.B. für Seeschiffe) oder
- eine Be- und Entladereihenfolge entsprechend der Fahrtroute.

Dieses Problem ist durch kombinatorische Optimierung zu lösen. In der Praxis kommen dafür nur Heuristiken, die suboptimale Lösungen liefern in Betracht. Optimale Lösungen sind nur mit einem immensen Rechenaufwand zu ermitteln.

Ein weiteres Beispiel für eine rechnergestützte Transportplanung ist die Planung der Fahrtroute. Aufgabe ist, eine Menge vorgegebener Kunden mit einer möglichst kurzen Gesamtfahrtroute abzufahren. Die Aufgabe kann in zwei Varianten gestellt werden:

- kürzester Weg zu allen Kunden ohne Rückkehr zum Start (z.B. Belieferung der Kunden vor Geschäftsschluß, leerer Rückweg zum Lager auch nach Geschäftsschluß möglich);
- kürzester Weg zu allen Kunden mit Rückkehr zum Start (Minimierung des gesamten Wegs inkl. der Rückkehr zum Lager).

Restriktionen bezüglich Terminen (z.B. Anfahrt nur zwischen 8.00 Uhr und 10.00 Uhr) oder Teil-Routen können berücksichtigt werden. Funk-Kommunikation ermöglicht die Änderung der Fahrtroute nach Fahrtantritt.

Probleme dieser Art können als graphentheoretisches Problem formuliert und gelöst werden. Diese Probleme sind als das travelling salesman – Probleme bekannt.

8.4.3 Simulation

Klassische Ingenieurarbeit basiert auf der Abbildung eines technischen Problems auf ein mathematisches Problem, Lösung des mathematischen Problems und Übertragung der Lösung auf das reale Problem. Ist die Abbildung oder die mathematische Lösung zu ungenau, kann die technische Problemlösung durch Experimente überprüft werden. Die Simulation bietet dieses Experimentierfeld für komplexe Systeme. Das Labor, in dem ein Experiment abläuft, entspricht dem Simulationsmodell. Experimente und speziell Simulationsexperimente verbessern dadurch die Planungssicherheit.

Die VDI-Richtlinie 3633 beschreibt: „Simulation ist die Nachbildung eines dynamischen Prozesses in einem Modell, um zu Erkenntnissen zu gelangen, die auf die Wirklichkeit übertragbar sind." Mit Simulation wird also nicht eine einzelne Planungsmethode, sondern ein Planungsvorgehen beschrieben.

Für die Auslegung von innerbetrieblichen Transportsystemen ist die Simulation die wichtigste rechnergestützte Methode. Durch die Berechnung der Transportkapazität (vgl. Kap.2.2) wird ein Durchschnittswert ermittelt. Zeitlich befristete Verkehrsspitzen oder Stauungen können nur pauschal über den Transportwirkungsgrad berücksichtigt werden. Erst die Simulation des geplanten Transportsystems erlaubt das dynamische (zeitabhängige) Verhalten des Systems experimentell zu untersuchen.

Experimentieren heißt nicht probieren, denn einem Experiment muß eine ingenieurmäßige Planung vorausgehen, um den Versuchsaufwand zu begrenzen. Durch die Abbildung der Realität in ein Modell wird die Planung am Modell überprüft und gegebenenfalls korrigiert. Simulation kann nicht optimieren, denn eine eigene Strategie zur Verbesserung einer Zielfunktion fehlt in der Simulation. Die – mit Ingenieurmethoden – verbesserte Planung wird dann auf die Realität übertragen.

Die Modellierung muß dabei nicht immer computergestützt sein. Auch die Abbildung eines Transportsystems als eine elektrische Modelleisenbahn wäre eine solche Modellierung.

Simulation erfordert, wie alle Experimente, einen besonderen Aufwand und muß deshalb überlegt eingesetzt werden. Sinnvoll ist ein Einsatz, wenn

- die Grenzen analytische Methoden erreicht sind,
- komplexe Zusammenhänge die menschliche Vorstellungskraft überfordern,
- ein Experiment in der Realität zu teuer oder nicht möglich ist,
- das zeitliche Verhalten einer Anlage untersucht werden soll oder wenn
- neue Lösungen, über die kein Erfahrungswissen vorliegt, überprüft werden sollen.

Die Simulation wird in vier wesentlichen Schritten angewendet (Bild 8.6):

1. Modellbildung
2. Simulationsexperimente
3. Auswertung
4. Folgerungen für das reale System, Anpassung der Planung

Die wesentlichen Schritte dieser Vorgehensweise werden im Folgenden kurz beschrieben, ergänzt durch ein Anwendungsbeispiel einer Simulation eines fahrerlosen Transportsystems (FTS).

Modellbildung

Erster Schritt der Modellbildung ist die Problemdefinition (z.B. Abbildung des Transportsystems, seiner Steuerung und Auswirkung auf die Auslastung von Montagestationen). Dazu gehört auch das Festlegen der Systemgrenzen. Der Aufwand für die Modellbildung wird bestimmt von der Komplexität des abzubildenden Systems und der gewünschten Detaillierung.

Um das Modell zu beschreiben, müssen die Strukturelemente durch Daten beschrieben werden (z.B. Steuerungslogik, Geschwindigkeiten, Zeitverhalten von Be-und Entladestationen).

Strukturelemente können sein

- zeitverbrauchende Elemente (z.B. eine Produktionsmaschine),
- bewegte Elemente (z.B. ein FTS-Fahrzeug),
- Steuerelemente (z.B. Transportleitrechner),
- Quellen und Senken (z.B. Rohmateriallager und Fertigwarenlager).

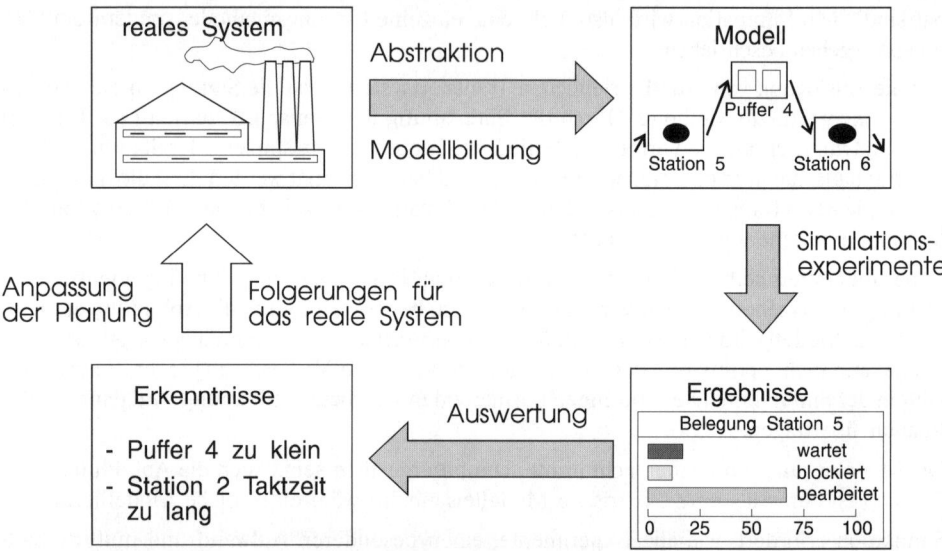

Bild 8.6   Anwendungsschritte beim Einsatz von Simulation

Der Typ des Simulationsmodells kann durch die Begriffspaare

- statisches oder dynamisches Modell,
- deterministisches oder stochastisches Zeitverhalten und
- Simulation im Zeitschrittverfahren oder Ereignisschrittverfahren

beschrieben werden. Für die Simulation von Transportsystemen kommen nur dynamische Modelle in Frage. Festigkeitsberechnungen mit finiten Elementen können in statischen Modellen simuliert werden. Unterliegt der Zeitverbrauch z.B. einer Fertigungsstation Zufallseinflüssen, wird stochastisches Zeitverhalten modelliert (z.B. Zeit für Nacharbeit). Ist der Zeitverbrauch vorgegeben oder berechenbar, ist er deterministisch (z.B. Hauptzeit eines Zerspanungsprozesses). Bei einer Simulation im Zeitschrittverfahren wird der Systemzustand nach festen Zeitintervallen ermittelt, beim Ereignisschrittverfahren nach jeder Änderung eines Systemelements.

Das Modell muß im Rechner durch Algorithmen und Programme implementiert werden. Simulationssysteme erleichtern diese Arbeit durch vorgefertigte Programmbausteine.

Mit der Verifikation wird überprüft, ob das Verhalten von Modell und Realität übereinstimmen, in der Praxis meist durch Plausibilitätskontrolle.

Überprüfen, ob das Modell richtig ist bzw. kontrollieren, daß keine wesentlichen Parameter abstrahiert wurden, ist Ziel der Validierung. Falls möglich führt man dazu den gleichen Versuch im Modell und in der Realität durch und vergleicht die Ergebnisse.

Simulationsexperimente

Die Simulationsexperimente werden in mehreren Rechnerläufen durchgeführt. Eine gezielte statistische Versuchsplanung (vgl. Kap. 6.5) kann helfen, günstige Wertekombinationen für die zu variierenden Parameter zu finden.

Auswertung

Um die Simulationsergebnisse darzustellen werden folgende Möglichkeiten verwendet:

- Statistische Auswertung von Daten, z.B.
  - Zeitreihen,
  - Korrelationsanalysen,
  - Häufigkeitsverteilungen mit Durchschnittswerten und Streuungsmaßen;
- Animation, also dynamische Darstellung des Systemzustandes am Bildschirm.

Daten für statistische Auswertungen können berechnet werden während sie im Simulations-modell anfallen oder sie werden auf einem „Playback-File" für spätere Auswertungen gesammelt. Um die Zusammenhänge schneller zu durchschauen, sollten die Ergebnisse visualisiert werden.

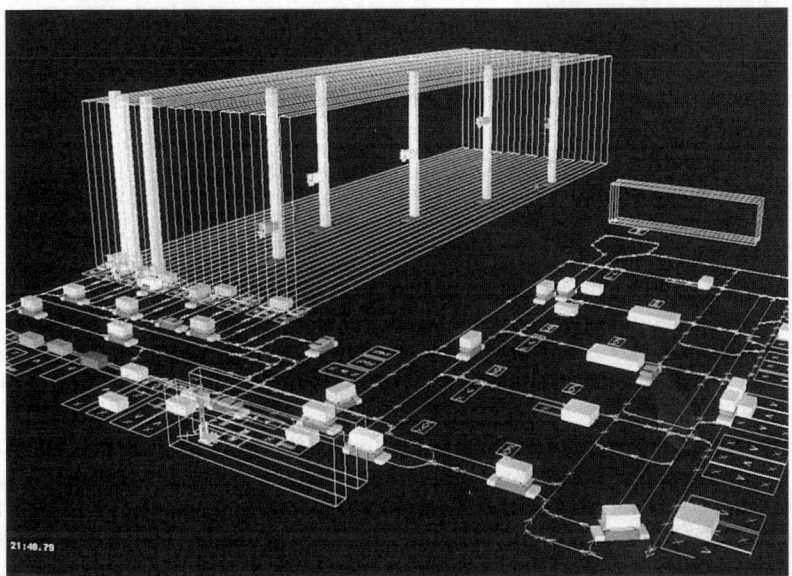

Bild 8.7 Animationsbild eines Lagers mit seiner Vorzone *(Werkfoto: BT System GmbH)*

In einer Animation wird der simulierte Prozeß visualisiert. Dargestellt werden die Ortsverän-derung von Objekten wie z.B. FTS-Fahrzeugen oder die zeitliche Veränderung quantitativer Größen wie Pufferfüllstände oder Streckenbelastungen. Bild 8.7 zeigt als Beispiel die Anima-tion von FTS-Fahrzeugen und Regalbediengeräten in einem Lager und seiner Vorzone. Die Animation unterstützt bei der Validierung des Simulationsmodells und erleichtert das Ver-ständnis für die Vorgänge im simulierten System. Die Qualität des Animationsbildes sagt aber nichts über die Qualität der Simulation.

Die aktuelle Darstellung des Systemzustandes durch die Animation ist Voraussetzung für eine interaktive Simulation. Durch laufende Eingriffe in das System können dem Planer oder Steuerer Konsequenzen seiner Eingriffe deutlich gemacht werden, um Entscheidungsalterna-tiven durchzuspielen oder um ihn, wie einen Piloten im Flugsimulator, zu schulen.

Folgerungen für das reale System

Voraussetzung für Folgerungen ist, die Zusammenhänge zu verstehen, die zwischen den Ergebnissen der Simulationsexperimente und der Auslegung des Systems bestehen. Dieses

Verständnis wird durch eine gute und übersichtliche Auswertung und Aufbereitung der Simulationsdaten erleichtert. Aus den erkannten Zusammenhängen, den Gesetzmäßigkeiten des simulierten Systems können die Veränderungen des geplanten Systems abgeleitet werden. Dazu ist die Kreativität des Planers gefordert. Sinnvollerweise werden diese Folgerungen im vorhandenen Simulationsmodell verifiziert, bevor sie in der Realität umgesetzt werden.

8.4.4   Anwendungsbeispiel einer Simulation

FTS bieten durch ihre kostengünstige Spurführung die Chance, verzweigte netzartige Materialflußsysteme mit vergleichsweise geringen Investitionen zu realisieren. (vgl. Kap. 2.3.3). Damit können flexible Montagesysteme ohne Fließband realisiert werden, bei denen die Montagewerker produktiver arbeiten können als in taktgebundenen Linienmontagen. Um die Chancen flexibler Montagesysteme zu untersuchen wurde ein solches System simuliert.

Modellbildung

Der Arbeitsinhalt einer Automobilendmontage wurde auf 6 Teilsysteme aufgeteilt (Bild 8.8). Jedes Teilsystem besteht aus:
- Eingangspuffer,
- 1. Montageabschnitt,
- Zwischenpuffer,
- 2. Montageabschnitt,
- Ausgangspuffer, gleichzeitig Eingangspuffer für das folgende Teilsystem.

Jeder Montageabschnitt besteht aus Montageboxen mit je zwei Standplätzen. Ein Standplatz dient als Arbeitsplatz der zweite Standplatz als Puffer, um das Werkstück zu wechseln ohne die Montage zu stören. Die Standplätze werden alternierend als Puffer und Arbeitsplatz genutzt.

FTS transportieren die Werkstück durch jedes Teilsystem: Ein Fahrzeug holt ein Werkstück aus dem Eingangspuffer, bringt es zu einem freien Standplatz einer Montagebox und fährt leer weiter zum FTS-Fahrzeugspeicher. Nach Montageende holt ein leeres FTS-Fahrzeug das Werkstück aus der Montagebox und bringt es zum Zwischenpuffer. Durch den zweiten Montageabschnitt werden die Werkstücke genauso transportiert. Die FTS-Fahrzeuge werden in einem mehrstufigen Steuerungssystem koordiniert:
- Auftragsverwaltung:
  - Anforderungen von leeren FTS-Fahrzeugen,
  - Vergabe der Transportaufträge,
  - Verwaltung der Leerfahrzeuge;
- Routenwahl nach kürzesten Wegen, Einbahnverkehr;
- Fahrzeugbedienung abgebildet als Zeitverbrauch für Ladungswechsel und Fahrzeit,
- Kollisionsvermeidung durch Blockstreckensteuerung.

Ähnliche Steuerungssysteme koordinieren den Produktionsfluß zum Montageabschnitt und den Einsatz der Montagewerker (in der Simulation Zeitverbrauch je nach Vorgabezeit der Werkstücke).

Simuliert wurde jeweils ein Montageabschnitt mit Eingangspuffer und Ausgabepuffer der Werkstücke als Systemgrenzen. Die Simulation beschränkt sich auf das Zeitverhalten der Montagestationen und des Transportsystems für Werkstücke.

Abstrahiert ist die gesamte Versorgung mit Montagematerial. Da z.B. ein Just-in-time Anlieferung an parallele Montagestationen sehr aufwendig ist, könnte diese Problematik Gegenstand einer weiteren Untersuchung sein.

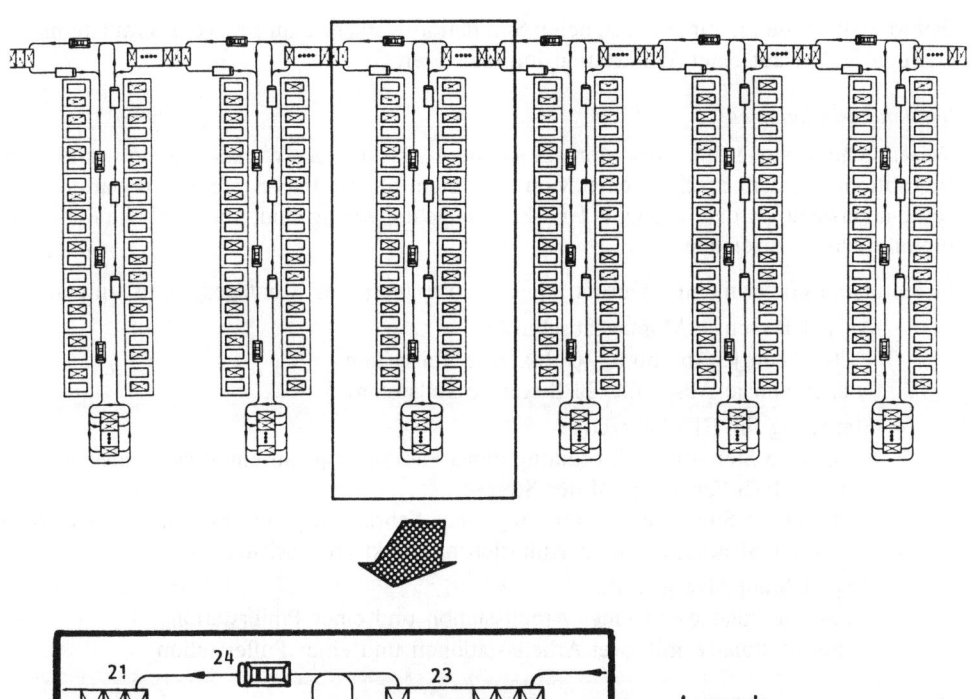

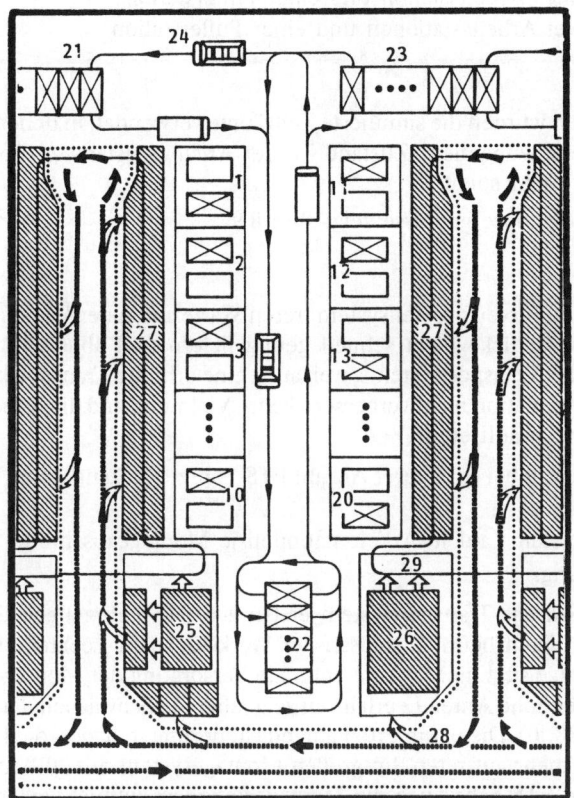

Legende

1-10	**Arbeitsstationen Montageabschnitt I**
11-20	**Arbeitsstationen Montageabschnitt II**
21	**Rohladungspuffer (Eingangspuffer)**
22	**Zwischenpuffer**
23	**Fertigladungspuffer (Ausgangspuffer)**
24	**Carrierpuffer**
25	**Vormontagen**
26	**Kommissionierbereich**
27	**Material**
28	**Fahrweg**
29	**Kommissioniersystem**

Bild 8.8   Prinzip-Layout des simulierten flexiblen Montagesystems
(Quelle: [Bullinger, Koether, Letters])

Das Modell wurde mit einem geeigneten Simulationswerkzeug auf Basis des Simulationsprogramms SLAM auf einer Workstation implementiert.

Simulationsexperimente

Wesentliche Kostengröße einer Montage ist die Auslastung der Werker. Da die wichtigsten Investitionen in dem beschriebenen Montagesystem für das FTS-System zu erwarten sind, sollte untersucht werden, wie viele FTS-Fahrzeuge notwendig sind, um eine hohe Personalproduktivität zu erreichen.

In Simulationsexperimenten wurden folgende Varianten des Montagesystems untersucht:
- Anzahl Boxen je Montageabschnitt:
  - 20 Boxen je Abschnitt, 40 Boxen je Teilsystem
  - 10 Boxen je Abschnitt, 20 Boxen je Teilsystem
- Steuerung für FTS-Fahrzeuge
  - einfache Steuerung: Zuordnung eines Fahrtauftrags an ein zufällig ausgewähltes freies FTS-Fahrzeug auf der Strecke;
  - optimierte Steuerung: Zuordnung eines Fahrtauftrags an das freie FTS-Fahrzeug auf der Strecke, das dem Anforderungspunkt am nächsten ist.
- Anzahl Stellplätze je Box:
  - zwei Stellplätze mit einer Arbeitsstation und einer Pufferstation
  - drei Stellplätze mit zwei Arbeitsstationen und einer Pufferstation

Auswertung

Für die statistischen Auswertungen wurden die simulierte Zeiträume verwendet, in denen das Montagesystem in einem „eingeschwungenen" Zustand ist, der Anfangszustand zu Beginn der Simulation also keine Rolle mehr spielt.

Die Zusammenfassung der Simulationsergebnisse zeigt Bild 8.9.

Folgerungen für das reale System

In großen Montagesystemen mit 40 Boxen pro Teilsystem treten Wartezeiten der Werker auf, weil das Transportsystem die Werkstücke nicht schnell genug liefern und abholen kann. Grund ist nicht die Überlastung des Transportsystems, weil auch eine erhöhte Transportkapazität durch 50 FTS-Fahrzeuge die Situation nicht verbessern kann. Vielmehr sind die Strecken überlastet, so daß häufig Stauungen auftreten.

Eine höhere Produktivität der Werker bei geringerer Anzahl FTS-Fahrzeuge kann durch zwei Maßnahmen erreicht werden:
1. Verkleinerung des Montagesystems auf 10 Arbeitsstationen je Montageabschnitt.
2. Optimierte Fahrzeug-Steuerung.

Im kleineren Montagesystem wird das Transportsystem erst mit 6 FTS-Fahrzeugen überlastet, so daß dann Zeitverzögerungen beim Austausch der Werkstücke zu Leerzeiten der Montagewerker führen. 8 Fahrzeuge sind hier für eine optimale Versorgung der Montagestationen mindestens notwendig. Der hohe Anteil Leerfahrten zeigt aber die Schwächen der einfachen Fahrzeug-Steuerung (Bild 8.10). Die optimierte Fahrzeugsteuerung reduziert die Leerfahrten, so daß keine Stauungen mehr auftreten. Im großen Montagesystem mit 20 Arbeitsstationen je Abschnitt können 14 FTS-Fahrzeuge die Montagestationen optimal versorgen.

In einer Dreier-Box können auch zwei Werkstücke gleichzeitig fertiggemeldet werden. Dadurch entstehen Spitzen im Transportbedarf, auf die auch bei optimierter Steuerung das

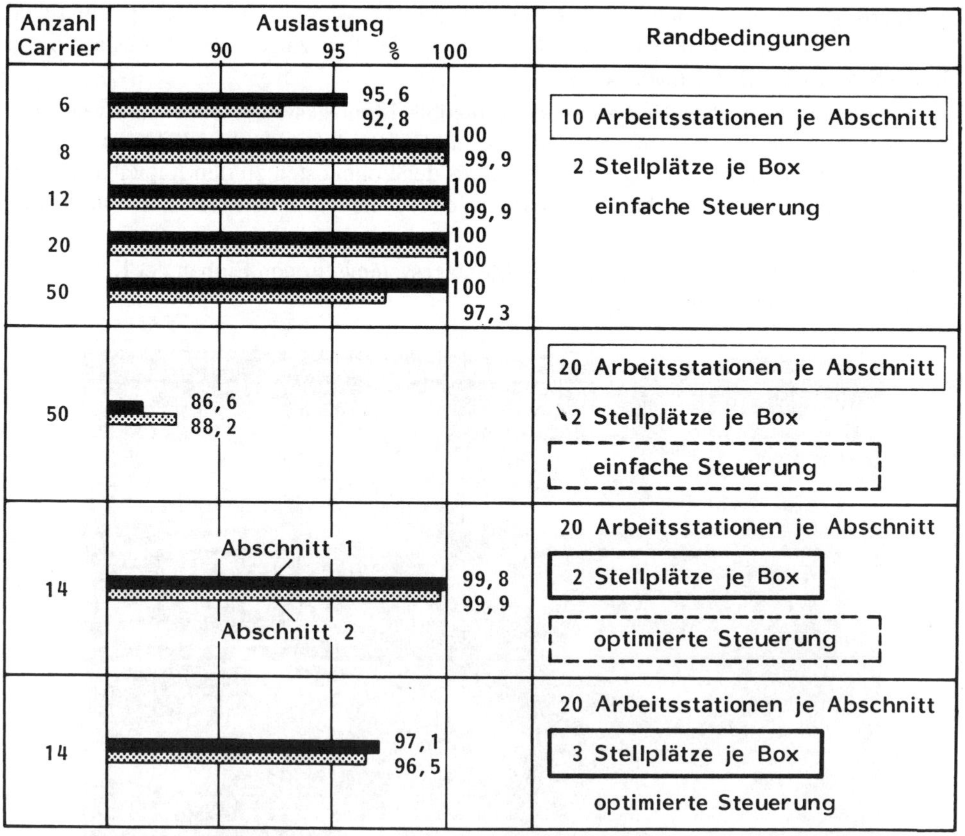

Anzahl Carrier	Auslastung 90 95 % 100			Randbedingungen
6		95,6 92,8		10 Arbeitsstationen je Abschnitt
8			100 99,9	2 Stellplätze je Box
12			100 99,9	einfache Steuerung
20			100 100	
50			100 97,3	
50		86,6 88,2		20 Arbeitsstationen je Abschnitt \2 Stellplätze je Box einfache Steuerung
14	Abschnitt 1 Abschnitt 2		99,8 99,9	20 Arbeitsstationen je Abschnitt 2 Stellplätze je Box optimierte Steuerung
14			97,1 96,5	20 Arbeitsstationen je Abschnitt 3 Stellplätze je Box optimierte Steuerung

Bild 8.9   Zusammenfassung der Simulationsergebnisse eines Teilsystems
(Quelle: [Bullinger, Koether, Letters])

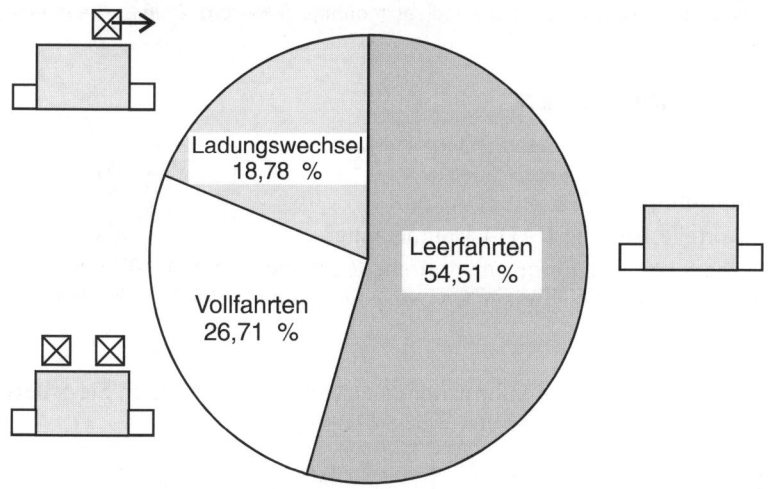

Bild 8.10   Aufteilung der Zeitverwendung der FTS-Fahrzeuge bei einfacher Fahrzeug-Steuerung
(Simulationsergebnis)

Transportsystem nicht schnell genug reagieren kann. Der Vergleich der Arbeitsproduktivitäten von Montagesystemen mit Zweier-Box und Dreier-Box zeigt, daß die Auslastung in Dreier-Boxen um ca. 3% niedriger ist.

Die Simulation zeigt, daß das beschriebene flexible Montagesystem ohne Taktzwang mit Montageboxen die Montageaufgabe erfüllen kann. Die Produktivität der Werker ist fast optimal. Die Wirtschaftlichkeit hängt vom Verhältnis der Lohnkosten zu den Kapitalkosten ab. Offen bleibt der Einfluß der Materialversorgung, der in dieser Simulation nicht berücksichtigt wurde.

Die Daimler-Benz AG hat solche flexiblen Montagesysteme für den Einbau der Kabel in die Karosserien realisiert (Bild 8.11).

Bild 8.11   Boxensystem zur Kabelsatzmontage *(Werkfoto: Daimler-Benz AG)*

8.5   Übungsaufgaben

Aufgabe 8.1

CAD-Layoutplanung.

a) Welche Vorteile hat eine CAD-Layoutplanung?
b) Nennen Sie 5 Beispiele für organisatorische Probleme beim CAD-Einsatz, die eine volle Ausschöpfung der Vorteile einer CAD-Layoutplanung behindern können.

Aufgabe 8.2

Warum sollten Bestände durch Informationen ersetzt werden? Nennen Sie 5 Beispiele, wie Bestände durch Informationen ersetzt werden können.

Aufgabe 8.3

Wie kann die Simulation bei der Planung eines Transportsystems helfen? Was kann die Simulation nicht leisten?

9 Technikbewertung für die Logistik

9.1 Lernziel

Der Leser wird sensibilisiert für die Auswirkungen von Logistiksystemen auf unsere Umwelt. Daraus kann der Bedarf nach einer umfassenden Bewertung von Techniksystemen abgeleitet werden. Der Leser kennt den Anspruch der Technikfolgenabschätzung und -bewertung und die politische Bedeutung dieses Bewertungsprozesses.

9.2 Technikfolgen der Logistik in der öffentlichen Diskussion

Der Begriff Logistik taucht in der öffentlichen Diskussion um Technikfolgenabschätzungen oder Technikbewertung nicht auf. In der Öffentlichkeit werden jedoch zwei wichtige Themen, die wesentlich von Logistiksystemen geprägt und beeinflußt werden, kontrovers diskutiert:

• Verkehrspolitik,
• das Müll- und Entsorgungsproblem.

Bild 9.1   Die öffentliche Diskussion um Verkehr und Müll

Arbeitsteilung ist Kennzeichen einer Industriegesellschaft und Voraussetzung für die hohe Produktivität einer industriellen Herstellung von Gütern. Die Arbeitsteilung ist nur zusammen mit einem leistungsfähigen Logistiksystem denkbar, das die produzierten Güter zu den Verbrauchern bringt. Entsprechend wächst mit der Produktivitätssteigerung das Transportaufkommen.

Mit der Schaffung des europäischen Binnenmarktes wurden Zoll- und Handelsschranken innerhalb Europas weitgehend abgebaut. Für den einzelnen Hersteller vergrößert sich damit der Markt, aber auch die Konkurrenz. Die Vergrößerung der Märkte wiederum läßt eine weitere Steigerung des Verkehrs erwarten.

Im Gütertransport stieg in den letzten zwanzig Jahren vor allem das Verkehrsaufkommen für den Güterkraftverkehr, während das Verkehrsaufkommen der Eisenbahn zurückging und das der anderen Verkehrsträger weitgehend konstant blieb (Bild 9.2). Wesentlicher Vorteil des Lkws gegenüber der Eisenbahn ist seine Flexibilität, die es erlaubt, die Güter ohne „umzusteigen" vom Lieferanten zum Verbraucher zu transportieren.

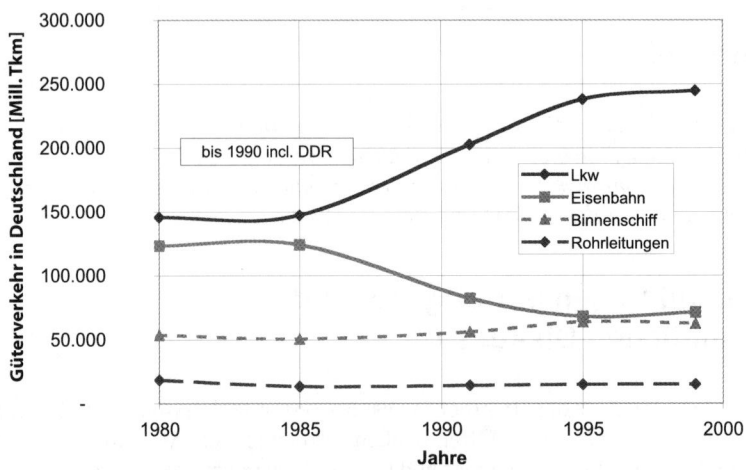

Bild 9.2 Entwicklung der Verkehrsleistung im Güterverkehr in Deutschland
(Quelle: [Statistisches Bundesamt])

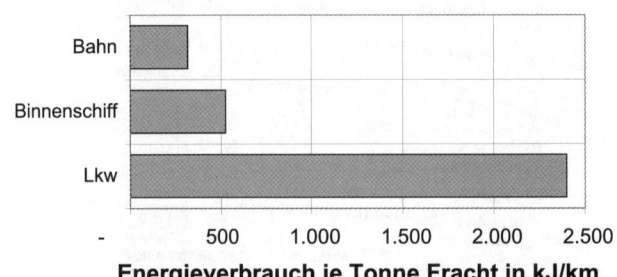

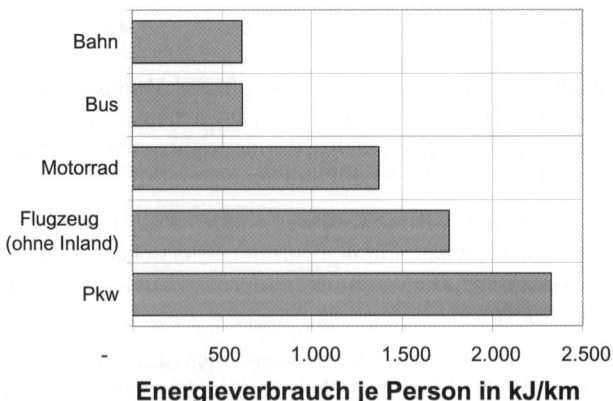

Bild 9.3 Spezifischer Energieeinsatz verschiedener Transportträger im Vergleich

Diese Steigerung des Lkw-Verkehrs hat zu den bekannten Technikfolgen geführt:

- Erhöhung des Verkehrsaufkommens auf den Straßen,
- Platzverbrauch für Straßen,
- Lärm,
- Abhängigkeit vom Erdöl,
- Luftverschmutzung,
- Verkehrsunfälle.

Luftverschmutzung und Abhängigkeit vom Erdöl hängen mit dem Energieeinsatz für Transportleistungen zusammen. Bild 9.3 zeigt den Vergleich des spezifischen Energieeinsatzes verschiedener Transportträger.

Das Müll-Problem ist in zweifacher Hinsicht ein Logistikproblem:

- 5,4 Mio. Tonnen Einwegverpackungen wurden im Jahr 2000 durch das Duale System Deutschland zur Entsorgung mit dem Grünen Punkt lizenziert (Bild 9.4) und
- Abfallrecycling zur Müllvermeidung erfordert entsprechende Systeme zur Entsorgungslogistik.

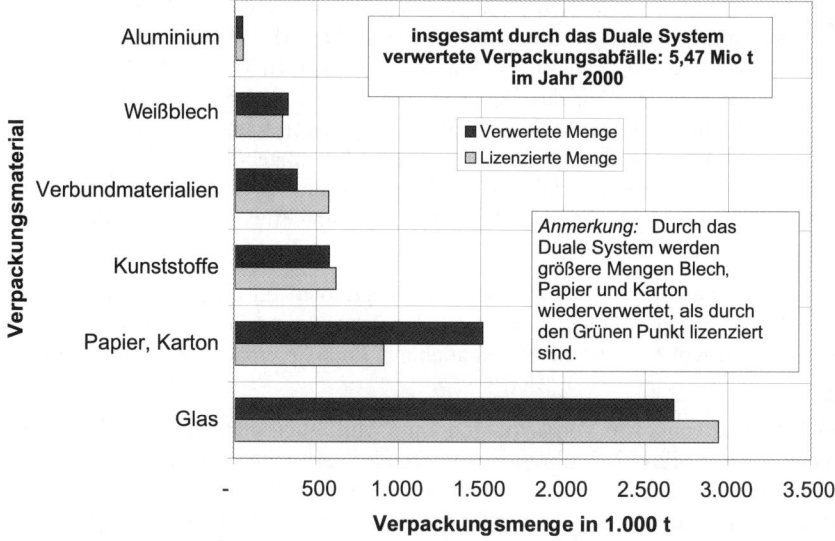

Bild 9.4 Mit dem Grünen Punkt lizenzierte Verpackungen in Deutschland (Stand: 2000)
(Quelle: Duales System)

Die Verpackung ist ein Marketinginstrument und übernimmt die logistische Funktion eines Förderhilfsmittels (vergleiche Kap. 4). Durch die Verpackung wird im Einzelhandel erst die Selbstbedienung ermöglicht. Entsprechend trägt die Verpackung Wareninformationen und beeinflußt die Attraktivität des Produktes. Dazu kommen die logistischen Funktionen von Förderhilfsmitteln wie z. B. Schutz der Ware vor Beschädigungen.

Eine Einwegverpackung wird beim Endverbraucher zu Müll. Verpackungsmüll kann verringert werden durch:

- weniger aufwendige Verpackungen, Abfallvermeidung,
- Wiederverwendung von Verpackungen (z.B. Poolverpackungen oder Mehrweg-systeme) sowie durch
- Recycling von Verpackungsmaterialien (z.B. Glas, Papier oder Aluminiumdosen).

Aus Umweltschutzgründen ist die beste Lösung, den Verpackungsaufwand zu reduzieren und Abfall ganz zu vermeiden. Die am wenigsten umweltfreundliche der genannten Alternativen zur Verringerung von Verpackungsmüll ist das Recycling.

Für eine Mehrwegverpackung muß ein entsprechendes Logistiksystem geschaffen werden, das die Leerverpackungen wieder zum Hersteller des Gutes zurückbringt. Poolsysteme wie für die Euro-Palette funktionieren nur mit einem Poolträger, der die „Spielregeln" überwacht und das Verrechnungssystem betreut (vgl. Kap. 4).

Beispiel für Einweg- und Mehrwegsysteme sind Getränkeverpackungen. Die Brauereien haben sich z. B. in Deutschland auf eine einheitliche Form für Bierflaschen mit entsprechenden Bierkästen geeinigt. Durch die Standardisierung der Verpackung ist ein eingespieltes Logistiksystem für die leeren Flaschen im Getränkehandel installiert. Ähnliche Systeme gibt es für Mineralwasser und Wein. In Frankreich dagegen ist für Mineralwasser eine Einwegverpackung in Kunststoffflaschen üblich. Allerdings gehen auch in Deutschland die Brauereien dazu über, spezifische Flaschen mit entsprechenden besonderen Bierkästen einzusetzen. Dadurch soll die Produktdifferenzierung gegenüber anderen Brauereien erleichtert werden und das Image der jeweiligen Biermarke gestärkt werden.

Um den Müllberg nicht weiter wachsen zu lassen, wurde vom deutschen Gesetzgeber die Verpackungsverordnung beschlossen, die es dem Verbraucher erlaubt, Verpackungen beim Händler zurückzugeben. Damit Geschäfte und Supermärkte nicht zu Müllsammelstellen werden, wurde auf Initiative des Handels das Duale System als zweiter Entsorgungsweg (neben der kommunalen Müllabfuhr) für Verpackungsmaterial gegründet. Finanziert wird das Duale System über Lizenzgebühren für den „Grünen Punkt". Die Lizenzgebühren richten sich nach Art und Menge des Verpackungsmaterials und sind umso geringer, je kleiner die Menge des Verpackungsmaterials ist und je einfacher das Verpackungsmaterial recycelt werden kann. Leichte Einstoff-Verpackungen werden somit bevorzugt.

Weiterhin schreibt die Verpackungsverordnung Mehrwegquoten für einzelne Verpackungsarten, wie z.B. Getränkeverpackungen, vor. Da in den Jahren zuvor die Mehrwegquote für Getränke nicht erreicht wurde, wird ein Pfand auch auf Einwegverpackungen für Getränke eingeführt.

Neben der Mehrfachnutzung von Verpackungen kann Müll auch durch die Wiedergewinnung von Rohstoffen aus Müll (Recycling) verringert oder vermieden werden. Recycling ist innerhalb und außerhalb der Produktion möglich. Aus Kostengründen ist Recycling im Produktionsablauf weit verbreitet. So werden z. B. die Abfallspäne aus Zerspanungsprozessen als Schrott verkauft. Ähnlich werden in Gießereien oder Kunststoff-Spritzgießereien Angüsse abgetrennt und wieder als Rohmaterial eingesetzt.

Recycling von Hausmüll ist sehr viel schwieriger, weil der Müll erst getrennt werden muß. Durch entsprechende Logistiksysteme mit der Sammlung von Verpackungsmüll durch das Duale System (gelber Sack) und durch Container mit regelmäßiger Leerung wird in der Zwischenzeit jedoch ein Großteil der Glas- und Papierabfälle getrennt gesammelt und verwertet (Bild 9.4). Die Verpackungsverordnung hat somit nicht nur die Verpackungen, sondern auch das Verbraucherverhalten verändert. Die Verwertung von Abfällen steigt seit 1990 kontinuierlich an, sicherlich nicht nur in Bayern (Bild 9.5).

Diese Logistiksysteme für Mehrwegverpackungen oder für Recycling von einzelnen Stoffen wurden jedoch erst unter dem Druck der Öffentlichkeit bzw. der Gesetzgebung realisiert. Die Gesetze sind Ergebnis einer öffentlichen Technikbewertung für die Logistik.

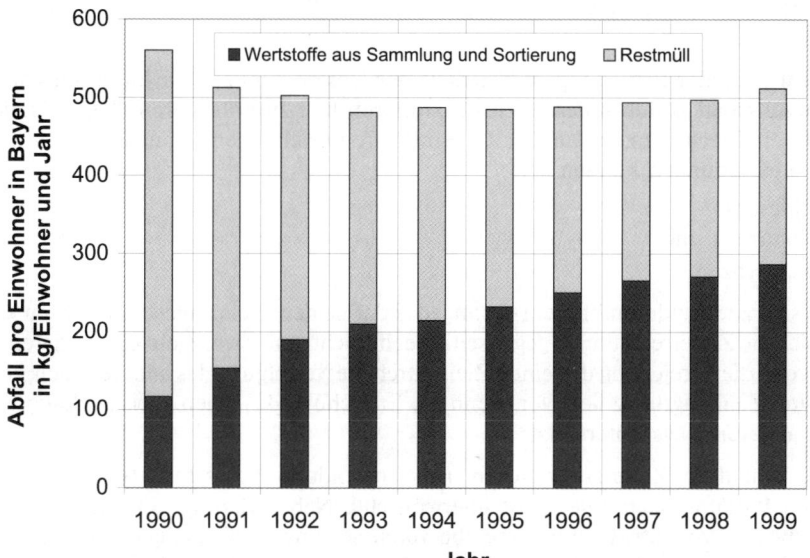

Bild 9.5 Abfall und Recycling in Bayern *(Quelle: Bayer. Staatsministerium für Landesentwicklung und Umweltfragen)*

Ebenso wie beim Verpackungsproblem greift der Gesetzgeber immer wieder in die Verkehrsentwicklung ein. Um die negativen Folgen des Güterverkehrs mit Lastkraftwagen zu mindern, soll die Bahn gestärkt werden. Durch die Entschuldung und Privatisierung der ehemaligen Bundesbahn zur Bahn AG soll die Eisenbahn wirtschaftlicher arbeiten und konkurrenzfähig zum Verkehrssystem Lkw werden. Mit einer Trennung der Verantwortung für Fahrweg und Betrieb sollen die Schienenverkehrswege dem Wettbewerb geöffnet werden, um damit neue, attraktivere Angebote für Verkehrsleistungen zu entwickeln, damit mehr Kunden ihre Güter von der Bahn transportieren lassen.

9.3. Technikbewertung

9.3.1 Planung und Bewertung

Planen heißt Denken in Alternativen. Bevor eine dieser Alternativen bei einer vertieften Planung detailliert wird oder realisiert wird, müssen die Alternativen bewertet und verglichen werden. Bei industriellen Planungsproblemen werden die Alternativen normalerweise nur aus betriebswirtschaftlicher Sicht bewertet. Im Vordergrund stehen also die Ziele Gewinnmaximierung, Umsatzsteigerung oder Kostenminimierung innerhalb des Unternehmens.

Da jedes Unternehmen Teil des Staates und der Gesellschaft ist, haben die Unternehmensentscheidungen, z.B. auch die Entscheidungen zur Realisierung der einen oder anderen Alternative zur Gestaltung der Logistik, Auswirkungen auf die gesamte Gesellschaft und den Staat. Gefordert wird daher eine weitergehende Technikbewertung, „die unmittelbare und mittelbare technische, wirtschaftliche, gesundheitliche, ökologische, humane, soziale und andere Folgen dieser Technik und möglicher Alternativen abschätzt" [VDI].

Diesem Anspruch muß sich auch die Logistik-Technik stellen, wie die Probleme um Verkehr und Müll zeigen.

Erster Schritt vor jeder Bewertung ist, die Ziele der Unternehmung, der Interessengruppen und der Gesellschaft zu formulieren, zu strukturieren und zu priorisieren. Ergebnis dieses Prozesses ist ein Zielsystem, in dem die Ziele und ihre Beziehungen zueinander geschrieben werden. Zielbeziehungen können sein:

- Indifferenz,
- Konkurrenz und
- Kongruenz.

Zwei Ziele sind zueinander indifferent, wenn jedes der beiden Ziele angestrebt werden kann, ohne daß sich die Zielerreichungen gegenseitig beeinträchtigen. Zwei Ziele konkurrieren miteinander, wenn die Erreichung des einen Ziels durch die Verfolgung des anderen Ziels beeinträchtigt wird. Zielkongruenz liegt vor, wenn die Erreichung des einen Ziels auch die Erreichung des anderen Ziels unterstützt.

Ein Mittel dient dazu, Ziele zu erreichen. Die Anwendung dieses Mittels hat neben der erwünschten Wirkung auch eine meist unerwünschte Nebenwirkung. So steigert z.B. die Arbeitsteilung die Produktivität und bietet die Voraussetzung für eine allgemeine Steigerung des Wohlstandes; sie erhöht jedoch auch den Transportaufwand mit den entsprechenden Folgen für unseren Verkehr. Transporte mit Lkw erfüllen das Ziel „schnelle Belieferung des Kunden". Unerwünschte Folgen sind jedoch Lärm und Schadstoffe in der Luft.

Die Auswahl und Formulierung von Zielen hängt ab von

- Wertesystem,
- Bedürfnissen,
- Normen.

Werte sind Ergebnis individueller und sozialer Entwicklungsprozesse, abhängig von Geschichte, Kultur und Gesellschaft. Bedürfnisse dienen der Lebenserhaltung und -entfaltung. Normen sind verbindliche Verhaltensregeln, die z.T. als Gesetze schriftlich fixiert sind.

9.3.2   Bedeutung des Wertesystems für die Technik

Der Entscheidungs- und Handlungsspielraum bei der Gestaltung technischer Systeme wird begrenzt durch

- Rahmenbedingungen,
- individuelle Präferenzen.

Während die Naturgesetze als Rahmenbedingungen nicht veränderbar sind, können gesellschaftliche, ökonomische, ökologische und kulturelle Rahmenbedingungen im Laufe der Zeit verändert werden. So wurde z.B. die in USA seit längerem eingeführte Abgasentgiftung von Kraftfahrzeugen mit Katalysatoren in Deutschland erst durch ein gesteigertes Umweltbewußtsein nachvollzogen.

Individuelle Präferenzen, die aus Bedürfnissen, Erfahrungen und Weltanschauungen entstehen, beeinflußen das Wertesystem weiter. So werden die Meinungen eines holländischen Spediteurs und eines Anwohners im Inntal zum Alpentransit von Lastkraftwagen unterschiedlich sein, obwohl die Grundüberzeugungen ähnlich sein können.

Für eine objektive Technikbewertung müssen Präferenzen, Werte und Ziele offengelegt werden, damit Gemeinsamkeiten, Unterschiede und der Wertewandel nachvollziehbar sind.

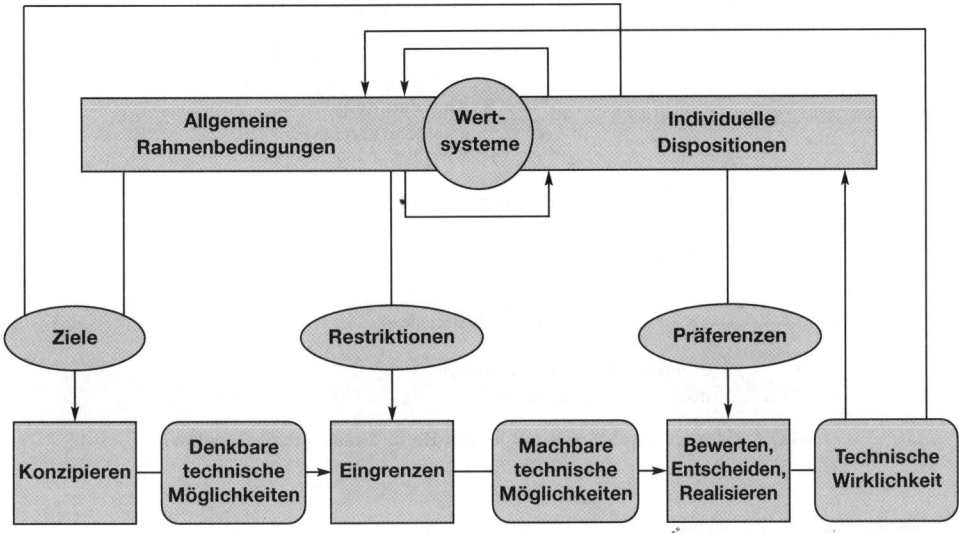

Bild 9.6 Auswahl und Einschränkung technischer Möglichkeiten [VDI]

9.3.3 Werte im technischen Handeln

Typische Ziele eines Ingenieurs bei der Gestaltung eines technischen Systems sind:

- Funktionsfähigkeit und
- Wirtschaftlichkeit.

Diese Ziele werden nicht um ihrer selbst Willen verfolgt, sondern sie dienen den übergeordneten menschlichen Zielen und der Befriedigung von Bedürfnissen (vgl. [Maslow]) (Bild 9.7).

Diese übergeordneten Ziele führen zur Bereitschaft eines öffentlichen oder privaten Verbrauchers, das gestaltete Gut oder die Dienstleistung zu kaufen. Durch die Kaufentscheidung wird die Wirtschaftlichkeit (Gewinn, Rendite) für den Hersteller dieses Guts bestimmt.

Da jedoch keine Funktion oder Wirkung ohne Nebenwirkung denkbar ist, werden diese Nebenwirkungen mitgekauft. Allerdings werden Wirkungen und Nebenwirkungen oft auch so getrennt, daß die Nebenwirkungen jemanden treffen, der and er Kaufentscheidung nicht beteiligt war. So leidet z.B. die Schweiz an den Folgen des Alpentransits, der seinerseits durch Subventionen der Europäischen Union gefördert wird. Als nicht EU-Land kann die Schweiz aber nicht von diesem Subventionssystem profitieren.

Nicht jede Nebenwirkung muß mit Sicherheit eintreten. Risiken beschreiben solche unerwünschten Nebeneffekte, die mit Wahrscheinlichkeiten auftreten. Beim Autoverkehr besteht z.B. das Risiko, aufgrund der Verkehrssituation eine Lieferung zu spät zum Kunden zu bringen, so daß die Logistikfunktion (zum richtigen Zeitpunkt) nicht erfüllt ist. Ein Verkehrsunfall gefährdet die Sicherheit.

Beim Vergleich von Techniken und ihren Folgen ist ein Risikovergleich nur zwischen Techniken vergleichbaren Nutzens zulässig. Zulässig wäre damit ein Vergleich zwischen Lkw und Bahntransport, nicht jedoch zwischen den Risiken des Straßenverkehrs und der Kernkraft, da beide Techniken unterschiedlichen Nutzen haben.

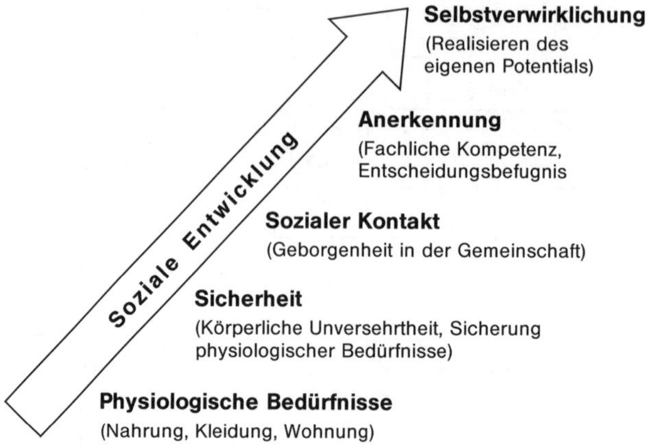

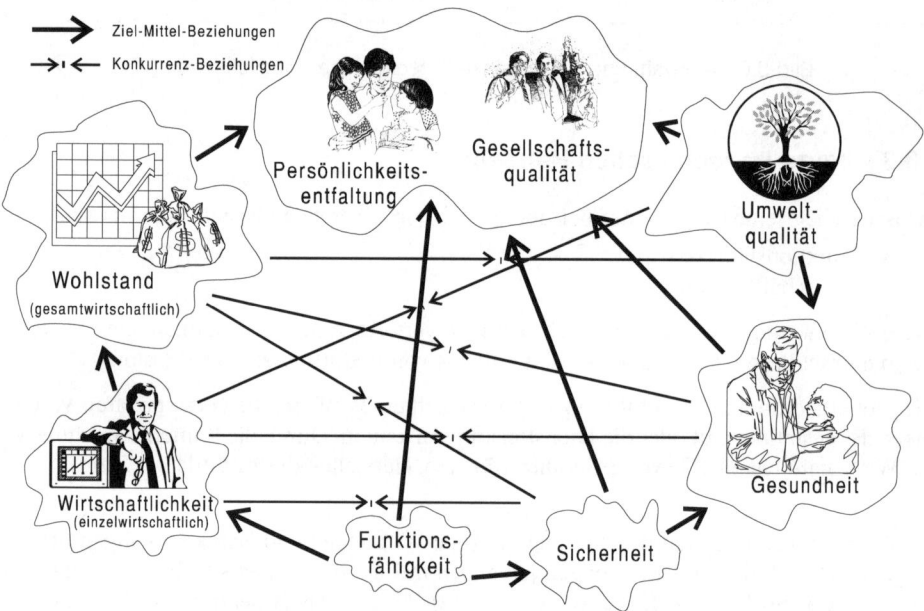

Selbstverwirklichung
(Realisieren des eigenen Potentials)
Anerkennung
(Fachliche Kompetenz, Entscheidungsbefugnis
Sozialer Kontakt
(Geborgenheit in der Gemeinschaft)
Sicherheit
(Körperliche Unversehrtheit, Sicherung physiologischer Bedürfnisse)
Physiologische Bedürfnisse
(Nahrung, Kleidung, Wohnung)
Soziale Entwicklung

Bild 9.7 Hierarchie der menschlichen Bedürfnisse (nach [Maslow])

Ziel-Mittel-Beziehungen
Konkurrenz-Beziehungen
Persönlichkeits-entfaltung
Gesellschafts-qualität
Umwelt-qualität
Wohlstand
(gesamtwirtschaftlich)
Gesundheit
Wirtschaftlichkeit
(einzelwirtschaftlich)
Funktions-fähigkeit
Sicherheit

Bild 9.8 Das Wertesystem bei der Gestaltung technischer Systeme [VDI]

Das Risiko einer Technik kann unterteilt werden in

- die Eintrittswahrscheinlichkeit eines Fehlers oder Schadens und
- das Gefährdungspotential.

Das Risikoverhalten der Bürger entspricht nicht dem meßbaren oder berechenbaren Risiko. Hohe Risikobereitschaft besteht normalerweise bei

- individuellen Risiken,
- vertrauten Risiken und
- bei Risiken mit geringem Gefährdungspotential.

So werden z.B. im Haushalt relativ hohe Risiken akzeptiert, obwohl dort die meisten Unfälle passieren, die Umgebung aber vertraut ist. Dagegen wird Fliegen oft als gefährlich empfunden, weil Flugzeugabstürze große Schäden verursachen, obwohl der Flugverkehr in Personenkilometern gerechnet, eine der sichersten Verkehrsarten ist.

9.3.4 Methoden der Technikbewertung

Bereits bei der engen betriebswirtschaftlichen Bewertung hat sich keine einheitliche Methode zur Bewertung der Wirtschaftlichkeit durchgesetzt. Für die ungleich komplexere Aufgabe der Technikbewertung gibt es bisher keine spezifischen Methoden, die ausschließlich für Technik und Technikbewertung eingesetzt werden.

Um das Methodenproblem zu lösen, kann die Technikbewertung in vier Phasen ablaufen:

1. Definition und Strukturierung des Bewertungsproblems:
- Offenlegung der Voraussetzungen und Maßnahmen,
- Beschreibung der Systemgrenzen und Randbedingungen,
- Benennung von Größen, die als variabel und solchen, die als konstant angenommen werden,
- Beschreibung des Bewertungshorizonts.

2. Folgenabschätzung:
Entsprechend der Szenarien, die in der ersten Phase beschrieben sind, müssen hier durch die Bewertungsmethoden mögliche Entwicklungen mit ihren Wirkungen und Folgewirkungen prognostiziert werden.

3. Bewertung der Folgen:
Die prognostizierten Technikfolgen müssen nun anhand des Wertesystems auf ihre Vorteilhaftigkeit untersucht werden. Letztendlich stellt sich hier das Entscheidungsproblem, den Einsatz technischer Systeme zu verhindern, zu fördern oder vorzuschreiben.

4. Entscheidung
Für die ersten drei Phasen werden bekannte Methoden eingesetzt. Zur Definition und Strukturierung der Bewertungsaufgabe sind dies z.B.:
- Brainstorming,
- Delphi-Expertenbefragung,
- Morphologische Klassifikation,
- Graphentheorie, Baumanalysen,
- Modellierung für Simulationen,
- Szenario-Beschreibungen.

Zur Abschätzung von Technikfolgen werden zusätzlich Prognosemethoden verwendet:
- Zeitreihenanalysen mit Trendextrapolation,
- Historische Analogiebildung,
- Verflechtungsmatrix,
- Risiko-Analyse,
- Simulation.

Bewertungsmethoden sind:
- Expertenbefragung und Umfragen der Bevölkerung,
- Kosten-Nutzen-Analyse,
- Nutzwert-Analyse,
- Wirtschaftlichkeitsrechnung.

Eine zusammenfassende Beschreibung einsetzbarer Methoden findet sich z.B. in der VDI-Richtlinie 3780 ([VDI]).

Die Technikbewertung erhebt den Anspruch, umfassend zu bewerten und

- naturwissenschaftliche,
- wirtschaftliche,
- soziale,
- gesellschaftswissenschaftliche und
- moralische

Konsequenzen zu berücksichtigen.

Die Maximalforderungen an die Technikbewertung,

- umfassende Einflüsse zu berücksichtigen,
- alle Wechselwirkungen und Abhängigkeiten zu erkennen,
- die Technikfolgen zu prognostizieren und
- Interessen und Wertepräferenzen aller Benutzer und Betroffenen zu kennen

ist wegen der Komplexität der Aufgabe nicht zu erfüllen. In jeder der drei Bewertungsphasen liegen vielfältige Gründe dafür.

Die Beschreibung und Strukturierung des Bewertungsproblems muß unvollständig bleiben, weil offene Systeme unserer Umwelt nicht vollständig abgebildet und beschrieben werden können. Prognosen sind damit fehlergefährdet, weil unvorhergesehene Einflüsse in der Realität die prognostizierten Entwicklungen nicht eintreten lassen. Die Bewertung einer Entwicklung ist eine individuelle Entscheidung.

Trotzdem ist eine unvollständige Technikfolgenabschätzung und -bewertung besser als keine Technikbewertung.

Für eine – unter den genannten Einschränkungen – methodisch korrekte Technikbewertung sollten folgende Punkte beachtet werden:

- Vorbereitung:
  - Interdisziplinäre Teamarbeit,
  - Wahrung disziplinärer und professioneller Standards,
  - Unabhängigkeit der beteiligten Fachleute beziehungsweise Offenlegung der Werte und Interessenbindungen,
  - Nachvollziehbarkeit jedes Bewertungsschrittes durch
    - Nennung der eingesetzten Methoden und
    - folgerichtige Ablaufschritte;
- Beschreibung und Strukturierung des Bewertungsproblems:
  - Klare Formulierung der Fragestellung,
  - ganzheitliche Fragestellung,
  - Berücksichtigung aller wichtigen Einflußfaktoren, auch nicht quantifizierbarer Einflußfaktoren,
  - Formulierung von Lösungsalternativen;
- Folgenabschätzung:
  - Darlegung der Verfahren zur Datengewinnung,
  - Beschreibung des Prognosemodells;
- Folgenbewertung:
  - Unterscheidung von (nachprüfbaren) Tatsachenbehauptungen und Werturteilen, die argumentativ zu rechtfertigen sind,
  - Formulieren von Entscheidungsalternativen aufgrund unterschiedlicher Wertesysteme.

9.3.5 Institutionen der Technikbewertung

An einer Technikbewertung haben die Bürger und verschiedene Institutionen Interessen:

- Der Staat mit seinen drei Gewalten (Gesetzgebung, staatliche Verwaltung und Rechtsprechung),
- die Öffentlichkeit,
- die Wissenschaft,
- die Wirtschaft.

Der Staat beeinflußt durch politische Maßnahmen, wie z.B. Steuervorteile, Subventionen oder Rechtsverordnungen die Rahmenbedingungen, unter denen sich technische Entwicklungen vollziehen. Um diese Aufgabe im Interesse der Bürger erfüllen zu können, müssen Techniken und ihre Folgen bewertet werden. Normalerweise werden zu Gesetzgebungsinitiativen Expertenkommissionen geladen, die in Hearings oder als Enquete-Kommission die Folgen einzelner Techniken und technischer Entwicklungen beschreiben.

Im öffentlichen Bereich artikulieren sich Interessengruppen in Form von Parteien, Bürgerinitiativen oder Verbänden. Um diese Artikulationen den Bürgern nahezubringen, dienen die Medien als Umschlagstelle zwischen Öffentlichkeit und Politik. Entsprechend der Interessen dieser Gruppierungen (Parteien, Bürgerinitiativen usw.) bestehen auch Interessen an einer Technikbewertung. Durch die verschiedenen Wertesysteme dieser Gruppierungen werden die Ergebnisse der Technikbewertungen oftmals kontrovers sein.

Von der Wissenschaft (Hochschulen, Großforschungseinrichtungen und sonstige Forschungsinstitute) werden vor allem

- Methoden der Technikbewertung und
- Gutachten zur Entwicklung einzelner Technologien

gefordert.

Am Wirtschaftsleben nehmen Unternehmen, die einzelne Techniken nutzen und vertreiben sowie die öffentlichen und privaten Verbraucher teil.

9.4 Bedeutung der Technikbewertung für die Industrie

Im dezentralen Wirtschaftssystem einer Marktwirtschaft steht die betriebswirtschaftliche Technikbewertung für die einzelnen Unternehmen im Vordergrund. Ergebnisse sind Gewinne, Renditen und Amortisationszeiten. Diese Bewertung ist Teil der üblichen Vorgehensweise zur Planung und Entwicklung neuer Techniken und Verfahren.

Aus folgenden Gründen gewinnt eine erweiterte, umfassende Technikbewertung auch für die Industrie an Bedeutung:

- Verantwortung gegenüber Gesellschaft und Umwelt,
- frühzeitige Reaktion auf gesellschaftliche und politische Entwicklungen,
- Einfluß (Aktion) auf gesellschaftliche und politische Entwicklungen.

Das Bewußtsein, daß ein Unternehmen mehr ist als eine Kapitalanlage, beginnt sich durchzusetzen. Die Unternehmen nehmen eine wichtige Position in unserer Gesellschaft ein und tragen deshalb eine vielfältige Verantwortung nicht nur für Wirtschaft und finanzielles Wohlergehen. In der Unternehmensethik werden die Grundsätze und Verhaltensweisen beschrieben, die dieser Verantwortung gerecht werden. Eine Technikbewertung und die daraus abgeleiteten Unternehmensentscheidungen können Teil dieser Unternehmensethik sein.

Gesellschaftliche Entwicklungen führen zu Gesetzen und Rahmenbedingungen, die Unternehmensentscheidungen wesentlich beeinflussen können. Durch eine vorausschauende Bewertung dieser Entwicklungen und ihrer Bedeutung für die Technik haben Unternehmen die Möglichkeit, auf solche Entwicklungen frühzeitig zu reagieren. So ist z.B. abzusehen, daß die Stadtzentren für den Autoverkehr geschlossen werden. Entsprechend entwickelt die Automobilindustrie Konzepte für einen kombinierten Verkehr. Die Kombination aus Individualverkehr und öffentlichem Nahverkehr soll einerseits die Städte attraktiv halten, andererseits den Autoverkehr aus dem Zielpunkt der Kritik, den Lebensraum zu zerstören, herausziehen.

Technikbewertung in den Unternehmen ist Voraussetzung, um durch Aktionen auf die gesellschaftliche und die politische Entwicklung einzuwirken. Damit kann die Industrie z.B. Ersatzlösungen für unerwünschte Technologien anwenden, bevor der Handlungsspielraum durch Gesetzgebung oder gesellschaftliche Kritik eingeengt wird. Das Pfandflaschensystem z.B. war etabliert, bevor das Müllproblem in den Blickpunkt der Öffentlichkeit rückte.

Die Forderung nach einer Technikfolgenabschätzung und -bewertung wird von der Öffentlichkeit und den Verbrauchern immer lauter gestellt. Die Industrie sollte deshalb rechtzeitig auf diese Forderung reagieren, bevor Gesetze sie dazu zwingen.

9.5   Beispiel einer Technikbewertung: Auswahl einer Getränkeverpackung

9.5.1   Beschreibung und Strukturierung der Bewertungsaufgabe

Das beschriebene Beispiel ist ein fingiertes Beispiel.

Bewertungsaufgabe

Es soll eine besonders umweltfreundliche Verpackung für ein neues kohlensäurehaltiges Erfrischungsgetränk betrachtet werden und ihre möglichen Auswirkungen in der Distributionslogistik einschließlich Entsorgung abgeschätzt und bewertet werden. Marketingüberlegungen zur Auswahl der Verpackung gehören nicht zur Bewertungsaufgabe. Da nur ein begrenzter Auswirkungsbereich, die Distribution und Entsorgung untersucht wird, handelt es sich bei diesem Beispiel um eine „partielle" Technikbewertung.

Untersucht werden soll die Auswirkungen der Getränkeverpackung auf das Distributionssystem eines Getränkeherstellers vom Abfüllbetrieb bis zum Groß- oder Einzelhändler. Dazu gehört der gesamte Verbrauchszyklus, weil der Verbraucher die Mehrwegflaschen wieder an den Händler zurückgibt. Einwegflaschen werden vom Verbraucher selbst entsorgt oder auch in Zukunft zum Recycling an den Händler zurückgeben. Bei Mehrwegflaschen müssen eventuelle Leergutretouren, vom Verbraucher bis zum Abfüller, ebenso betrachtet werden wie Recycling-Maßnahmen (z.B. von Bruchflaschen).

Randbedingungen

Das Verpackungssystem ist für den deutschen Markt in der deutschen Rechtsordnung zu bewerten. So sind z.B. die Verpackungsverordnung und Lebensmittel- bzw. Getränkevorschriften einzuhalten.

Das Getränk ist verkaufsfertig bis auf die Wahl der Verpackung. In der gesellschaftlichen Bestandsaufnahme (Kap. 9.5.2) soll nicht die Akzeptanz des Getränkes selbst überprüft werden, es besteht aber eine Nachfrage nach diesem Getränk.

Da Getränke in einem mehrstufigen System vom Abfüller über Groß- und Einzelhändler vertrieben werden, steht die Verteilung gegenüber dem Transport über längere Strecken im Vordergrund der Logistikleistung. Da das dafür am besten geeignete Verkehrsmittel der Lkw ist, wird als Rahmenbedingung Lkw-Transport festgelegt.

Lösungsalternativen

Untersuchungsobjekt ist nur die Verpackung (Flasche) und die Frage nach der Akzeptanz der Verpackung.

Zur Auswahl stehen:

    A Mehrwegflaschen aus Glas.
    B Mehrwegflaschen aus PET (Polyetylenterephthalat).
    C Einwegflaschen aus Glas.

Die Tabellen 9.1 bis 9.3 beschreiben die technischen Daten der Verpackungsalternativen.

Tabelle 9.1   Technische Daten der Getränkeflasche

Alternative	*A*	*B*	*C*
Flasche	Mehrweg	Mehrweg	Einweg
Material	Glas	PET	Glas
Höhe [mm]	230	340	255
Durchmesser [mm]	70	85	75
Volumen [l]	0,5	1,5	0,75
Gewicht leer [kg]	0,4	0,1	0,5
Gewicht voll [kg]	0,9	1,6	1,2
Stoßempfindlichkeit	groß	klein	groß
Recyclingfähigkeit	erfüllt	erfüllt	erfüllt
Durchschnittliche Anzahl Umläufe	15	15	1

Tabelle 9.2   Technische Daten des Flaschenverschlusses

Alternative	*A*	*B*	*C*
Verschluß	Kron-korken	Schraub-verschluß	Schraub-verschluß
Material	Weißblech	PVC	Aluminium
Gewicht [g]	2	2,5	2,1
wieder Verschließen	nicht möglich	möglich	möglich
Recyclingfähigkeit	erfüllt	erfüllt	erfüllt

Tabelle 9.3   Technische Daten des Gebindes und der Umverpackung

Alternative	A	B	C
Gebinde	Träger	Träger	Karton
Flaschen/Geinde	20	12	6
Länge Gebinde [mm]	400	400	250
Breite Gebinde [mm]	330	330	200
Höhe Gebinde [mm]	250	370	280
Gewicht/Gebinde [kg]	2	2	0,2
Gewicht/Gebinde [kg] Leergut	10	3,2	entfällt
Gewicht/Gebinde [kg] voll	20	21,2	7,4
Stapelbarkeit	erfüllt	erfüllt	erfüllt

Nicht betrachtet werden:

- Aluminiumdosen, wegen des hohen Energieverbrauchs zur Herstellung von Aluminium;
- Fässer oder sonstige Großbehälter (Tankwagen), da diese in der Regel nur für einen Großverbraucher (Kantinen, etc), nicht für private Haushalte bestimmt sind;
- Papier-Verbund-Behälter;
- TETRA-PAK®, da sie für kohlensäurehaltige Getränke nicht geeignet sind; nach Angaben der Verpackungsindustrie sind sie jedoch recyclingfähig, allerdings ist das Recycling-Material nicht mehr für hochwertige Produkte verwendbar.

9.5.2   Abschätzung der Technikfolgen

Benötigte Daten und Informationen

Für eine Technikbewertung werden folgende Daten zur Abfüllung und Distribution benötigt:

- Verkehrsverbindungen zu den Zwischenhändlern (Zeiten, Wege, etc.),
- Daten verwandter und unterstützender Technologien (z.B. Abfüllkapazität, Beschaffung von neuen Flaschen, Recyclingtechnologien für PET),
- Angaben über den Fuhrpark (z.B. Lkw-Nutzlast, Energieverbrauch),
- Auslieferungs- und Zwischenlagerkapazitäten.

In einer gesellschaftlichen Bestandsaufnahme kann z.B. untersucht werden:

- das Umweltbewußtsein in der Gesellschaft,
- tatsächliches Verbraucherverhalten (Kaufverhalten),
- gesellschaftliche Werte, Einstellungen, Motive, usw..

Diese Angaben werden in der Regel von Meinungsforschungsinstituten geliefert. Aus den diversen Verbraucherpanels läßt sich erkennen, welche Verpackungsart der Konsument bevorzugt. Aus Informationen der glasverarbeitenden Industrie läßt sich z.B. feststellen, welche Recyclingmengen zur Zeit anfallen und wie die zukünftige Entwicklung sein wird (Trends, Prognosen).

Festlegung der Einflußbereiche

Als Einflußbereiche, die durch den Einsatz der Technologien (Verpackungen) betroffen sind, werden identifiziert:

- Transportgut,
- Transportmittel,
- Transportprozeß.

Die Aufgabenstellung ist auf die Distribution begrenzt, also der Bereich vom Abfüller bis zum Groß- oder Einzelhändler. Wichtigster Einflußbereich ist deshalb der Fuhrpark eines Getränkeherstellers.

Das Transportgut, das Getränk wird durch die Wahl der Verpackung praktisch nicht direkt beeinflußt, solange die Aufgaben eines Förderhilfsmittels erfüllt sind, z.B. Schutz des Inhalts vor Klimaeinflüssen, Licht und Beschädigungen. Zu beachten sind Ausnahmesituationen, z.B. Störungen des Transports oder Beschädigungen. Müssen mehrere Lieferstationen mit dem Lkw angefahren werden, würde es bei großen Schäden zu Lieferverzögerungen kommen.

Das Transportmittel, der Lkw wird vor allem vom Gewicht und vom Platzbedarf der verschiedenen Getränkeverpackungen beeinflußt. Geht man davon aus, daß das Transportgut (Träger oder Karton) auf Euro-Paletten gelagert ist, so hat jede Palette (Mehrwegflasche Glas, Mehrwegflasche PET, Einwegflasche Glas) ein anderes Gewicht. Die Ladefläche eines Lkws kann nur eine bestimmte Anzahl von Paletten aufnehmen (z.B. 18 Paletten). Neben diesem begrenzten Platz muß auch die maximale Nutzlast beachtet werden. Wird bei einem Einzelhändler abgeladen, so muß evtl. per Hand abgeladen und Leergut aufgeladen werden. Je nach Lieferstelle ist also auch das Handling von Bedeutung.

Bei Bruch oder Beschädigung der Mehrwegverpackungen und bei Einwegflaschen ist auch das Recycling der Verpackungen (Flaschen) zu beachten. Während aus recyceltem Glas wieder Glasverpackungen hergestellt werden können, wird in USA, wo Recyclingsysteme für PET existieren, PET als Zusatzstoff für Kunststoffspritzguß verwendet. Für das Einsammeln des Recycling-Materials ist ein gesondertes Logistiksystem notwendig. Dagegen kann das Leergut einer Mehrwegverpackung bis zum Abfüller als Rückfracht im vorhandenen Distributionssystems für die Getränke transportiert werden.

Sowohl die Einflüsse auf das Transportgut (Getränk), auch auf das Transportmittel (Lkw) können Zusatzfahrten bewirken durch

- Bruch, Schaden (ungeplante Zusatzfahrten),
- ungünstiges Verhältnis von Getränk zu transportierter Last und benötigtem Platz.

Leergutrücktransport, Leerung der Recycling-Sammelbehälter und das Transportsystem für Recyclingmaterialien ist Teil des Transportprozesses.

Ermittlung der Technikfolgen

Die folgende Tabelle zeigt die Auswirkungen der alternativen Getränkeverpackungen auf Platzbedarf und Gewicht der Lkws.

Weitere mögliche Folgen werden qualitativ beschrieben. Diese Folgen sind in Tabelle 9.5 zusammengefaßt.

Tabelle 9.4   Auswirkungen der Verpackungsalternativen auf Platzbedarf und Gewicht der Euro-Paletten und der Lkws

Alternative	A	B	C
Gebinde/Euro-Palette (1000 x 1200)	36	27	96
Höhe Euro-Palette beladen [cm]	120	130	130
Gewicht/Euro-Palette [kg] voll	740	592,4	730,4
Getränk pro Palette [l]	360	486	403,2
Liter Getränk/benötigte Nutzlast [l/t]	486	820	552
Anz. Paletten bei 12 t Nutzlast	16	20	16
Anz. Paletten bei 18 t Nutzlast	24	30	25

Betrachtet man die Spalte der Mehrwegflasche aus Glas, Alternative A, so lassen sich drei negative Effekte feststellen.

Die möglichen Auswirkungen (Folgen) einer Lieferverzögerung, des hohen Platzbedarfs (aufgrund des hohen Gewichts) und der daraus resultierenden Extra- und Zusatzfahrten (im Vergleich zu den anderen Verpackungen) könnten sein:

- eine zunehmende Straßenverkehrsbelastung;
- damit eine steigende Umweltbelastung (Lärm, Abgase, etc.);
- ein erhöhter Personalbedarf (Fahrer und Kommissionierer);
- im weiteren Sinne könnte man auch eine steigende Unfallgefahr als Folgewirkung betrachten.

Nachteilig an der PET-Flasche und ihres Verpackungssystems ist die eingeschränkte Recyclingfähigkeit, die es nicht erlaubt, Bruchflaschen wieder zu Getränkeverpakungen zu recyceln. Die Einwegflasche, Alternative C, hat besonders in der Leergutentsorgung Nachteile.

Tabelle 9.5   Qualitative Beschreibung der Technikfolgen alternativer Getränkeverpackungen

Alternative	A	B	C
Leergut	∅	∅	☻
Handling	☺	☺	☻
Platzbedarf und Nutzlast	☻	☺	☻
Lieferverzögerungen	☻ a)	☺ b)	∅
Zusatzfahrten	☻	∅	∅
Recycling	☺	∅	☺

Bewertungsmaßstab: ☺ = positive Effekte, ∅ = geringe/keine Effekte, ☻ = negative Effekte

Anmerkungen zur Tabelle 9.5:

zu a)   Die Mehrwegflasche aus Glas ist bruchempfindlicher als die PET-Flasche. Bei einer evtl. Zerstörung kann es zu Lieferverzögerungen kommen.

zu b)   Die PET-Flasche besitzt ein größeres Volumen (1,5 l) und ist sehr schwer zu zerstören. Lieferverzögerungen und Ausfälle sind unwahrscheinlicher.

9.5.3 Bewertung der alternativen Techniken

Jede Bewertung ist subjektiv, also abhängig vom Blickwinkel, Erfahrungen und Wertesystem des Bewerters.

Die Einwegverpackung dürfte am wenigsten geeignet sein, weil sie die Forderung „Wiederverwendung vor Recycling" nicht erfüllt. Problematisch ist auch die Erfüllung der Verpackungsverordnung, die einen hohen Anteil Mehrwegverpackungen für Getränke vorschreibt.

Aus Logistiksicht ist am besten die PET-Flasche geeignet, denn sie bietet den geringsten Platzbedarf und das geringste Gewicht pro Liter Erfrischungsgetränk. Durch Einsparung in der Transportkapazität wirkt sich dieser Vorteil auch positiv auf Ressourcenverbrauch und Abgasbelastung aus.

Bewertet man das Einführungsrisiko eines neuen Recyclingsystems mit PET-Materialien höher als die Technikfolgen der schwereren Glas-Mehrwegverpackung, ist Alternative A zu favorisieren. Entscheidet man sich – aus welchen Gründen auch immer – für die Mehrwegverpackung aus Glas (Alternative A) kann den genannten negativen Effekten (vgl. Kap. 9.5.2) entgegengewirkt werden.

Um einen größeren Platzbedarf zu erhalten, könnte man

- neue, energiesparendere Lkws mit einer größeren Ladefläche (bei Beachtung der Nutzlast), z.B. für 24 Paletten einsetzen, oder
- statt der 0,5 l Flaschen 1,0 l Flaschen verwenden, falls andere Gründe nicht dagegen sprechen (z.B. Normflaschen).

Bei größerer Flexibilität der Abfüllanlagen könnten dezentrale Abfüllbetriebe über Tankwagen mit Eisenbahn beliefert werden, so daß das Distributionssystem bis zum Endverbraucher kürzere Entfernungen abdecken muß. Die geringere Transportleistung hätte positive Auswirkungen auf Abgase und Lärm. Die Normung der Flaschen würde dann wichtiger, um bestehende Abfüllanlagen zu nutzen.

Diese möglichen Handlungsoptionen müssen wieder genauso nach betriebswirtschaftlichen Folgen (Finanzierbarkeit, praktische Realisierbarkeit, etc.) und gesellschaftlichen Folgen überprüft werden.

9.6 Übungsaufgaben

Aufgabe 9.1

Warum wächst die Bedeutung der Logistik und welche Technikfolgen sind damit verbunden?

Aufgabe 9.2

Ein Serienfertiger möchte ein möglichst umweltfreundliches Verpackungssystem einführen. Worauf ist zu achten?

Aufgabe 9.3

Welche Bedeutung haben die individuellen Werte bei der Bewertung von Technikfolgen?

Aufgabe 9.4

Eine umfassende Technikbewertung ist nicht möglich. Was kann getan werden, um eine möglichst korrekte Technikbewertung zu erreichen?

10 Literatur

Aggteleky, B.: Fabrikplanung. Werksentwicklung und Betriebsrationalisierung; Band 1-3. München: Hanser 1990

Arnold, D., Isermann, H., Kuhn, A., Tempelmeier, H., (Hrsg.): Handbuch Logistik. Berlin, Heidelberg, New York, London, Paris, Tokyo, Hong Kong: Springer 2001

Auch, M.: Menschgerechte Arbeitsplätze sind wirtschaftlich. Schriftenreihe Wirtschaftlichkeitsrechnung. Eschborn: RKW - Rationalisierungs-Kuratorium der Deutschen Wirtschaft 1985

AWF (Hrsg.): Integrierter EDV-Einsatz in der Produktion. Begriffe, Definitionen und Funktionszuordnungen. Empfehlungen des Ausschusses für Wirtschaftliche Fertigung e.V. (AWF). Eschborn: AWF 1985

Bamberg, G.; Baur, F.: Statistik. München, Wien: Oldenbourg, 11. Auflage, 2001

Bläsing, J. P. (Hrsg.): Praxisberichte 2 Qualitätssicherung FMEA – Failure Mode and Effects Analysis. München: gfmt-Gesellschaft für Management und Technologie-Verlags KG 1988

Bullinger, H. J. (Hrsg.): Systematische Montageplanung: Handbuch für die Praxis/[Refa]. München, Wien: Hanser 1986

Bullinger, H.-J.; Koether, R.; Letters, F.: Auslegung einer Automobil-Endmontage mit Hilfe der Simulation. In: ZwF Zeitschrift für wirtschaftliche Fertigung 79 (1984) Nr. 12, S. 607-612

DIN: DIN 31 051 Instandhaltung, Begriffe und Maßnahmen. Berlin: Beuth 1985

DIN: DIN 55 350 Teil 11 Begriffe im Bereich Qualitätssicherung. Berlin: Beuth 1995

DIN: DIN EN 1325-1 Value Management, Wertanalyse, Funktionalanalyse. Berlin: Beuth 1996

Egge, H.: Fahrerlose Transportsysteme – eine Lösung für viele Materialflußprobleme. In: ZwF Zeitschrift für wirtschaftliche Fertigung 86 (1991) Nr. 10, S. 517-520

Fischer, W., Dittrich, L.: Materialfluß und Logistik - Optimierungspotentiale im Transport- und Lagerwesen. Berlin, Heidelberg, New York, London, Paris, Tokyo, Hong Kong: Springer 1997

FORD: Analyse potentieller Fehler und Folgen für die Konstruktion (Konstruktions-FMEA) – Leitfaden. Köln: 1984

FORD: Statistische Prozeßregelung – Leitfaden. Köln: 1985

FORD: Analyse potentieller Fehler und Folgen für Fertigungs- und Montageprozesse (Prozeß-FMEA) – Leitfaden. Köln: 1984

Graf, H.; Koether, R.; Schweizer, W.: Flexible Montage stellt neue Anforderung an die Produktionssteuerung. In: io Managementzeitschrift 56 (1987) Nr. 4 S. 175-180

Großeschallau, W.: Materialflußrechnung, Modelle und Verfahren zur Berechnung von Materialflußsystemen. Berlin, Heidelberg, New York, Tokyo: Springer 1984

Gudehus, T.: Logistik. Band I: Grundlagen, Verfahren und Strategien; Band II Netzwerke, Systeme und Lieferketten. Berlin, Heidelberg, New York, London, Paris, Tokyo, Hong Kong: Springer, 2000

Helfrich, C.: Das neue Management denkt ökologisch. In: io Managementzeitschrift 59 (1990)Nr. 10 S. 50-53

Helfrich, C.: PPS-Praxis: Fertigungssteuerung und Logistik im CIM-Verbund. Gräfelfing: Resch 1989

Helfrich, C.: Praktisches Prozess-Management. München, Wien: Hanser 2001

Ihme, J.: Logistik im Fahrzeugbau. Wien: Manz 2000

Jünemann, R.: Materialfluß und Logistik: Systemtechnische Grundlagen mit Praxisbeispielen; unter Mitarbeit von M. Daum. Berlin, Heidelberg, New York, London, Paris, Tokyo, Hong Kong: Springer , 1989

Jünemann, R., Beyer, A.: Steuerung von Materialfluß- und Logistiksystemen – Informations- und Steuerungssysteme, Automatisierungstechnik. Berlin, Heidelberg, New York, London, Paris, Tokyo, Hong Kong: Springer, 2. Aufl. 1998.

Jünemann, R., Schmidt, T.: Materialflußsysteme – Systemtechnische Grundlagen. Berlin, Heidelberg, New York, London, Paris, Tokyo, Hong Kong: Springer, 2. Aufl., 2000

Jung, P.: CIM ja – aber trotzdem rationell fertigen! In: io Managementzeitschrift 58 (1989) Nr. 6

Kettner, H.; Schmidt, J.; Greim, H.-R.: Leitfaden der systematischen Fabrikplanung. München, Wien: Hanser 1984

Koether, R.; Kurz, B.; Seidel, U.A.; Weber, F.: Betriebsstättenplanung und Ergonomie. München, Wien: Hanser 2001

Koether, R.; Letters, F.; Sauer, H.: Fahrerlose Transportsysteme in der Montage – Einsatzmöglichkeiten, Planungsvorgehen, Fallbeispiele; Unterlage VDI-Seminar. Stuttgart: VDI 1986

Koether, R.; Rau, W.: Fertigungstechnik für Wirtschaftsingenieure. München, Wien: Hanser 1999

Koether, R.; Thaler, K.: Wirtschaftliche Online-Modellfolgebestimmung in Karossenlagern. In: VDI-Z 128 (1986) Nr. 22 S. 905-909

König, H.: Automatische Speicher- und Zuführeinrichtungen mit Hochleistungs-Lager- und Fördertechnik. In: dhf - deutsche hebe- und fördertechnik 37 (1991) Nr. 3 S. 52-61.

Krottmaier, J.: Versuchsplanung: Der Weg zur Qualität des Jahres 2000. Köln: Verlag TÜV Rheinland, 3. Auflage 1994

Masing, W. (Hrsg.): Handbuch Qualitätsmanagement. München, Wien: Hanser, 4. Auflage, 1999

Maslow, A.H.: Motivation und Persönlichkeit. Freiburg 1977

o.V., Lagerplanung: Lagerplanung – eine Sonderpublikation der Zeitschrift Materialfluß. Landsberg: Moderne Industrie 1986

o.V., Stapler-Management-System: Stapler-Management-System. In: dhf – deutsche hebe- und fördertechnik 37 (1991) Nr. 12 S. 26-28.

Oser, J.: Zur Auslegung und Dimensionierung von Mehrplatzlagersystemen. In: dhf – deutsche hebe- und fördertechnik 37 (1991) Nr. 3 S. 63-68.

Pantele, E. F.; Lacey, C. E.: Mit Simultaneous Engineering die Entwicklungszeiten kürzen. In: io Managementzeitschrift 58 (1989) Nr. 11

Pfeifer, T.: Qualitätsmanagement - Strategien, Methoden, Techniken. München, Wien: Hanser, 3. Auflage, 2001

Pfohl, H.-C.: Logistiksysteme – Betriebswirtschaftliche Grundlagen. Berlin, Heidelberg, New York, Tokyo: Springer, 6. Auflage, 2000

REFA-Verband für Arbeitsstudien und Betriebsorganisation e.V. (Hrsg.): Ausgewählte Methoden der Planung und Steuerung. München: Hanser 1994

REFA-Verband für Arbeitsstudien und Betriebsorganisation e.V. (Hrsg.): Methodenlehre der Betriebsorganisation, Arbeitsgestaltung in der Produktion. München: Hanser 1994

REFA-Verband für Arbeitsstudien und Betriebsorganisation e.V. (Hrsg.): Methodenlehre der Betriebsorganisation Arbeitsgestaltung in der Produktion. München: Hanser 2. Auflage 1994

REFA-Verband für Arbeitsstudien und Betriebsorganisation e.V. (Hrsg.): Methodenlehre der Betriebsorganisation, Planung und Gestaltung komplexer Produktionssysteme. München: Hanser 1987

Rinschede, A.; Wehking, K.-H.; Jünemann, R. (Hrsg.): Entsorgungslogistik I – Grundlagen, Stand der Technik. Berlin, Bielefeld, München: Erich Schmidt Verlag 1991

Rode, M.: Produktionslogistik: Analyse und Strukturierung durch Simulation. Köln: Verlag TÜV Rheinland 1990

Schad, G.: Entwicklung und Einführung eines interaktiven Verfahrens zur Leistungsabstimmung von Montagesystemen. Berlin, Heidelberg, New York, Tokyo: Springer 1986

Scheid, W.-M.: Jüngste Entwicklungen nach 30 Jahren Hochregallagertechnik. In: dhf – deutsche hebe- und fördertechnik 36 (1990) Nr. 9 S. 22-28

Scheid, W.-M.: Logistik-Trends verlangen neue Systemlösungen. In: dhf – deutsche hebe- und fördertechnik 38 (1994) Nr. 4 S. 30-34

Schulze, L.: FTS-Praxis. Fahrerlose Transportsysteme Planung – Realisierung – Betrieb. Gräfelfing: Resch 1985

Statistisches Bundesamt: Statistisches Jahrbuch 2000 für die Bundesrepublik Deutschland. Stuttgart: Metzler-Poeschl 2000

Thaler, K.: Supply Chain Management: Prozessoptimierung in der logistischen Kette. Köln: Fortis-Verlag FH 3. Auflage 2001

Tschätsch, H.: Werkzeugmaschinen der spanlosen und spanenden Formgebung. München, Wien: Hanser: 7. Auflage, 2000

Verein Deutscher Ingenieure VDI: VDI Richtlinie 3780: Technikbewertung - Begriffe und Grundlagen. Berlin: Beuth 2000

Warnecke, H. J. (Hrsg.): Instandhaltungsmanagement. Köln: TÜV Rheinland, 2. Auflage, 1992

Warnecke, H.-J.: Der Produktionsbetrieb 2 – Produktion, Produktionssicherung. Berlin, Heidelberg, New York, London, Paris, Tokyo, Hong Kong: Springer, 3. Auflage, 1995

Wiendahl, H.-P.: Betriebsorganisation für Ingenieure. München, Wien: Hanser, 4. Auflage, 1997

Wildemann, H.: Die modulare Fabrik – Kundennahe Produktion durch Fertigungssegmentierung. München: TCW 5. Auflage 1998

Wildemann, H.: Logistik Prozeß-Management. München: TCW 1997

11 Abkürzungen

CAD	Computer Aided Design
CAE	Computer Aided Engineering
CAI	Computer Aided Industry
CAM	Computer Aided Manufacturing
CAP	Computer Aided Planing
CAQ	Computer Aided Quality Assurance
CAT	Computer Aided Testing
CIM	Computer Integrated Manufacturing
C_p	Prozeßfähigkeitsindex
C_{pk}	Prozeßsicherheitsindex
EHB	Elektro-Hänge-Bahn
FMEA	Fehlermöglichkeits- und -einfluß-Analyse
JIT	Just-in-time
Lkw	Lastkraftwagen
MTBF	Mean time between failure, durchschnittliche Zeit zwischen dem Auftreten von zwei Fehlern
MTTR	Mean time to repair, durchschnittliche Zeit um einen Fehler zu reparieren
OT	obere Grenze des zulässigen Toleranzfeldes
PPS	Produktionsplanung und -steuerung
s	Standardabweichung der gemessenen Größe in der Stichprobe
SPC	Statistical Process Control
T	Breite des zulässigen Toleranzfeldes = OT – UT
TBF	Time between failure, Zeit zwischen dem Auftreten von zwei Fehler
TE	Transporteinheit z.B. Behälter
TTR	Time to repair, Zeit um einen Fehler zu reparieren
UT	untere Grenze des zulässigen Toleranzfeldes
$\bar{x}$	Mittelwert der gemessenen Größen in der Stichprobe

12 Lösung der Übungsaufgaben

Anmerkung: Für die Fallbeispiele gibt es keine allgemeingültig, richtige Lösung. Die hier vorgestellten Lösungen liefern Anhaltspunkte, um die wichtigsten Lösungsüberlegungen darzustellen.

Aufgabe 1.1

a) Funktionsgruppe (Konstruktion) = Baugruppe (Fertigung)

b) Vorteile für die Logistik:
- Zeitlich parallele Fertigung der Baugruppe spart Durchlaufzeit und Bestände,
- Begrenzte Variantenvielfalt in der Fertigung (wenige Varianten jeder Baugruppe), hohe Variantenvielfalt für den Kunden durch Kombination von Baugruppenvarianten;

Weitere Vorteile:

- Austausch von Baugruppen ist möglich (z.B. Reparatur oder Nacharbeit),
- Baugruppen können separat geprüft werden, dadurch wird die Qualitätssicherung des Endproduktes erleichtert;
- Konstruktionsänderungen können auf wenige Bau- und Funktionsgruppen konzentriert werden.

Aufgabe 1.2

Gegenstandsbereich der Logistik ist der gesamte Materialfluß vom Lieferanten bis zum Kunden und der begleitende Informationsfluß. Man kann unterscheiden in

- Beschaffungslogistik,
- Fertigungslogistik,
- Distributionslogistik und
- Entsorgungslogistik.

Wichtigstes Ziel ist die wirtschaftlich optimale Gestaltung dieser Material- und Informationsflüsse, also die richtigen Mengen und Objekte zum richtigen Zeitpunkt am richtigen Ort in der richtigen Qualität zu liefern. Wirtschaftliche Ziele der Logistik leiten sich aus dem Unternehmensziel „Renditemaximierung" ab. Die Logistik ist dabei vor allem für den Kapitaleinsatz verantwortlich, mit dem Schwerpunkt der Gestaltung von Durchlaufzeiten und Kapitalbindung im Umlaufvermögen. Die Durchlaufzeit kann über die Bedeutung für die Kapitalbindung ein Marketing-Faktor werden, wenn Kundenaufträge schnell gefertigt und ausgeliefert werden können.

Aufgabe 1.3

Kriterien für die Standortauswahl und die Bedeutung für den Zulieferer und die Softwarefirma zeigt die folgende Tabelle 12.1:

Tabelle 12.1   Standortfaktoren

Standortfaktoren	*Priorität Auto-Zulieferer*	*Priorität Softwareentwickler*
Nähe zu Kunden	sehr wichtig	weniger wichtig
Verfügbarkeit von qualifizierten Arbeitskräften	wichtig	sehr wichtig
Nähe zu Lieferanten	wichtig	weniger wichtig
Nähe zu Verkehrsströmen	sehr wichtig	wichtig
Subventionen und Steuern	wichtig	weniger wichtig
Grundstückskosten	wichtig	weniger wichtig
Umweltauflagen	kommt auf die Art der Fertigung an	weniger wichtig

Aufgabe 1.4

a) Produktivitätssteigerungen sind durch weitergehende Arbeitsteilung möglich. Die Logistik gestaltet und organisiert Material- und Informationsfluß zwischen Kunden und Lieferanten. Um das Auslastungsrisiko von produktiven und damit kapitalintensiven Fertigungsanlagen zu verringern, wird der Zukaufanteil erhöht.

Daher wächst die Bedeutung des Einkaufs und der Beschaffungslogistik. In den Einkaufsverträgen sind auch Logistikgrößen wie Lieferlosgröße, Anlieferort und -zeit, Art der Lieferabrufe und sonstige Lieferbedingungen geregelt.

b) Beispiele für logistikgerechte Gestaltung von Lieferantenbeziehungen:

- häufige, z.B. tägliche Anlieferung oder Abholung, um Vorräte einzusparen;
- Abholung beim Lieferanten, Optimierung der Fahrtrouten zu verschiedenen Lieferanten durch Abnehmer,
- keine Wareneingangsprüfung (erspart Durchlaufzeit durch die Prüfung),
- Sicherung der Lieferbereitschaft (keine Sicherheitsbestände beim Abnehmer,
- Single-Sourcing für vereinfachte Lieferabrufe (nur eine Bestellung für ein bestimmtes Teilespektrum), evtl. mit Datenfernübertragung;
- Abmachung über die Anlieferungsbehälter, passend zum hausinternen Behälterkonzept (Umpacken vermeiden);
- Übernahme von Logistikdienstleistungen, z.B. Lagerung oder Kommissionierung.

Aufgabe 1.5

Verkaufsförderung durch leistungsfähige Logistik:

- Sicherung der Lieferfähigkeit durch Fertigwarenbestände oder kurze Fertigungsdurchlaufzeiten,
- kurze Fertigungsdurchlaufzeiten zur schnellen Erfüllung der Kundenaufträge,
- Logistik-Dienstleistungen, z.B.: Lagerung, Kommissionierung, Ersatzteilbevorratung,
- leistungsfähige Distributionslogistik mit schneller Lieferung an die Kunden,
- Abholung und Entsorgung von Verpackung oder Rücknahme ausgemusterter Produkte.

Aufgabe 2.1

a) Die Materialflüsse können so dargestellt werden:

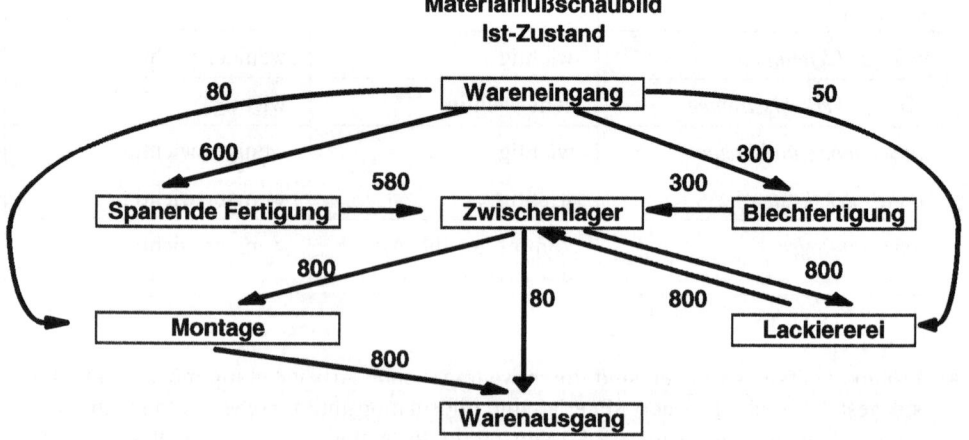

Bild 12.1 Materialflüsse Ist-Zustand

b) Tabelle 12.2   Materialflußmatrix mit Spalten- und Zeilensummen

Materialfluß [TE] von	nach	WE	Bl	Sp	La	ZL	M	WA	Summe
Wareneingang	WE		300	600	50		80		1030
Blechfertigung	Bl					300			300
spanende Fertigung	Sp					580			580
Lackiererei	La					800			800
Zwischenlager	ZL				800		800	80	1680
Montage	M							800	800
Warenausgang	WA								0
Summe		0	300	600	850	1680	880	880	5190

c) Schwerpunkte im Materialfluß sind Wareneingang, Lackiererei, Zwischenlager, Montage und Warenausgang.

d) Tabelle 12.3   Transportmatrix [1000 TE * m]

Materialfluß von	nach	WE	Bl	Sp	La	ZL	M	WA	Summe
Wareneingang	WE		15	90	25		32		162
Blechfertigung	Bl					36			36
spanende Fertigung	Sp					69,6			69,6
Lackiererei	La					360			360
Zwischenlager	ZL				360		320	2,4	682,4
Montage	M							304	304
Warenausgang	WA								0

Gesamter Transportbedarf (Summe der Zeilensummen): 1.614.000 TE * m

e) Netto-Zeitbedarf [s] $=$ 1614000 TE*m : (2 m/s * 1,5 TE)
   $=$ 538000 s

   Netto-Zeitbedarf [h] $=$ 538000 s : 3600 s/h
   $=$ 149,44 h

   Brutto-Zeitbedarf [h] $=$ 149,44 h : 40%
   $=$ 373,61 h

   Anzahl Stapler (theoret.) $=$ 373,61 h : (15 h/Tag * 5 Tage/Woche)
   $=$ 4,98 Stapler,

   benötigte Anzahl Stapler $=$ 5 Stapler (nächste ganze Zahl)

f) Wenn spanende Fertigung und Blechfertigung direkt in die Lackiererei liefern, versorgt das Zwischenlager nur die Montage. Das Zwischenlager kann ganz entfallen, falls die Fertigungslose durch die spanende Teilefertigung, die Blechfertigung und die Lackiererei direkt in die Montage geliefert und montiert werden könnten. Normalerweise sind dazu aber die Kriterien zur Losgrößenbildung in den verschiedenen Fertigungsbereichen zu unterschiedlich.

g) Nach der Vereinfachung sehen die Materialflüsse so aus:

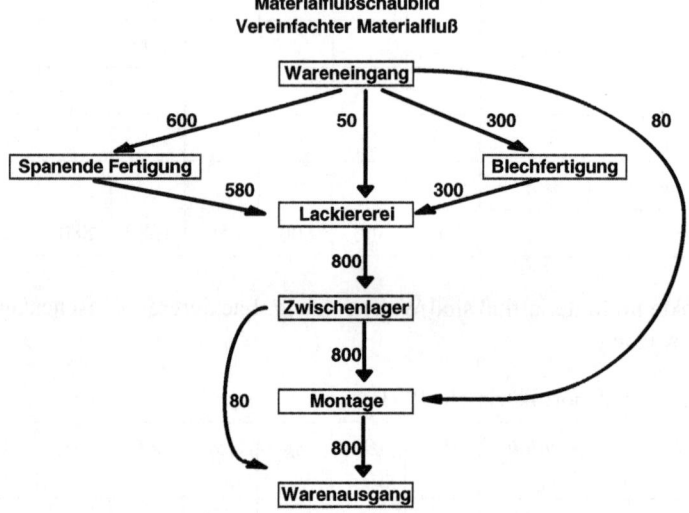

Bild 12.2   Materialflüsse nach Vereinfachung

h) Die Entfernungsmatrix ist symmetrisch. Hin- und Rückweg zwischen zwei Abteilungen sind gleich lang. Bei Kreisverkehr (Einbahnverkehr) wäre das nicht so.

i) Tabelle 12.4   Entfernungsmatrix bei Kreisverkehr [m]

Materialfluß [m] von	nach	WE	Bl	Sp	La	ZL	M	WA	
Wareneingang	WE		50	150	450	900	1300	1680	
Blechfertigung	Bl	1650		100	400	850	1250	1630	
spanende Fertigung	Sp	1550	1600		300	750	1150	1530	
Lackiererei	La	1250	1300	1400		450	850	1230	
Zwischenlager	ZL	800	850	950	1250		400	780	
Montage	M	400	450	550	850	1300		380	
Warenausgang	WA	20	70	170	470	920	1320		

Der gesamte Transportkreis hat eine Länge von 1.700 m

Aufgabe 2.2

Vorteile Elektrohängebahn:

- leise,
- unterschiedliche Fördergeschwindigkeiten durch eigenen Antrieb in jedem EHB-Fahrzeug,
- Zusatzfunktionen leicht integrierbar,
- kein Zwang zu geschlossenen Kettenkreisläufen,
- relativ billiger Fahrkurs.

Nachteile Elektrohängebahn:

- Schwierige, aufwendige Höhensprünge im Fördersystem,
- schwierig zu realisierender Explosionsschutz,
- relativ teure Fahrwerke.

Aufgabe 2.3

a) und b) Teilaufgaben des Transportsystems und alternative Lösungen:

Tabelle 12.5   Teilaufgaben des Transports und Lösungsalternativen

Teilaufgaben	*Low-Tech-Lösung*	*High-Tech-Lösung*
JIT-Anlieferung	Behälter und Stapler	EHB oder Power-and-Free
Anlieferung der Paletten,	Schleppzug	FTS-Schleppzug
Anlieferung der Klein-teile,	Schleppzug	FTS-Schleppzug oder FTS
Verteilung der Paletten auf Montagestationen,	Stapler	FTS mit Lastaufnahme vom Boden
Verteilung der Kleinteile auf Montagestationen.	Manuelles Verteilen mit Handwagen	FTS für Kleinteilebehälter

c) Vorteile der Low-Tech-Lösung:

- einfache, erprobte Systeme,
- geringe Systemvielfalt,
- hohe Flexibilität bei Änderungen oder Störungen,
- einfache Erweiterung.

Nachteile Low-Tech-Lösung:

- hohe Personalkosten,
- Anlieferung der JIT-Teile in Losen bietet weiteres Potential zur Senkung der Bestände,
- Verwechslungsgefahr bei Anlieferung der JIT-Teile in Losen.

Vorteile High-Tech-Lösung:

- geringe Personalkosten,
- Flexibilität der FTS bezüglich Anlieferfrequenz ud Anlieferort,
- große Pufferung (Störsicherheit) bei JIT-Teilen,
- Stapler als einfache Reservesysteme bei Störungen möglich,
- bei FTS-Anlieferung und Verteilung Einsparung von Bahnhöfen und Umladevorgängen.

Nachteile High-Tech-Lösung:
* Exakte Datenbasis (Datenpflege!) über An- und Ablieferpunkte notwendig,
* hohe Investitionen mit hohem Auslastungsrisiko.

d) zusätzliche Angaben z.B. über:

* Invstitionen in Strecke und Fahrzeuge,
* Betriebskosten,
* Materialfluß-Matrix und Entfernungs-Matrix,
* Aufteilung der Volumina auf Behälter (Euro-Paletten und Kleinteilebehälter),
* Behälter-Reichweiten,
* Platzverhältnisse,
* Layout.

Aufgabe 3.1

Geeignete Güter für Durchlauflager:

* schneller Lagerumschlag,
* First-in first-out gewünscht,
* Transportstrecke ist Puffer oder Lager,
* rollenbahnfähige Güter oder Förderhilfsmittel (glatter Boden).

Aufgabe 3.2

a) 50 Lagerbewegungen sind max. 50 Einzelspiele, minimal 25 Doppelspiele.

Alternative 1:

50 Einzelspiele : 30 Einzelspiele pro Stapler =   1,67 Stapler, aufgerundet 2 Stapler;

25 Doppelspiele : 20 Doppelspiele pro Stapler = 1,25 Stapler, aufgerundet 2 Stapler;

Alternative 2:

50 Einzelspiele : 23 Einzelspiele pro Stapler =   2,18 Stapler, aufgerundet 3 Stapler;

25 Doppelspiele : 15 Doppelspiele pro Stapler = 1,67 Stapler, aufgerundet 2 Stapler;

Im ungünstigsten Fall werden als für Alternative 1 zwei Stapler, für Alternative 2 drei Stapler benötigt.

b) Ein Gegengewichtsstapler benötigt ca. 3,50 m Gangbreite, ein Hochregalstapler mit Schwenkgabel ca. 1,70 m.

c) Gerechnet werden jeweils die günstigsten Werte für den Gegengewichtstapler:

$$2 \text{ Gänge je } 3,50 \text{ m} = 7,00 \text{ m}$$
$$+ \text{ 4 Palettenreihen (2 je Gang) je 1,20 m tief} = \underline{4,80 \text{ m}}$$
$$= \text{ Breite} 11,80 \text{ m}$$

Stapelhöhe 4 Behälter, d.h. pro Regalmeter können $4 \times 4 = 16$ Behälter untergebracht werden. Der Flächenbedarf pro Behälter ist damit:

16 Behälter : $(11,80 \times 1) = 1,35$ Behälter/m^2 (=100%)

Bei einer Behälterhöhe von 1,30 m incl. Regal und Aushubhöhe beträgt der Raumbedarf pro Behälter:

16 Behälter : $(11,80 \times 1 \times 1,30 \times 4) = 0,26$ Behälter/m^3 (= 100%)

Hochregalstapler:

3 Gänge je 1,70 m =   5,10 m
+ 6 Palettenreihen (2 je Gang) je 1,20 m tief = 7,20 m
= Breite   12,30 m

Stapelhöhe 8 Behälter, d. h. pro Regalmeter können $6 \times 8 = 48$ Behälter untergebracht werden. Der Flächenbedarf pro Behälter ist damit:

48 Behälter : $(12,30 \times 1) = 3,9$ Behälter/m² (= 289%)

Bei einer Behälterhöhe von 1,30 m incl. Regal und Aushubhöhe beträgt der Raumbedarf pro Behälter:

48 Behälter : $(12,30 \times 1 \times 1,30 \times 8) = 0,37$ Behälter/m³ (= 144%)

Die Flächennutzung kann damit auf 289% gesteigert werden, die Volumensnutzung auf 144%.

d) Alternative 2 bietet weitere Vorteile:
- höhere Umschlagsleistung und
- höhere Verfügbarkeit durch drei anstatt zwei Stapler;
- kürzere Fahrwege, dadurch möglicherweise eine weitere Steigerung der Umschlagsleistung

Nachteile der Alternative 2:
- Höhere Investitionen für Hochregalstapler (eine Wirtschaftlichkeitsrechnung kann zeigen, ob die höheren Investitionen und Kosten durch die eingesparten Raumkosten gedeckt werden können).
- Die Vorteile setzen eine relativ hohe Halle mit mindestens 11 m lichter Höhe voraus.

Aufgabe 3.3
Erhöhung der Umschlagsleistung.
- Kurzfristig realisierbar, Anpassung der Lagersteuerung:
  - Doppelspiele,
  - Doppelspiele mit Wegoptimierung,
  - Zonung (Schnelldreher - Ladenhüter),
- mittel- und langfristig realisierbar, automatisches Lager:
  - Optimierung der Behälter-Fach-Zuordnung in der bedienerlosen Nachtschicht,
  - Einsatz schneller RGB.

Vergrößerung des nutzbaren Lagerplatzes.
- Kurzfristig realisierbar, Anpassung der Lagersteuerung, Anpassung der Fachhöhen:
  - Chaotische Lagerung,
  - Regalfächer verschiedener Größen, Einlagerung eines Behälters in das kleinstmögliche Regalfach,
  - Verwaltung mehrerer Teilepositionen je Regalfach, Nutzung eines großen Regalfachs für mehrere kleinere Behälter;
- mittel- und langfristig realisierbar, automatisches Lager, neue Lagereinrichtungen:
  - Optimierung der Behälter-Fach-Zuordnung in der bedienerlosen Nachtschicht,
  - Minimierung der Gangbreite durch Regalbediengerät mit Teleskopgabel,
  - Nutzung der verfügbaren Raumhöhe durch Regalbediengerät oder Hochregalstapler.

Aufgabe 3.4

Kommissionierprinzipien:

- Mann zur Ware
  - geringe fixe Kosten, hohe variable Kosten durch Wegzeiten für Kommissionierer, geringes Auslastungsrisiko, geeignet für Kommissioniersysteme mit geringer Leistung und/oder stark schwankender Kommissionierleistung;
  - gut handhabbare Teile.
- Ware zum Mann
  - hohe fixe Kosten durch Lagersystem mit hoher Umschlagsleistung, geringe variable Kosten durch hohe Produktivität des Kommissionierers, geeignet für hohe, gleichmäßige Kommissionierleistung;
  - auch für große und schwere Teile, deren Handhabung ein Hebezeug erfordert.

Aufgabe 3.5

Kommissionierung „Ware zum Mann" ermöglicht eine höhere Produktivität, weil Wegzeiten für den Kommissionierer nicht anfallen. Nachteilig ist der höhere Kapitalbedarf für ein leistungsfähiges, automatisches Kommissionierlager mit einer hohen Kapazität für Ein- und Auslagerungen. Personalkosten sind in einem Industrieland relativ hoch und werden vermutlich weiter steigen. Der technische Fortschritt führt zur Entwicklung leistungsfähigerer und zuverlässigerer Lagersysteme, so daß automatische Lager relativ billiger werden.

Bei Kleinteilelagern kann der der Platzbedarf für ein automatisches Lager kleiner sein, als für ein Lager mit manueller Entnahme der Güter, weil die Regalgänge schmaler sein können. Blocklagerung im Kanalregal verringert den Platzbedarf weiter.

Regalbediengeräte mit hoher Umschlagsleistung, z.B. durch mehrfache Lastaufnahmen, können nur in automatischen Lägern eingesetzt werden.

Aufgabe 3.6

Steigerung der Kommissionierleistung durch:

- Zeitlich parallele Kommissionierung verschiedener Aufträge,
- Schnelläufer-Zonen,
- Arbeitsplatzgestaltung,
- Automatisierung und Sortierung.

Aufgabe 4.1

a) Anforderungen an ein Behälterkonzept:

- Schutz des Transportgutes (Klima, Beschädigung, Diebstahl),
- Erleichterung von Transport, Handling und Lagerung durch Standard-Behälter oder Standard-Abmessungen,
- Tragen von Produkt- und Transportinformationen,
- robuste Mehrwegverpackung,
- einfache Leergutverwaltung und –rückführung durch eine Poolverpackung, Faltverpackung oder Dreh-Stapel-Behälter.
- einfache Reinigung der Verpackung.

b) Behälterkonzept:

- Ein Poolbehälter ist in diesem Fall nicht einsetzbar, weil außer Überseecontainern kein Poolsystem über Kontinente hinweg bekannt ist.

- Standardbehälter sind nicht einsetzbar, weil Europa und Amerika unterschiedliche Standards haben (Zoll-Maße in USA).
- Der Schutz des Transportgutes erfordert ein zweiteiliges Verpackungssystem:
  - Die Umverpackung schützt das Transportgut und hält es zusammen.
  - Einlagen verhindern, daß die Maschinenteile aneinander schlagen und so beschädigt werden können.
- Standardisierte Einlagen können nicht in Behälter mit konischem Querschnitt (z.B. Drehstapelbehälter) verwendet werden. Für die Umverpackung sind deshalb am besten Kunststoff-Faltbehälter (wie Bild 4.4) geeignet. Ein Kunststoffbehälter mit glatten Innenflächen ist gut zu reinigen. Die Behältergröße kann sich am Euro-Paletten-Format orientieren, weil in USA kein durchgängiger Standardbehälter existiert.
- Als Einlage können Gitter (wie Schachteln, aber ohne Boden) verwendet werden, die sich als Leergut flachlegen lassen. Die Schichten in der Umverpackung müssen durch ebene Einlagen getrennt werden, so daß dieses Einlagensystem aus zwei Komponenten besteht. Alternativ können tiefgezogene Kunststoffeinlagen (wie Eierkartons) verwendet werden. Die „Eierkartons" können als Leergut, entsprechend der Dreh-Stapel-Systematik ineinander gestapelt werden. Das Einlagesystem „Eierkarton" hat den Vorteil, daß es einfach zu reinigen ist und nur aus einem Teil besteht.

c) Das Transportkonzept und der Behälterkreislauf sieht vor, daß die Maschinenteile in der beschriebenen Verpackung (Faltbehälter und „Eierkarton") per Luftfracht und Lkw zum Kunden gebracht wird. Der europäische Spediteur nimmt vom Kunden das Leergut mit und sammelt das Leergut. Per Schiff wird das Leergut wieder nach USA transportiert. Abgesehen von Vorteilen im Umweltschutz (vgl. Kap. 9) ist dieses Verpackungssystem auch billiger als eine Karton-Einwegverpackung.

Aufgabe 5.1

a) Die lange Rüstzeit bedeutet:

- Kapazitätsverlust und damit
  - höhere Kapitalbindung im Anlagevermögen,
  - höhere Fixkosten;
- große „wirtschaftliche" Losgröße zur Amortisation der Rüstzeit, dadurch lange Durchlaufzeiten mit
  - hoher Kapitalbindung im Umlaufvermögen und
  - langer Lieferzeit.

b) Durch die Belastung der Kapitalrendite sinkt die Wettbewerbsfähigkeit des Unternehmens.

c) Strukturierung der Rüstzeit in:

- Rüst-Vorbereitung,
- Internes Rüsten, das Stillsetzen der Maschine erfordert,
- Probelauf,
- Rüst-Nachbereitung;

d) Mögliche Verbesserungen können erreicht werden durch:

- Organisatorische Maßnahmen und
- technische Maßnahmen;

  Wichtig ist, die Zeit zum Stillsetzen der Maschine zu minimieren. Dazu muß das Rüsten so organisiert werden, daß alles – was nicht internes Rüsten ist – gemacht wird, während die Maschine noch produziert. Das interne Rüsten ist durch technisch-organisatorische Gestaltung zu minimieren.

Maßnahmen für diesen Anwendungsfall können sein:

- Vorwärmen des Gesenks außerhalb der Maschine in einem Ofen,
- Standard-Abmaße für alle Gesenke, damit der Einstellaufwand minimiert wird,
- Zentralstecker für Druckluft, Hydraulik und Strom;
- Positionier- und Fügehilfen (Anschläge, Zentrierkonus),
- Handlinghilfen, z.B. Rollenleisten zum einfachen Verschieben des Gesenks,
- Schnellbefestigungselemente, wie z.B. Hydraulikspanner,
- Rüstgruppen aus Einsteller und Maschinenbediener.

Aufgabe 5.2

a) Zentrallager-Fertigung, denn Blechfertigung, spanende Fertigung und Lackiererei liefern an das Lager, aus dem die nächste Abteilung im Materialfluß ihre Teile erhält.

b) Falls auf das Zwischenlager verzichtet werden kann, ist die Fertigung als Fließfertigung organisiert. Wird das Zwischenlager weiterhin benötigt, gibt es keine einheitliche Beschreibung für das Fertigungablaufprinzip. Um die Fertigungsablaufprinzipien innerhalb der Abteilungen zu beschreiben, müßten zusätzliche Informationen ergänzt werden.

Aufgabe 5.3

a) Vorteile der Werkstattfertigung:

- hohe Auslastung der Maschinen;
- hohe Flexibilität bei Änderungen
  - des Produktionsprogramms,
  - der Ablauffolgen,
  - der Fertigungstechnologien;
- leichte Abteilungbildung nach Technologien.

  Nachteile der Werkstattfertigung:
- lange Durchlaufzeiten und hohe Bestände im Umlaufvermögen,
- schlechte Fertigungstransparenz,
- lange Transportwege.

b) Für die großen Produktionsstückzahlen ist eine Werkstattfertigung ungeeignet, weil die langen Durchlaufzeiten bei den großen Produktionsmengen sehr viel Kapital im Umlaufvermögen binden.

c) Alternative 1, Fertigungsinseln:

- Die Abteilungen bleiben bestehen,
- zusätzlich werden Produktgruppen nach fertigungstechnischer und konstruktiver Ähnlichkeit sowie nach Stückzahlen gebildet.
- Jede Fertigungsabteilung wird in Gruppen unterteilt, jeder Fertigungsgruppe wird eine Produktgruppe zugeordnet.
- Die Fertigungsgruppen der verschiedenen Abteilungen, die eine Produktgruppe fertigen, geben ihre Erzeugnisse direkt an die nächste Fertigungsgruppe weiter und kommunizieren direkt mit den Fertigungsgruppen „ihrer" Produktgruppe.

  Vorteile:
- Geringe Veränderung der bestehenden
  - Organisation,

- Betriebsmittel und
- Layout.
- Durchlauforientierte Fertigungsstruktur läßt eine deutliche Reduzierung der Fertigungsbestände erwarten.

Alternative 2, Fließfertigung:
- Bildung von Produktgruppen wie für Alternative 1,
- Auflösung der bisherigen Fertigungsabteilungen (außer Mischung), Neuformierung von Abteilungen entsprechend der Produktgruppen;
- Jede Abteilung ist für die komplette Fertigung einer Produktgruppe verantwortlich;
- Verkettung aller Arbeitsgänge nach dem Aufpressen des Reibbelags.

Vorteil:
- Minimale Durchlaufzeit und Kapitalbindung

Nachteile:
- Wesentliche Veränderung der bisherigen Strukturen,
- hohes Einführungsrisiko bei unzureichender Verfügbarkeit der Anlagen oder Prozeßsicherheit der Fertigungsschritte,
- hohe Investitionen für
  - höhere Fertigungskapazität,
  - Layoutänderung,
  - Fördersystem für Fließlinie.

Empfehlung:
- Einführung der Alternative 1,
- schrittweiser Ausbau, beginnend vom Ende der Prozeßkette, zur Alternative 2.

Aufgabe 5.4

Als JIT-Teile sind geeignet: Variantenreiche, teure oder große Teile. Begründung:
- Sind die Teile nicht variantenreich, kann getaktet angeliefert werden, ohne Reihenfolgebindung an das Leitprodukt, denn alle Zulieferteile sind gleich;
- nur bei teuren Teilen führt eine Verringerung der Bestände zu einer deutlichen Reduzierung der Kapitalbindung, die den Aufwand für eine reihenfolgesynchrone JIT-Fertigung und Anlieferung gerechtfertigt;
- Ähnlich wie für den Wert der Teile ist nur für große Teile eine nennenswerte Platzeinsparung durch JIT zu erreichen.

Aufgabe 5.5

Maßnahmen zur Verkürzung der benötigten Vorlaufzeit:
- Verringerung der Sicherheitszeit durch Prozeßsicherung für Fertigung und Transport,
- Verringerung der Vormontagezeit durch z.B.:
  - zweistufige Vormontage mit auftragsneutraler Vorfertigung und auftragsgebundener Endfertigung,
  - Verkleinerung der Vormontage-Losgröße,
  - Fließfertigung (Durchlaufzeit = Vorgabezeit),
- Verkürzung der Transportzeit durch z.B.:
  - schnellere Transportsysteme (EHB statt Power-and-Free),
  - kleinere Transportlosgrößen, ggf. mit Routenplanung des Transportmittels,
  - kürzere Transportwege (Standort der Vormontage).

Maßnahmen zur Verlängerung der zur Verfügung stehenden Vorlaufzeit:

- Frühere Meldung der Reihenfolge des Leitproduktes,
- Späterer Einbau der Vormontagebaugruppe (Abtaktung).

Aufgabe 6.1

Traditionell wird Qualitätssicherheit über Qualitätsprüfung erreicht. Qualitätsprüfung ist eine zusätzliche (nicht wertschöpfende) Fertigungsstufe, die Durchlaufzeit eines Fertigungsauftrages verlängert. Um die Lieferfähigkeit trotz schlechter Qualität mit Ausschuß (bestellte Stückzahl wird nicht geliefert) oder Nacharbeit (Lieferung kommt zu spät) zu erhalten, werden Sicherheitsbestände angelegt. Gute Qualität (Nullfehlerproduktion) verkürzt somit die Durchlaufzeit und erlaubt es, die Sicherheitsbestände abzubauen.

Aufgabe 6.2

Kurzfristig ist die Lieferqualität nur durch erhöhten Prüfaufwand zu verbessern, denn zunächst müssen die Ursachen der schlechten Kommissionierqualität gefunden werden.

Bei der Untersuchung der Kommissionierung können mögliche Fehlerursachen unterteilt werden nach

- Mensch,
- Maschine,
- Material,
- Methode und
- Umgebung.

Zu diesen Ursachen müssen dann Maßnahmen entwickelt werden. Übliche Maßnahmen zur Qualitätssicherung bei der Kommissionierung sind:

- Abschnittsweise Kommissionierung mit Abschnittskontrolle (Zählkontrolle, Gewichtskontrolle, Einzelkontrolle, z.B. über Strichcode-Scanner),
- Kommissionierhilfen, z.B. Lichtpunkte,
- Kommissionierautomatisierung.

Aufgabe 6.3

Kurzfristige Maßnahmen:

- Genauere Prüfung der produzierten Qualität,
- aussortieren von schlechten Teilen.

Mittelfristig wirksame Maßnahmen:

- Analyse möglicher Fehlerursachen und Klassifizierung der Fehlerursachen nach:
  - Mensch,
  - Maschine,
  - Material,
  - Methode und
  - Umgebung.
- Entwickeln von Verbesserungen der Fehlerursachen, ggf. Untersuchung von Einflußgrößen durch statistische Versuchsplanung.

Langfristig wirksame Maßnahmen:

- Qualitätssichere Produktkonstruktion, Untersuchung und Bewertung z.B. mit FMEA.

Aufgabe 7.1

Parallelschaltung von Systemelementen in einem Lager z.B. durch

- Querschnittseinlagerung: Die beiden Behälter lagern in verschiedenen Regalgassen. Falls ein RBG ausfällt, kann das RBG der anderen Gasse das betreffende Teil auslagern.
- Verschiebbare oder kurvengängige RBG sind nicht gassengebunden. Falls ein RBG ausfällt, kann ein anderes in die Regalgasse fahren und den Behälter auslagern;
- Ein Regal ist von beiden Seiten zugänglich. Falls eine Gasse blockiert ist, kann der Behälter von der anderen Gassse aus ausgelagert werden.

Aufgabe 7.2

Beispiele aus Lager- und Fördertechnik zur Steigerung der Anlagenverfügbarkeit (allgemeines Prinzip in Klammern):

- Auswahl robuster Fördertechnik, z.B. Kreiskettenförderer statt EHB in schmutzigen Betrieben wie Gießereien (optimale Technologie auswählen);
- dauergeschmierte Lager in Rollenbahnen (Zuverlässigkeit von Baugruppen erhöhen);
- Steuerelektronik eines FTS-Fahrzeugs auf Steckkarten (Austauschbau);
- Klein-Lkw zur Sicherung der Versorgung bei Ausfall des normalen Transports von JIT-Teilen (Reservebaugruppen und Servicepersonal);
- Wartungsstation für EHB-Fahrwerke mit automatischer Diagnose des Verschleißzustandes wichtiger mechanischer und elektrischer Systemkomponenten (Diagnosesysteme);
- Staustrecken mit Rollenbahnen zur Entkoppelung von Wareneingang und Regalbediengerät (Stationen entkoppeln);
- Querschnittseinlagerung, nicht gassengebundene RBG, beidseitig zugängliches Regal (Aufgabe auf parallele Stationen verteilen);
- Aus- und Einlagerreihenfolge verändern, wenn ein RBG gestört ist (Bearbeitungsreihenfolge verändern);
- Bei Wartung eines Schleppers die Transportaufräge auf die verbliebenen Schleppzüge verteilen (Aufgabe auf andere Stationen übertragen).

Aufgabe 7.3

Aufgaben der Instandhaltung:

- Wartung: Bewahren des Soll-Zustandes;
- Inspektion: Überprüfen des Ist-Zustandes und Feststellen von Abweichungen vom Soll-Zustand;
- Instandsetzung: Wiederherstellen des Soll-Zustandes.

Aufgabe 7.4

Vorteile vorbeugender Instandhaltung:

- Kapazitätsbedarf von Instandhaltungsarbeiten ist planbar,
- Sicherung des Fertigungsprozesses und der Qualität,
- kein Kapazitätsverlust durch Instandhaltung außerhalb normaler Betriebszeiten,
- Vermeidung von Folgeschäden.

Nachteile vorbeugender Instandhaltung:

- Zeit- und Kostenaufwand auch ohne Fehlerbeseitigung,
- vorzeitiger Austausch von Anlagenteilen.

Aufgabe 7.5

Vorbeugende Instandhaltung für:

- Engpaßmaschinen (dort ist Kapazitätsverlust besonders teuer),
- qualitätskritische Fertigungs- und Logistikprozesse,
- Risiko hoher Folgeschäden, Haftungsansprüchen oder Gefährdung von Personen.

Aufgabe 8.1

a) Vorteile der CAD-Layoutplanung:
   - Integration verschiedener, an der Layout- und Gebäudeplanung beteiligter Fachabteilungen (z.B. Bauabteilung, Materialfluß- und Fördertechnik, Fertigung, Feuerwehr);
   - einheitliche Datenbasis, aus der je nach Planungsaufgabe über die Layertechnik Auszüge erstellt werden können;
   - einfachere Kommunikation durch gemeinsamen Zugriff auf gleichen Planungsstand;
   - einfache Änderung der Pläne (Zeichnungen);
   - Entlastung von Routinearbeiten durch Symbolbibliotheken.

b) Beispiele für organisatorische Probleme:
   - kein gemeinsam genutztes Plan-Archiv (Datenbasis),
   - keine einheitliche Belegung der Layer (Zeichnungsnormung),
   - keine Kenntnis, welcher Planer an welchen Projekten arbeitet (Projektmanagement),
   - zu wenig CAD-Arbeitsplätze (Wartezeiten für Planer),
   - zu geringe Übung mit CAD-System,
   - zu wenige Symbolbibliotheken.

Aufgabe 8.2

Bestände werden oft verursacht durch mangelnde oder zu späte Information. Bestände binden Kapital, Information nicht. Information ist nicht umsonst, die Informationstechnologie und die rechnergestützte Datenverarbeitung werden jedoch immer preiswerter bei gleicher oder steigender Leistungsfähigkeit. Gegenüber den Informationskosten werden Bestände damit immer unwirtschaftlicher.

Beispiele:

- Übermittlung von Bestellungen per Datenfernübertragung oder Fax spart ein bis zwei Tage Postlaufzeit ein; Sicherheitsbestände für diesen Zeitraum können abgebaut werden.
- Eine Lagerentnahme im dezentralen Lager kann sofort eine Bestellung aus dem zentralen Lager auslösen, so daß die Lieferfähigkeit im dezentralen Lager erhalten bleibt.
- Die Reihenfolgemeldung bei JIT-Fertigung und –Anlieferung bestellt genau die gebrauchte Baugruppen-Variante; die schnelle Reaktion der Fertigung vermeidet Bestände, mit denen sonst die Kundennachfrage befriedigt wird.
- Prognosemodelle des Verbraucherverhaltens verringern das Risiko, die falschen Varianten oder Teile im Vertriebslager zu halten.
- Ein Funkrufsystem für Reparaturpersonal und die Kenntnis über eine Engpaßsituation in der Fertigung kann Störzeiten am Engpaß verkürzen und damit Sicherheitsbestände für Maschinenausfall verkleinern.

Aufgabe 8.3

Simulation kann in einem Experiment zeigen, wie sich das simulierte Transportsystem während einer betrachteten Zeitspanne verhalten wird. Dadurch wird die Planungsgenauigkeit verbessert. Simulation kann jedoch nicht planen, auslegen, konstruieren oder gestalten und damit auch nicht optimieren. Der Planer muß die Systemelemente festlegen und deren Zusammenwirken organisieren; die Simulation kann die Auswirkung dieser Planung zeigen.

Aufgabe 9.1

Die Bedeutung der Logistik wächst durch

- das Produktivitätswachstum, oft verbunden mit weiterer Arbeitsteilung,
- die Wandlung vom Verkäufer- zum Käufermarkt, mit wachsender Bedeutung von
  - kundenwunschabhängigen Varianten und
  - Lieferfähigkeit als Verkaufsargument,
- die Reduzierung der Fertigungstiefe, um das Auslastungsrisiko von teuren Maschinen und Anlagen zu begrenzen.

Technikfolgen dieser Entwicklung sind:

- steigendes Verkehrsaufkommen;
- Zunahme der besonders flexiblen Lkw-Transporte und der besonders schnellen Luftfracht, mit der weiteren Folge zunehmender Lärmbelästigung, Energieverbrauch, Luftverschmutzung und Klimagefährdung;
- größerer Verpackungsaufwand, um das Transportgut während des Transports zu schützen mit der Folge steigenden Müllaufkommens.

Aufgabe 9.2

Umweltfreundliches Verpackungssystem:
- Begrenzung der Verpackung auf das Notwendige (aber Transportschäden durch nicht ausreichende Verpackung sind wegen des Ressourcenverbrauchs auch nicht umweltfreundlich);
- Mehrwegverpackung mit Logistiksystem zur Leergutrückführung;
- Recylingfähige Materialien mit Recyclingsystem (Logistik und Prozeßtechnik) nach mehrfachem Gebrauch der Verpackung, möglichst kein Verlust der Materialqualität durch Recycling.

Aufgabe 9.3

Individuelle Werte werden z.B. durch

- Bedürfnisse,
- Erfahrungen,
- Weltanschauungen,
- Risikobereitschaft und Risikoeinschätzung

geprägt. Das Wertesystem entscheidet, ob eine Technik und ihre prognostizierten Folgen als erstrebenswert oder weniger erstrebenswert angesehen wird.

Aufgabe 9.4

Für eine methodisch korrekte Technikbewertung sollten folgende Punkte beachtet werden (ausführliche Darstellung in Kap. 9.3.4):

- Vorbereitung: Teamarbeit, Offenlegung der Werte und Interessenbindungen, Nachvollziehbarkeit jedes Bewertungsschrittes;
- Beschreibung und Strukturierung des Bewertungsproblems: Formulierung der Fragestellung, Darstellung wichtiger Einflußfaktoren, Formulierung von Lösungsalternativen;
- Folgenabschätzung: Verfahren zur Datengewinnung, Prognosemodell,
- Folgenbewertung: Unterscheidung von Tatsachenbehauptungen und Werturteilen, Entscheidungsalternativen aufgrund unterschiedlicher Wertesysteme.

13 Stichwortverzeichnis